中小学档案工作实务

谢忆静 编著

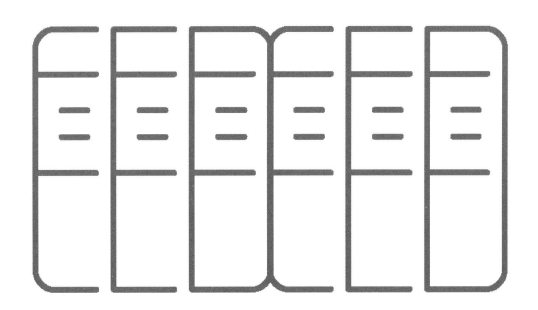

浙江工商大学出版社 | 杭州

图书在版编目（CIP）数据

中小学档案工作实务 / 谢忆静编著. —杭州：浙江工商大学出版社，2023.9
ISBN 978-7-5178-5696-2

Ⅰ. ①中… Ⅱ. ①谢… Ⅲ. ①中小学—档案工作—档案管理 Ⅳ. ①G637.2

中国国家版本馆 CIP 数据核字（2023）第 168226 号

中小学档案工作实务
ZHONGXIAOXUE DANG'AN GONGZUO SHIWU

谢忆静 编著

出 品 人	郑英龙
责任编辑	刘　颖
责任校对	沈黎鹏
封面设计	观止堂_未氓
责任印制	包建辉
出版发行	浙江工商大学出版社
	（杭州市教工路 198 号　邮政编码 310012）
	（E-mail:zjgsupress@163.com）
	（网址:http://www.zjgsupress.com）
	电话:0571-88904980,88831806(传真)
排　　版	杭州朝曦图文设计有限公司
印　　刷	浙江海虹彩色印务有限公司
开　　本	710mm×1000mm　1/16
印　　张	26.25
字　　数	349 千
版 印 次	2023 年 9 月第 1 版　2023 年 9 月第 1 次印刷
书　　号	ISBN 978-7-5178-5696-2
定　　价	88.00 元

序

　　学校档案工作是学校管理工作的重要组成部分,是学校整体工作实绩的缩影,是学校整体办学水平的体现,与学校各项工作息息相关,在学校的内部管理、对外宣传、科学研究、办学水平评估等方面发挥着重要作用。学校档案工作现已取得了有目共睹的成绩,但是也应看到,学校档案工作仍需进一步加强。

　　本书作者谢忆静同志是浙江省萧山中学的档案员,从事学校档案工作已有 25 年,是浙江省"115"档案人才、杭州市"兰台工匠"、萧山区"第十七届技术能手",常年担任萧山区学校档案工作协作组业务组长,具有丰富的学校档案工作实际经验。她的新作《中小学档案工作实务》从实际操作的视角,为学校档案工作者快速入门、解决工作中遇到的实际问题提供了有力的帮助。

　　本书有以下几个特点:一是内容翔实,示例丰富,操作性强。本书从学校档案工作概述谈起,详细介绍了学校档案工作的基本理论、法规标准和工作流程,基本涵盖了学校档案工作的各个环节和方面。二是紧扣档案室业务建设评价办法,规范管理,具有参考价值。作者深入研究《浙江省档案室业务建设评价办法》,认真落实其中的各项要求与规定。同时,作者率先制定的浙江省萧山中学档案分类方案、文件材料归档范围和档案保管期限表三合一制度成为萧山区教育系统的操作范本。三是开拓创新,与时俱进,有一些可供推广应用的研究成果。第十一章"学校数字档案室建设"引用了科技项目"基层数字档案室规范化模型暨管理模式研究"(国家档案局优秀科技成果三等奖)的成果,提出了数字档案室的"五层管控模型";作者结合立项的浙江省档案局科技项目"基于数字档案资源的高中校史开发及利用研究",对校史档案开发利用、线上线下校史馆建设、校史资源数据库建设、校友档案等进行了深入研究;对微信公众号等社交媒体上的信息进行了归档尝试。本书谈及的案例,对档案工作者具有一定的指导和借鉴作用。

萧山区学校档案工作一直走在全市乃至全省的前列,作者所在单位浙江省萧山中学是萧山区学校档案工作的领头雁。本书的问世,对学校档案工作者将有所裨益和帮助。

2023 年 7 月 15 日

(序言作者系中国档案学会理事、全国档案专家、浙江省档案馆副馆长、浙江省档案学会理事长)

前　言

学校档案是学校各方面活动的真实记录,是学校持续健康发展的重要依据和宝贵财富。在实际工作中笔者发现,有关学校档案管理,尤其是中小学档案管理方面的书籍资料很少,相比高等院校,普通高中、职业高中、初中、小学等学校的档案管理研究还比较薄弱。

笔者所在的浙江省萧山中学是浙江省一级重点中学,是 2000 年浙江省首批、杭州市首家"档案工作目标管理浙江省一级达标"的高中,2023 年正在复评省级优秀档案室,20 多年来学校一直积极发挥带头和示范作用。笔者多年担任萧山区学校档案工作协作组业务组长,在帮助指导兄弟学校档案业务的过程中,逐步萌发了进行深入学习和探讨的想法,把自己从事中学档案管理多年的心得体会写下来,与其他学校的档案员分享。在学习、写作的过程中,适逢浙江省档案局印发《浙江省档案室业务建设评价办法》,笔者按照新办法,对相关问题进行了补充和完善。

因中小学人员编制有限,档案员大多数为教师兼任。所谓"隔行如隔山",教师初任档案员时都是门外汉,一切要从头学起,万事开头难,不少学校档案员都因无从下手而对学校档案工作心生畏惧。同时,中小学档案员队伍不够稳定,人员变动较为频繁,亟须有简明易懂的实务工作手册。笔者力求结合中小学档案工作实际,从一位学习者和实践者的角度,为学校档案管理新人快速入门,解决学校档案工作中遇到的基本问题提供帮助,同时求教于同行,共同探索,共同提高。

由于笔者学识水平、编写时间、精力有限,错误和疏漏难免,有待在今后的研究中进一步改进。

目　录

第一章　学校档案与档案工作概述

第一节　学校档案的概念、属性和特点

一、档案的产生

原始社会末期，文字正式诞生前，人类便已用"结绳""刻契"记事，这是文字的起源，反映了人类延伸自身记忆的一种渴望与实践。

在原始社会末期到奴隶社会初期，随着社会生产、社会关系的发展和文字逐渐形成，新的书写材料也随之被发现，人们开始用文字记录事物，传递和保存信息，档案也随之产生。

我国河南安阳殷墟出土的殷商时代的甲骨文，是公元前 1300 多年到公元前 1000 多年期间商王朝使用的文书，多为王室占卜的文字记载，以及有关的记事。考古发掘发现，这些甲骨大都按照一定的规律被有意识地集中保存在宗庙所在地，因此，是我国迄今发现最早的比较系统的典型档案实物。世界上，古埃及、两河流域约在公元前 3000 多年前，即已发明了文字，产生了文字记载的档案。我国档案载体的演变与发展经历了从甲骨、金石、竹木、缣帛档案，到纸质档案，乃至现今的感光、磁性等记录方式的新型载体档案的历程。

二、档案的种类

档案的种类很多,可按不同的标准划分出不同类型的档案。

(一)按其形成者分

1. 个人档案

指公民个人或家庭在其私人事务中直接形成的对公民个人或家庭有保存价值的档案。个人档案不等同于私人档案,私人档案是指私人所有的档案,包括个人档案、个人得到(通过购买、继承、受赠等途径)的档案和私有企业机构所形成的档案。

2. 法人或其他组织档案

指机关、团体、企业、事业单位和其他组织在其职能活动中直接形成的对其自身乃至国家、社会具有保存价值的档案,习惯上称之为机关单位档案。按其形成的具体组织分类,包括机关档案、社团档案、企业档案、事业单位档案和其他组织档案。

一般公办中小学档案属于事业单位档案。

(二)按其记述和反映的内容分

档案按其记述和反映的内容,一般可分为以下几种:

1. 党政档案

指党政等机关、群众团体等组织形成的反映国家、社会生活和国际关系的档案。

2. 科技档案

指在经济建设、科学技术研究和基本建设等活动中形成的档案。

3.专业档案

指在专门业务工作中形成的档案,如会计档案、统计档案、人事档案等。

(三)按制作载体材料分

1.原始载体材料档案

指以甲骨、金石、竹木、缣帛等为书写载体材料的档案。

2.传统载体材料档案

指以纸张为书写载体材料的档案。

3.新型载体材料档案

指以感光、磁性材料为载体材料的档案,如照片、录音带、录像带、电影胶卷、软盘、光盘等。

4.实物档案

(四)按记录表达方式分

1.文字档案

2.图表档案

3.图像档案

4.声音档案

三、学校档案的概念

探讨学校档案,首先要了解什么是档案。根据《中华人民共和国档案法》(以下简称《档案法》)2020年修订版定义,档案是指过去和现在的机关、团体、企业事业单位和其他组织以及个人从事经济、政治、文化、社会、生态文明、军事、外事、科技等方面活动直接形成的对国家和社会具有保存价值的各种文字、图表、声像等不同形式的历史记录。

学校档案从广义上说,是大、中、小学等各级各类学校在日常活动中形成的各种档案原始记录。从狭义上说,是一所学校从事党政管理、教学、科研等各项活动中形成的具有查考利用价值的各种文字、图表、声像等不同形式的历史记录。

档案是学校办学历史的真实记录,学校的发展、建设等各项工作情况都要在档案中反映。这些档案资料是学校的宝贵财富,在学校的内部管理、对外宣传、教育研究、办学水平评估等各项工作中发挥着重要的作用。

四、学校档案的内容

学校档案包括学校办学过程中直接形成的各种历史记录,内容十分丰富,围绕着学校的主要职能活动而产生,如教学、管理、后勤服务等活动,概括地说主要包含以下三种:

①涉及培养学生活动的各类教育管理文件材料;

②在教学活动以及教育科研活动中产生的各种工作记录、文件材料和其他载体形式的物品;

③在学校建设、教学服务活动中产生的各类文件材料等,以及其他具有查考利用价值的文件材料。

学校档案包括文书档案、教学档案、科技档案、会计档案、特种载体档案等,须由学校档案室集中统一管理,任何部门和个人都不得据为己有或者拒绝归档。

五、学校档案的属性

学校档案具有档案的共同属性,档案的属性分为本质属性和一般属性。

（一）档案的本质属性

档案是直接形成的历史记录,而不是事后编制的,作为历史真迹具有很强的原始性。本源性即原始记录性是档案的本质属性。

（二）档案的一般属性

档案除了具有原始记录性外,还具有其他一般的属性,包括信息性、知识性、职能性、社会性、文化性等。

1.信息性

档案记载着丰富的信息,如前所述,它是一种原生信息,是一种重要的信息资源。档案除记载档案内容的符号信息外,还包括载体信息和结构信息。档案载体信息是指承载档案内容信息的物质形态信息,档案结构信息是指档案内容信息的排列、结构或形式信息。人类正在进入信息社会,档案是信息社会众多信息源中最基础的部分。认识到档案的信息性,对于我们做好档案工作,积极开发档案信息资源具有十分重要的意义。

2.知识性

知识是人类社会实践中积累的经验的总和,是对自然、社会现象与规律的认识和描述。档案记录了人类认识、改造世界的全过程,饱含人类的感性认识、理性认识,饱含实践的经验和教训,是人类智慧的结晶,蕴藏着丰富的知识。它既是人类认识客观规律的结果,也是人类进一步认识客观规律的起点,档案架起了人们从未知世界走向可知世界的桥梁,使人类不断接近真理的彼岸。因此档案是贮存知识和传播知识的一种重要存在形式。

3.职能性

档案是自然人、法人和其他组织在社会实践活动也即其职能活动中直接形成并且连续积累而成的。档案的形成与积累,始终根源于机构和个人履行的职能活动,并由此形成了档案材料之间的内在联系。档案如果缺乏系统性或割裂了它们之间的有机的来源联系,其价值就大打折扣。因此,档案的职能性是十分明显的,是区别于图书、资料、情报等相近信息的特征之一。档案的职能性对于档案的收集、整理、鉴定和开发利用都具有十分重要的意义。

4.社会性

档案形成的主体及客体的广泛性、普遍性,决定了档案是一种社会现象。档案无时不在,无处不有,档案与国家机构、社会组织和个人都有密切的关系,因此,档案连着你、我、他。

5.文化性

档案延续了人类的记忆,是联系过去、现在和未来的纽带。通过档案,人们可以探究历史发展的轨迹,了解世界各民族所创造的辉煌业绩,继承传统文化精华,推动人类社会不断向前发展。因此,档案是人类文明进步的阶梯,是维系和促进人类社会文明延续和发展的宝贵文化财富、文化遗产、文化积淀。

上述属性是学校档案均具有的。那么,学校档案与其他档案有什么不同?从组织单位的属性来说,学校属于教育事业单位。对于国家档案来说,学校档案是科学技术档案的分支,也是一种专门档案。作为国家档案全宗的一部分,学校档案具有档案的共同属性。但是,学校档案是以教学档案和师生人物档案为库藏(主体)特色建构的。

六、学校档案的特点

学校因自身固有的教育教学使命,从而形成了具有特色的档案。除了档案的共同属性外,学校档案有其自身的特点和规律。而且,同为学校档案,因办学层次不同,档案种类不同,优势不一。以中小学档案来说,中小学工作的性质,各项活动的特殊性,决定了其档案不仅具有一般档案的原始性、凭证性等特点,其在内容和形成规律等方面还具有区别于其他档案的以下特点。

（一）多样性

主要表现在档案门类的多样性。学校档案最开始时也是主要收集归档文书档案,逐步发展成多种档案类型。以萧山区学校档案分类为例,目前一般有党群工作类、行政管理类、教学管理类、教师业务类、学生学籍类、基建类、设备类、会计类、照片、录音录像、实物等,幼儿园另设有卫生保健类。其中,既有文书档案,又有科技档案和专门档案;既有传统的纸质档案,又有电子照片、声像资料、磁盘、光盘、实物等非纸质档案。

（二）广泛性

一是指档案来源的广泛性。学校档案是学校在各项职能活动中形成的各种历史记录。中小学的档案除了上级主管部门下发的教育教学相关文件、学校在教学实践中形成的材料外,还包括学校与其他单位、友好学校等在公务活动中产生和形成的各种档案材料,如与国际友好学校交流合作产生的外事档案、与实习教师所在学校签约共培产生的实习培训档案、与党建共建单位产生的活动档案等。二是指利用范围的广泛性。不仅本校的领导、师生有利用学校档案的需要,还因为学校培养的学生分布于社会各个方面,所以学校档案具有广泛的受众。

（三）独特性

一是价值特有。如学校档案中的学生学籍档案原件就是孤本,尤其是毕业后成名成才的专家、名人和有突出贡献的校友,如院士、劳动模范等著名校友的毕业证、成绩单、品德评定表等,都是学校的宝贵档案,可以举办展览,对中小学生进行人生观和爱国主义教育。二是归档时间的特殊性。教学活动是一种按学年进行的周期性活动。一学年分春、秋(或称上、下)两学期,毕业生也是按学年周期计算届次,档案的产生形成有明显的学年性或届次性。

七、学校档案的异同

因为办学类型不同,学校档案涉及大、中、小各级各类学校层次的档案。但不管哪个层次的学校,其档案分类和归档内容都是基本相同的,党群、行政、基建、设备、会计等是每所学校都有的档案类型,而教学档案、学生档案、教师档案等则是各校档案的主体内容。另外,各层次学校的主要工作性质相同,因此学校档案的性质相同,管理原则也是基本一致的。

不同之处在于以下几点。

(一)管理制度不同

普通高校和成人高校,按照教育部和国家档案局出台的《高等学校档案管理办法》进行管理,有明确的档案分类和归档范围。普(职)高、中小学、幼儿园等学校目前国家没有出台专门的管理办法和制度,一般按照当地教育主管部门和档案部门制订的相关制度进行管理,并不统一。

(二)档案分类不同

《高等学校档案管理办法》将高等学校档案分为十一大类:党群类、行政类、学生类、教学类、科研类、基本建设类、仪器设备类、产品生产类、出版物类、外事类、财会类,并把声像档案作为特殊的附加载体。而非高校,以萧山区学校为例,萧山区教育局和档案局在2022年前把区内学校档案分为九大类：党群工作类、行政管理类、教学管理类、教师业务类、学生学籍类、基建类、设备类、会计类、特种载体类（包含照片、声像、电子文件、实物），幼儿园因卫生保健工作较多，增设一个卫生保健类。2022年后根据DA/T13—2022《档号编制规则》做了调整，分为文书档案（WS）、专业档案（ZY）、人事档案（RS）、科技档案（KJ）、会计档案（KU）、照片档案（ZP）、录音录像档案（LYLX）、业务数据（SJ）、实物档案（SW）、网页信息（WY）等10个一级档案门类；文书档案分为：党群工作（DQ）、行政管理（XZ）2个二级门类；专业档案分为教学管理（JX）、学生学籍（XJ）、卫生保健（BJ）3个二级门类；人事档案分为教师业务（YW）1个二级门类；科技档案分为基建（JJ）、设备（SB）2个二级门类。同时，各门类的档案也会因为学校类型的不同而略有不同，如党群工作类，在普、职高学校主要是党组织、工会、团委的材料，而在初中、小学则主要是党组织、工会、少先队的材料；又如学籍管理类，中、小学因为是义务教育，保存的是统一的义务教育卡，普、职高则是保存自制的学籍卡，而幼儿园大都保存幼儿名册或成长记录册。

再有，对不同学校来说，其产生的教学档案内容具有唯一性，每个学校的教学档案不仅突出代表着学校档案特色，也是最能体现自己学校不同于其他学校的特色。如职业高中，其开设的各类职业课程是普通高中所不具有的，幼儿园又与初中、小学的教学大纲、课程内容完全不同，因此对每一所学校来说，其教学档案都是独一无二的。

第二节 学校档案工作的内容、地位作用和基本原则

学校档案工作是运用科学的理论和方法对学校档案进行收集整理和提供服务的系列活动。

一、学校档案工作的内容

从狭义上说，学校档案工作即档案的收集、整理、鉴定、保管、编研、统计、利用等一系列具体工作。从广义上说，档案工作是学校工作的一部分，学校档案工作是国家档案事业的一部分。因此，在学校统一规划和部署下，开展档案馆（室）的各项业务工作以及对国家档案法规的宣传教育、开展档案业务培训及学术研究等都属于学校档案工作。

学校档案工作作为一个大类，横向上可分为高等学校档案工作、中等学校档案工作、中学档案工作等，纵向上可分为学校档案管理、档案分类、档案编研、档案利用等方面的工作等。

由于学校档案内涵丰富，涉及的面广，各项教学实践活动的领域非常广阔，内容十分丰富，本书主要以中小学档案管理为例进行介绍。

二、学校档案工作的地位与作用

一所学校档案如何管理,其作用发挥得如何,在很大程度上取决于学校本身的档案意识。学校的档案意识指的是学校各方面的人们对档案这一客观事物和档案工作这项事业的认识和重视,包括校领导、档案人员和全体师生的档案意识。档案意识强的学校,必然重视档案的科学管理,在良性的循环中充分发挥档案的作用,而当档案逐渐在学校的各个方面发挥作用时,它也促进了学校各方面对档案的认识和重视,促使越来越多的人意识到档案的存在和重要,从而使档案工作的作用获得公众的普遍认同。而认为档案工作是末位工作的学校,档案意识薄弱,档案工作往往很难开展。

概括地说,学校档案主要有两大作用。

(一)凭证依据作用

档案和档案工作在党和国家的建设与社会发展中具有十分重要的作用。同样,在学校的发展和建设中,档案也起着不可或缺的作用。

每所学校都有很多档案利用的例子。可以说,档案工作是学校工作的重要组成部分,是提高学校管理水平、工作效率和工作质量的重要条件,也是维护学校历史真实面貌的一项十分重要的工作。

(二)教学、管理参考作用

各级各类学校在为国家培养人才和输送科技研究成果的过程中,积累了大量宝贵的档案材料。这些记录学校发展历史和教学、科研及各项活动的档案史料,又为办学过程中总结经验、改进工作,不断提高教学质量和管理水平,为培养人才、创新科研成果起着有力的促进和推动作用。

档案工作与学校的管理水平息息相关。如果学校的管理比较规范,档案工作就会锦上添花、相得益彰；反之，若教学、科研和其他方面管理不善，档案工作自然也就不可能完整、齐全。对一所学校来说，其档案工作的发展程度，它的内在质量、管理水平、服务效益的高低，对学校各方面的工作以及社会开发利用档案信息资源都会产生相应的影响。

在教育越来越受到国家重视的今天，学校档案工作部门应该认真研究学校档案的作用以及提供利用档案的方式，通过加强管理和卓有成效的工作，充分发挥学校档案的作用，使学校档案更好地为教育事业服务。

三、学校档案工作的基本原则

档案工作基本原则就是档案工作者在档案工作中调整社会关系、进行档案管理活动所应遵循的基本行为准则，它是基于人们对档案活动本质和客观规律的正确认识。我国档案工作的基本原则是经过长期的实践，逐步完善并确定下来的。2020年修订的《档案法》第四条规定："档案工作实行统一领导、分级管理的原则，维护档案完整与安全，便于社会各方面的利用。"以国家法律的形式确定了档案工作的基本原则，是中华人民共和国成立以来我国档案工作基本经验的总结。这一基本原则的内容由以下三个部分构成。

（一）统一领导、分级管理

档案工作实行统一领导、分级管理，这是我国档案工作的组织原则和管理体制，也是我国档案工作的特点。一切国家机关和组织形成的档案，必须按照国家的规定，定期向本单位档案机构或者档案工作人员移交，集中保管，任何人不得据为己有。由各级档案主管部门统一、分级、分专业管理。

（二）维护档案完整与安全

维护档案完整与安全，是针对档案收集和日常管理工作提出的档案工作的最基本要求。其中维护档案完整，包括数量和质量两个方面；维护档案安全，包括档案实体安全与档案秘密安全两个方面。

（三）便于社会各方面利用

便于社会各方面利用，是档案工作的根本目的所在。档案工作必须为社会各方面服务。这体现了档案工作的服务性，是检验档案工作好坏的主要标准，也是档案工作各项业务建设的出发点和归宿点，它支配着档案工作的全过程。

在档案工作的基本原则中，"统一领导、分级管理"是核心，它为档案工作提供了组织保证，没有它，档案工作就不能顺利进行；"维护档案完整与安全"是条件，它为档案工作提供了物质条件，没有它，档案工作就失去了物质对象；"便于社会各方面利用"是目的，是档案工作的根本宗旨，没有它，档案工作就失去了方向，这三者缺一不可。我国档案工作的基本原则，揭示了档案工作的客观规律，对我国档案工作的理论和实践具有普遍的指导意义，也是学校档案工作的基本原则。

第三节　学校档案工作机构职能和人员配备

工作机构是开展档案工作的重要保证。学校的档案工作机构是为整个学校的教育教学工作服务的,是行政组织的一部分。

一、学校档案工作机构

学校档案工作机构是根据学校规模和实际需要来确定的。以中小学为例,一般设立综合档案室,集中统一管理学校的档案。综合档案室归属学校办公室管理。为加强档案工作领导,学校应成立档案工作领导小组,由主要领导、分管领导、部门负责人、档案员组成,并确定一名学校副职领导分管,具体负责学校档案工作。学校档案工作业务上接受同级或者上级档案行政管理部门和教育主管部门档案机构的指导、监督和检查。学校综合档案室具有双重性质、两种职能。它既是学校档案工作的职能部门,又是保存和提供利用本校档案的专门机构。学校综合档案室有如下两种职能。

第一,履行对全校档案工作统一管理、规范业务的职责。在分管领导的带领下负责全校档案工作,对全校档案工作进行规划管理,统一制度,组织协调,实施监督和指导。规范管理的主要内容包括:制订符合相关法规和上级规定的本校档案管理规章制度,印发全校执行,并在实际工作中不断加以完善,实现档案管理制度化;统一本校的档案业务规范,坚持标准,严格执行。

第二，集中统一管理全校各类档案，并有效地开发和提供利用。用有效的管理方法，使校内档案统一保存，实现科学管理，保存有序。根据需要，统一开发档案信息资源，便于提供利用。综合档案室要对学校各业务部门文件材料的形成、积累、立卷归档工作进行指导和检查。

档案工作做好了，不仅能从一个侧面反映学校管理工作严谨有序的面貌，还可以使档案更好地为学校的教学、科研等各项工作服务。而搞好学校档案工作必须建立一个有效运行的档案管理体制。应建立档案工作管理网络体系，建立档案工作责任制，明确档案工作职责，依法健全档案管理制度。坚持将档案工作纳入学校发展计划和规划，把档案工作所需要的经费（含人、财、物）列入学校预算，落实人员编制、档案库房、发展档案工作所需设备和经费。

【示例】

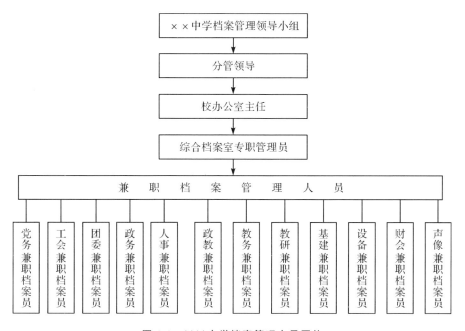

图 1-1　××中学档案管理人员网络

【示例】

××中学综合档案室工作职责

一、宣传贯彻《档案法》和上级有关档案工作的方针、政策和规定,制定本校档案工作的各项规章制度,规划全校档案工作。

二、集中统一管理本校的各种档案,并做好档案的编研开发和提供利用等工作。

三、督促和协助本校各处(室)有关人员整理好需要归档的文件材料,并按时移交学校综合档案室归档。

四、收集、整理、鉴定、编目、保管和统计本校的档案材料。

五、履行保密制度,执行保卫制度,确保档案和档案机密的安全。

六、接受各级档案行政管理部门和教育主管部门的指导、监督与检查。

二、学校档案工作人员

人是一切事业的决定性因素,档案工作也不例外。各级各类学校应配备与工作量相匹配的专、兼职档案人员,各部门、各项目应配备专职或兼职档案人员,并且保持档案人员相对稳定。

档案工作是一项复杂的专业技术劳动,从事档案工作的人员应具有相关的档案专业知识和实践经验。目前,在我国职称系列里,档案工作人员与教师一样,属专业技术人员。档案系列专业技术职务包括研究馆员、副研究馆员、馆员、助理馆员、管理员五级,研究馆员、副研究馆员是高级专业技术职务,馆员是中级专业技术职务,助理馆员、管理员是初级专业技术职务,对应于教师系列专业技术职务的正高级教师、副高级教师、一级教师、二级教师、三级教师五级。学校专职档案工作人员实行专业技术职务聘任制,享受教师同等待遇。在学校里兼职档案员的教师可以转评档案系列职称,并且教师兼职档案员的,其工作量应当折算相应的课时。然而,现实中仍有不少中小学因编制紧张、课务满额,并没有教师可兼任档案员,于是聘用编外人员担任学校档案员。2022年6月浙江省档案局印发《浙江省档案室业务建设评价办法》,将档案工作人员为编外人员的情况列为中风险项目。

作为在学校从事档案工作的人员,他们的工作效能将直接关系到学校的历史影响,只有综合素质高的人,才能胜任学校的档案管理工作。因此对学校档案工作人员有较高的素质要求和职业道德要求。《档案法》对全体档案工作人员提出的要求是"档案工作人员应当忠于职守,遵纪守法,具备相应的专业知识与技能"。概括地说,学校档案工作人员要有良好的政治素质、精湛的业务技能、良好的工作作风、高度的责任意识,同时要有严谨细致、谦虚沉稳、严守机密、文明周到的职业道德。

学校档案工作人员的主要职责有三:①努力使具有历史价值的文件资料保存下来,并不断丰富学校档案的内容;②保管好已有的档案资料,维护档案的安全;③为利用者查考所需要的档案资料尽可能地提供专业性的帮助。

【示例】

××中学档案管理员职责

一、认真学习贯彻《档案法》和上级有关档案工作的方针、政策和规定,严格执行本校档案工作的各项规章制度。

二、热爱档案事业,坚持四项基本原则,认真学习档案业务知识,不断提高业务水平和工作能力,确保档案工作顺利完成。

三、集中统一管理本校的全部档案。负责本校的文书处理和各处室的各种文件材料的收集、整理、归档工作。同时对各处室的档案工作进行监督和指导。

四、遵守党和国家的保密制度,维护档案的完整与安全。

五、按照"九防"要求，做好库房管理，定期检查档案保管情况，对破损或蜕变的档案应及时修复，编制必要的检索工具。

六、积极开发档案信息资源，为领导决策、科学化管理提供依据，为××教育事业提供广泛的服务。

七、热情接待，为利用者提供方便，积极做好利用效果的统计工作。

由于学校档案工作人员大多为兼职，且没有接受过档案专业培训，因此，各校应根据本校的具体情况，有组织、有计划地对档案工作人员进行岗前培训和定期培训，选送档案人员参加对口学习、培训，参加相关业务会议或到档案馆、兄弟学校等进行考察学习。学校档案人员应持证（档案管理岗位资格证书）上岗，并积极参加档案业务知识和技能培训。对大多数中小学的档案员来说，尽管是兼职教师，依然要履行好全校档案统一管理的职能。对外，要代表学校接受档案业务部门和学校主管部门的检查和监督；对内，需要协调各部门之间的关系，争取领导和教师们对档案收集归档工作的支持和配合，十分不易。这也是笔者写作本书的初衷，希望能为学校档案工作人员提供一些有益的借鉴和参考，而作为学校档案工作人员，只有通过不断学习和锻炼，才能不断提升自己的思想和业务素质，胜任新时代的学校档案工作。

以下是萧山区学校年度档案工作建议性行事历，供参考：

表 1-1　××学校档案工作行事历

月份	工作安排	月份	工作安排
二	1. 做好上年度下半年档案移交工作； 2. 向班子成员反馈档案移交情况并补收集档案； 3. 规范文本培训或指导； 4. 收集拷贝各类电子档案并刻录成光盘； 5. 召开《年鉴》编写组会议	八	1. 整理教学档案； 2. 印发档案移交目录给各处室； 3. 邀请专家指导

续　表

月份	工作安排	月份	工作安排
三	1.完成《年鉴》初稿； 2.整理文书档案； 3.参加业务培训或参观学习	九	1.整理教学档案； 2.拍摄教职工合影及新任领导照片等并存档； 3.完成年检自查自评小结
四	1.校对、审核并印发《年鉴》； 2.输入档案条目	十	1.接受年检； 2.输入条目
五	1.扫描挂接； 2.整理、扫描好的档案缝纫装盒后上架； 3.整理特种载体档案	十一	1.扫描挂接； 2.整理特种载体档案； 3.整理教师业务、会计、设备、基建等档案
六	1.继续整理特种载体档案； 2.撰写利用案例； 3.拍摄并收集毕业照	十二	1.收集各种编研材料； 2.继续整理特种载体档案； 3.撰写利用案例
七	1.做好上半年档案移交工作； 2.向班子成员反馈档案移交情况并补收集档案； 4.规范文本培训或指导； 5.电子档案刻录成光盘	一	1.完善全宗卷； 2.完成上年度档案工作小结； 3.制订新一年档案工作计划； 4.将校园网、微信公众号、网上档案室和档案管理软件等上年数据刻录成光盘

其他非常规性工作：

①及时为学校迎接检查、评估和验收提供相关的档案资料；

②及时为教职员工提供查档服务；

③及时充实网上档案室相关栏目的内容；

④及时收集荣誉类实物档案。

第四节　学校档案用房和设备配置

　　档案是一种不可再造的珍贵文化资源。因此,档案室的安全最重要。各类学校应建立健全档案安全工作机制,加强档案安全风险管理,提高档案安全应急处置能力。具体应确保档案实体安全和信息安全,建立库房管理制度、数字档案室管理制度、应急处置预案等,定期进行安全检查并做好记录。

一、档案用房

　　档案用房一般由档案办公用房、整理用房、阅览用房和档案库房组成,并可根据工作需要设置展览用房、档案数字化用房、服务器机房等。规模较小的学校做到库房、阅览、办公"三室分开",有条件的学校要求库房、阅览、办公、整理"四室分开"。档案办公用房面积可按照《党政机关办公用房建设标准》执行,其中档案库房面积应当满足学校档案法定存放年限需要,使用面积按档案存量年增长量×存放年限×60平方米/万卷(或10万件)测算。档案数量少于2500卷(或25000件)的,档案库房面积按15平方米测算。

　　建校历史久的学校和有条件的学校应建立校史馆、陈列室或荣誉室等展览用房,有利用档案展示学校文化的场所。尤其对那些具有悠久办学历史的中小学来说,应积极将旧址、校史馆等创设成当地的爱国主义教育基地和学生思政教育基地。如有百年校史的萧山区衙前农村小学,是早期中国共产党人创办的第一所农村小学,其旧址(沈定一故居)展览馆,是浙江省爱国主义教育基地；建校 80 余年的浙江省萧山中学，建有坎山、河上两个旧址纪念馆和校史馆；萧山区葛云飞小学建有葛云飞事迹陈列馆。这些场馆的建立，使珍贵的校史档案能够得到充分的展示，真正体现学校档案的教育性。

学校要满足档案室库房的基本建设条件，达到防火报警、恒温恒湿和消毒除尘等建设和设备要求。根据国家档案业务规范的规定，档案库房的"九防"要求是：防火、防盗、防紫外线、防有害生物、防水、防潮、防尘、防高温、防污染。

根据这些要求，档案库房保管应具有如下控制措施：

①档案库房要远离易燃、易爆和有腐蚀性气体源的场所，要尽可能地避开底层和顶层。最小面积应能容纳目前档案资料存放，还必须考虑一定的发展空间。档案库房楼面要有一定量负荷。

②档案库房应有防盗措施，一般库房要加设防盗门窗，有条件的学校可配置电子监控系统。

③档案库房窗户要配挂防光窗帘，防止阳光直射库内；同时库房照明装置应以使用白炽灯为宜，避免日光灯中紫外线对档案纸张的破坏。

④湿度较大的库房应配备除湿机及放置吸潮剂。

⑤档案库房周围要灭绝火源迹象，库内严禁吸烟，要建立严密的防火制度并配备消防灭火器材（须使用二氧化碳灭火器）。

⑥为防止档案发生鼠害、虫害，库房应定期检查并投放灭鼠药，档案柜架应放置防虫药品，以防档案害虫破坏档案。

⑦档案库房应配备空调设备，以达到库房理想的温度。

⑧为防止灰尘对档案的损害，库房最好加装双层窗，同时利用吸尘器及时吸除档案柜架上的灰尘。

档案库房装修时要考虑好架（柜）、照明、空调和除湿机的布局。一般来说，架（柜）间的主要通道宽度不小于 1 米，架（柜）之间的间隔不小于 0.8 米，架（柜）与墙壁的间距不小于 0.1 米，装具与天花板的间隔不小于 0.6 米。

笔者在担任萧山区学校档案工作协作组业务组长,进行档案年检时,曾发现个别规模较小的幼儿园、中小学因场地有限,将档案室安排在不符合要求的地点,造成部分档案霉变,因此,在实际工作中应尽量提前规划好档案室位置,创造良好的档案保管条件。

【示例】

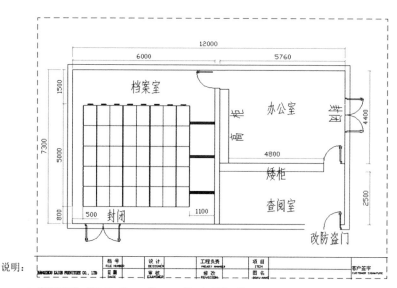

说明:
1. 密集架规格:长5000,宽550,高2350,5联8列,层数 5层。
2. 档案室与查阅室之间用砖墙隔开。
3. 办公室与查阅室之间下面用矮柜,上面用玻璃隔断,办公室靠墙用高柜。
4. 走廊二道门档案室门封闭,只用查阅室一道门(改为防盗门),
   办公室一道门封闭。

图 1-2　萧山区××小学档案室设计图

二、档案装具

档案装具是档案馆(室)必需的基本设备。档案装具种类很多,各有所长,应根据库房的特点和档案的价值及规格的不同,合理选用,灵活配置。目前,我国使用的档案装具主要有档案架、档案箱、档案柜(密闭五节柜)、密集架、光盘柜、底图柜。档案馆(室)选用档案装具必须符合国家有关标准，不得采用木质柜、玻璃门柜等装具。

档案库房配备的档案装具应当与档案库房楼面均布活荷载标准值相匹配。库房采用密集架的，楼面均布活荷载标准值不应小于 $8kN/m^2$ 或按档案装载情况相应增加。

装具的排列应与有窗户的墙面垂直，既可避免户外阳光直接照射，又有利于通风。如果库房没有窗户，则装具的排列应与通风管道开口方向相对应。

档案装具应按照其款式、大小进行适当分类，尽量做到排列整齐美观。

档案装具的编号一般以库房为单位进行，编号方法是，自库房门口起从左至右、从外向里编架(柜)号。每个架(柜)的格(节)也应编号，方法是从上向下编顺序号，并将库房示意图上墙。

三、档案保管设备

档案保管设备是指在档案保管、保护工作中使用的机械、仪器、仪表、器具等技术设备，主要有空调机、除湿机、通风机、温湿度测量仪、防盗和防火报警器、灭火器、装订机、复印机、缩微拍摄设备、监控设备、消毒设备、信息化设备以及档案专用运输设备等。

具体来说，一般中小学档案室选好库房后，需配置密集架、档案柜，配备防盗门窗、空调、温湿度计、除湿机、加湿器、烟感报警器、二氧化碳灭火器等，购置各种档案盒、照片、光盘册、装订机等储存档案所必需的设施、设备和用品。

阅览用房和办公用房还要配置阅览桌椅、电脑、复印机等办公设备，并将档案查阅利用制度、档案保密制度、档案室管理制度等制度上墙公示，营造良好的查阅办公氛围。如萧山区学校档案室均有相关六项制度上墙。

【示例】

××学校整理归档制度

一、本校在各项工作和活动中形成的应归档材料,由材料的直接形成者或各科室负责人收集、整理,完成立卷或组件并向档案室移交。

二、归档范围:按《××学校文件材料归档范围和保管期限表》执行。

三、归档时间:

1.党群行政类的文件材料,执行公历年度(每年1月1日至12月31日止),在次年的5月份前完成归档。

2.教学管理类执行教学年度(本年8月至次年7月止),在每学年结束后完成归档。

3.学籍管理类从开始入学至毕业前,按学期或学年形成材料,随时收集至毕业后直接归档。

4.教师业务类从最初工作转入至退休,随时形成随时归档。

5.会计档案执行公历年度(每年1月1日至12月31日止)归档,在次年的5月份完成立卷,在财务室保管一年后上交档案室归档。

6.基建类、设备类在竣工验收、设备开箱后归档。

7.特种载体档案随时形成,随时归档。

四、归档要求:

1.归档的文件材料要齐全、完整、准确。

2.整理档案应遵循文件材料的形成规律和特点,进行科学分类、立卷,区分保管期限和编制目录。

3.卷内文件材料应按排列顺序,依次编好件号,书写要求用黑色碳素墨水书写,禁止用圆珠笔、铅笔等书写。

4.卷内文件材料要去掉金属物,对破损文件要用纸裱糊,案卷装订要结实美观,做到底边齐,线头留在卷底。

5.声像材料必须编写说明,标明内容、时间、作者。

五、办理移交手续。各科室立卷归档的案卷必须按规定时间向综合档案室移交,移交时,必须编制移交清册和目录及交接文据,交接双方根据移交目录清点核对,并履行签字手续。

××学校档案室管理制度

一、分门别类,科学管理,有效有序,方便查找。

二、严格执行安全制度,定期检查档案,做好"九防"(防火、防盗、防紫外线、防有害生物、防水、防潮、防尘、防高温、防污染)工作,确保档案安全。

三、严格执行档案保密制度。

四、禁止将明火、食物、水、昆虫、有害气体、易燃易爆物等带进档案室。

五、档案进出应仔细清点和登记,办好移交手续,案卷调用后应准确无误地放回原档案箱。

六、定期检查电气设备和消防器材。

七、进档案室查阅资料,查阅者不得大声喧哗,不得抽烟。

八、查阅人要爱护档案,不得撕页、涂改,一旦发现由查阅者全部负责。

××学校档案统计制度

档案统计是档案事业建设的一项重要基础工作,是了解档案情况的重要手段,为做好档案统计工作,制定以下制度:

一、定期对档案工作的规模、水平、普遍程度、结构及档案的形成规律等进行统计,为制订档案工作计划、总结经验教训提供数据。

二、保证数字的准确性,坚持实事求是,严格认真对待每一个数字,如实反映情况,使统计数字准确,符合客观事实。

三、对档案的收进、移出、保管、利用等情况及时进行统计,做到家底清楚,并按规定向档案业务部门报送档案工作情况统计表。

四、各处室的档案及档案工作情况要定期检查,及时进行统计分析,并定期向综合档案室汇总。

五、档案统计工作必须遵守国家统计工作要求,执行《中华人民共和国统计法》,用科学的标准和方法,使档案统计工作规范化。

××学校档案保密制度

一、档案管理人员要严格遵守国家机密,自觉维护党和国家的档案法规,严防档案失密、泄密事件发生。

二、未经主管部门领导批准,档案一律不得外借。

三、未经允许不准擅自摘抄、复制档案内容。

四、不得擅自外泄档案内容,不得在私人通信中涉及机密,不得在非保密本上记录机密,不得在公共场所和亲属、子女、朋友面前谈论机密。如违反保密纪律,造成后果,视情节轻重,给予纪律处分。

××学校档案查阅利用制度

一、本校教师因工作需要,均可利用有关档案。

二、利用档案原则上只准查阅,不得外借。如有特殊情况,须经分管领导同意,并办理借阅手续,时间不得超过1周。

三、外单位需查阅本校档案的,除介绍信外,还需要分管领导同意,并限定在档案室查阅。

四、查阅人需爱护档案,不得在案卷上批注、涂改、做记号,更不准折卷、抽页、损坏或转让他人。

五、未经许可,不准复制、拍摄档案资料。

六、档案室内不准抽烟、吐痰、乱丢纸屑,保持室内清洁安静。

七、凡查阅、借阅档案,必须登记,并及时向档案员反馈利用效果信息。

××学校档案的鉴定和销毁制度

一、档案的保管期限分为永久、30年、10年三种。

二、档案的鉴定工作在本单位领导主持下,由档案室和有关人员组成鉴定小组。根据不同保管期限,定期对已到期的档案重新进行审查,做出存毁意见。

三、经鉴定,对失去利用和保管价值的需要销毁的档案,由鉴定小组提出意见,编造销毁清册,经单位领导批准后销毁。任何人不得随意销毁档案。

四、销毁档案时,要有两人以上监销。监销人员在销毁前应认真清点校对,在销毁清册上签字,并将销毁情况报告单位领导。销毁清册应列入档案保存。

第五节　学校档案全宗的概念

一、档案全宗的概念

"全宗"指的是一个国家机构、社会组织或个人形成的具有有机联系的档案整体。学校档案全宗就是一个学校的全部档案。"全宗号"是管理全宗的代码,由具备全宗管理权限的档案馆按全宗排架或收藏时间顺序流水编制。"全宗构成者"是指形成档案全宗的国家机构、社会组织或个人,也称作立档单位。如浙江省萧山中学的全宗号为174,即萧山区档案馆给立档单位浙江省萧山中学编制的代号。萧山区档案馆在全区内选取了办学历史较长、有典型代表性的两所学校作为进馆单位,浙江省萧山中学是其中一所,已有80多年办学历史,是萧山区的龙头学校。

为方便区域内各类学校的管理,区别不同类型学校,萧山区教育局曾联合萧山区档案馆下发了《关于印发萧山区教育系统各类学校档案全宗号(编号)的通知》,对各直属普(职)高、初中、小学、幼儿园、全日制民办学校的全宗号进行了明确。如,直属普(职)高以1开头,以1001、1002……为序编制学校全宗号;初中以2开头,以2001、2002……为序编制学校全宗号;小学以3开头,以3001、3002……为序编制学校全宗号;幼儿园以4开头,以4001、4002……为序编制学校全宗号;民办学校以5开头,以5001、5002……为序编制学校全宗号,等等。萧山区教育局按此规则为全区近380所学校编制了全宗号，并结合每年区内学校设立、调整等实际情况，相应调整学校档案全宗号。全宗号的明确对学校档案工作的规范化、标准化管理起到了积极作用，实现了学校档案与档案管理部门的有效对接。

二、学校档案是国家档案全宗的组成部分

国家档案全宗，又称国家全部档案，是指归国家所有的由国家管理的全部档案的总和。国家档案全宗的实质包括档案的所有权、档案的管理原则和档案工作的管理体制等三个方面。

我国国家档案全宗的构成，按历史时期划分为中华人民共和国时期和中华人民共和国成立以前的档案。中华人民共和国成立以前的档案按其形成朝代，又可分为民国档案（其中1919年以后又包括革命历史档案）、清朝档案、明朝档案、元朝档案和唐朝档案等。唐前档案在档案部门尚未有保存。

根据《中华人民共和国档案法》定义，档案是指过去和现在的机关、团体、企业事业单位和其他组织以及个人从事经济、政治、文化、社会、生态文明、军事、外事、科技等方面活动直接形成的对国家和社会具有保存价值的各种文字、图表、声像等不同形式的历史记录。从档案的定义中可以看出，学校档案属于国家档案全宗，学校档案是国家档案全宗的有机组成部分。学校档案全宗与其他专业、行业或工作系统的各种档案全宗呈平行并列的关系。

第六节 学校全宗卷的收集与整理

全宗卷是由记录和说明全宗立档单位及档案历史和现状的有关文件材料组成的专门案卷,是管理全宗档案的重要工具。它是档案室在管理学校档案过程中形成的,能够说明该校档案全宗历史情况的有关文件材料所组成的专门案卷。简单地说,全宗卷就是档案的档案。

一、全宗卷的编制原则

1.档案室应以全宗为单位编制全宗卷,收集、保管在档案管理过程中以单个全宗为对象形成的相关文件材料。

2.全宗卷中收集的文件材料应做到齐全、完整、真实,力求全面反映全宗及其管理的历史面貌。

3.全宗卷的编制应做到分类合理、方法科学、格式规范。

二、全宗卷的内容

根据《全宗卷规范》(DA/T 12—2012),全宗卷由全宗介绍类、档案收集类、档案整理类、档案鉴定类、档案保管类、档案统计类、档案利用类、新技术应用类等内容构成,具体有全宗介绍、大事记、交接凭证、分类方案、保管期限和归档范围、整理小结、鉴定报告、档案安全检查记录、销毁清册等材料。

中小学档案的全宗卷一般包括以下 8 大类内容,按类收集,排序如下。

（一）全宗介绍类

包括全宗指南（全宗介绍）、大事记等说明全宗背景和档案状况的文件材料。

其中，全宗指南是向利用者介绍和报道全宗构成者（立档单位）及其所形成档案情况的工具书。全宗指南的结构为段落式条目信息，由全宗指南名称、全宗来源简况、档案内容与成分介绍、检索查阅注意事项四部分组成。

1. 全宗指南名称

全宗指南名称由全宗号、全宗构成者的名称（一般用全称，也可用通用简称）、"全宗指南"、起止时间构成，并列成分之间用空格分开。

如：174　浙江省萧山中学　全宗指南　2019—2022 年

2. 全宗来源简况

记录和反映全宗来源背景的内容。其主要内容为：

①全宗构成者形成和职能；

②全宗构成者所有曾用名称；

③全宗管理机构和全宗档案数量；

④全宗档案收集、征集、接收、移交、保存数量。

3. 档案内容与成分介绍

档案内容与成分介绍一般应使用综合概括的方法介绍。介绍内容包括：

①反映全宗构成者基本职能和主要活动方面的档案；

②反映全宗构成者每个阶段中心工作或特殊工作所形成的档案；

③具有重要历史价值和学校特色的档案；

④涉及全国和国际知名人物的档案；

⑤馆藏年代久远和特殊载体的档案。

档案内容与成分介绍一般应按全宗内档案的实际分类体系，并列举文种名称。

4.检索查阅注意事项

(1)检索注意事项

①可使用的检索工具和已编制的参考资料的名称;

②机读目录、手工检索工具条目的数量;

③纸质档案数字化副本画幅数量以及占全宗档案总数比例情况;

④纸质档案缩微副本的数量以及占全宗档案总数比例的情况;

⑤非纸质档案副本的形式、数量以及占全宗档案总数比例的情况。

(2)查阅注意事项

①档案的完整和完好程度以及遗失、销毁的情况;

②档案的分类与整理方法以及不同载体组卷、装订和保管的情况;

③档案的利用价值以及鉴定的情况;

④划分的保管期限种类以及各类保管期限档案的数量;

⑤档案内容向社会开放的情况;

⑥本全宗指南完成时间和编制者的情况;

⑦其他有关问题的说明。

全宗指南的内容需要不断补充,时间要能连起来。

【示例】

J243　　××中学全宗指南　　1984—2005 年

一、××中学来源简况

1.全宗构成者形成和职能

机构形成:××中学创办于 1969 年,前身是××校。1984 年,××校的小学划出,始称××初级中学,校址××高坎头。

1993 年 8 月,××校搬迁到××广场西北侧(原××校址),原××初中学生并入××初级中学。2001 年 5 月,更名为××中学。2003 年 1 月,改称为××中学。

××中学现占地面积 160 亩,拥有 48 个教学班,212 名教职工,2600 余名在校生。

职能:学校坚持"教书育人,德育为首,五育并举,全面发展"的办学方针,努力培育"立志、勤奋、求实、团结"的优良校风。始终把学生思想品德教育作为育人的首要问题来抓,注重对学生的日常行为规范的养成教育和心理健康教育。

2.曾用名

××初级中学、××中学

3.全宗管理机构

××档案馆

4.室藏档案情况

保存了从 1984 年以来形成的所有档案材料,保管期限有永久、长期、短期、定期(现依据 2015 年标准划分为永久、30 年、10 年)。现共已形成文书档案 3406 件,其中永久类 680 件,长期类 1366 件,短期类 1360 件,设备仪器类 9 卷,基本建设类 11 卷,财务档案 408 卷(册),照片档案 5 册 316 张,光盘档案 1 册 20 盘,实物档案 38 件,教师个人业务档案 203 盒 1612 件,所有入库档案运用××档案局统一使用的档案电脑操作系统,做好登记录入工作,实现了电子化查询整理。同时档案室编写了近 20 本编研材料,包括《学校荣誉汇编》《组织机构沿革汇编》《学校大事记》《学校规章制度汇编》《教师汇编》《教师综合性荣誉汇编》《教师职称汇编》《历年年度考核优秀教师汇编》《各学年学校及个人荣誉汇编》《校友风采汇编》《历届毕业生录取学校汇编》《新园青年杂志汇编》《校报汇编》《新园教育杂志汇编》《新园教研论文汇编》《校本课程汇编》等。分 16 类编制了档案案卷目录作为检索工具。

二、档案内容与成分

(一)文书档案

1.校务会议记录,党政工作计划、行事历、工作总结,学校的各项规章制度

2.××初级中学筹建、集资办法简报

3.机构设置、启用印章、人事任免的通知

4.党、政、团、工会、教育事业的年报表,教职工名册

5.党、团支部、工会、调动介绍信、统计表

6.招工、录用、转正、定级、调资、职称、停薪留职、退职、退休等文件材料

7.十年校庆,陈列室等方面的材料

············

大事记主要由大事时间和大事记述两部分组成,须每年编写,逐年增加。一般采用表格形式。(大事记、组织沿革等的编写规范在本书第九章"学校档案编研"中有详细介绍)

【示例】

表 1-2　　××小学 2015 年大事记

序号	时间	大事内容
1	1 月 7 日	萧山区小学品德专业委员会第 20 届年会在我校电子报告厅举办。本次年会是萧山区小学品德教研史 20 年的总结与回顾,对萧山区教研室教研员韩××27 年教研工作的告别回顾与理事换届。杭州市小学品德教研员方××老师和特级教师汤××老师等莅临指导。萧山区品德教学专业委员会会长倪××、秘书长韩××、180 余位老师和校长参加,其中,包括委员会的第一届理事们。我校王××老师执教《父母——我特别的朋友》观摩课
2	1 月 20 日	学校举行"低段期末检测改革培训"专项会议,萧山区教研室副主任虞××组织一、二年级语数老师学习了《关于完善和规范义务教育阶段学校区域性学科"统则"工作的通知》和《小学低年级语文和数学教学要求的调整意见》,探讨了如何从"被动"评价走向主动评价、从单一评价走向多维评价等问题
3	3 月 4 日	我校第七届分工会在学校电子报告厅召开。城厢街道教育工会俞××主席到会指导。会议由陈××副校长主持。第六届分工会主席韩××老师做题为《服务大局,尽心履职,为学校发展发挥积极作用》的工作报告。会议选举产生新一届分工会委员会成员。分工会主席:张××,委员:汪××、沈××、徐××、王××。张××代表新一届委员发言。校党支部书记、校长盛××致闭幕词

续　表

序号	时间	大事内容
4	3月23日	美国加州公立中学校长团代表到萧山高桥初中参加中美学校校际交流会,萧山区教育局副局长夏××出席。我校校长盛××与美国 Rolling Hills Elementary School 签署校际交流框架协议书,两校学生将开展多种形式的交流协作,助推双方教育的发展,为加强中美教育文化互通、培养国际化人才搭建了平台
5	4月22日	午间,学校少先队大队部在操场开展"最深切的缅怀——爱心义卖"活动,队员们将自己闲置的学习用品、书籍、玩具、手工艺品、饰品、个人创作书画捐献义卖,共筹得爱心款19568元,全都捐赠给"浙江省大爱慈善基金会",为建萧山抗战纪念馆尽一份微薄之力

（二）档案收集类

包括档案交接文据、移交目录、接收、征集记录,档案来源和价值说明等。

【示例】

表 1-3　档案交接文据

移出单位名称				接收单位名称			
交接性质		档案所属年度			年　月至　年　月		
档案类别	数量（件、米）				检索参考工具种类		数量
	永久	30年（长期）	10年（短期）	长度			
					归档文件目录 电子目录		

续　表

合　计			
移出说明			
接收意见			

移出单位(印章)

领导人：
经办人：
移出日期　　年　月　　日

接收单位(印章)

领导人：
经办人：
接收日期　　年　月　　日

说明:此表所依据的《档案交接文据格式》(GB/T 13968—1992)目前已经废止,但没有替代标准,实践中表格仍可以沿用。

表 1-4　学校档案资料移交目录

顺序	案卷目录名	文件题名	所属年度	移交(接收)日期	移交(接收)原因	案卷数量				备注
						小计	其中			
							永久	30 年	10 年	

移交人：_____　　　　接收人：_____

（三）档案整理类

包括分类方案、保管期限和归档范围的规定、归档整理说明、整理工作小结等。

【示例】

详见本书附录三"浙江省萧山中学档案分类方案、文件材料归档范围和档案保管期限表三合一制度"。

（四）档案鉴定类

包括鉴定小组名单、档案鉴定分析报告、销毁档案的请示与批复、销毁档案的清册等。

【示例】

表 1-5　档案销毁清册

序号	档号	案卷题名或文件题名	所属年度	页数	应保管期限	已保管期限	销毁原因	备注

监销人签字：　　　　　　　　　　　　　　　　　年　月　日

（五）档案保管类

包括档案保管工作制度、安全检查记录、库房温湿度登记、重点档案采取的保护措施等。

【示例】

表 1-6　档案安全检查记录

检查时间	
检查人员	
检查内容	
检查情况	

表 1-7　库房温湿度登记表

年　　月

日期	温度	湿度	调控措施	日期	温度	湿度	调控措施
1	℃	％		17	℃	％	
2	℃	％		18	℃	％	
3	℃	％		19	℃	％	
4	℃	％		20	℃	％	
5	℃	％		21	℃	％	
6	℃	％		22	℃	％	
7	℃	％		23	℃	％	
8	℃	％		24	℃	％	
9	℃	％		25	℃	％	
10	℃	％		26	℃	％	
11	℃	％		27	℃	％	
12	℃	％		28	℃	％	
13	℃	％		29	℃	％	
14	℃	％		30	℃	％	
15	℃	％		31	℃	％	
16	℃	％		记录人：			

注：库房温度范围 14～24℃，相对湿度 45％～60％，温湿度昼夜波动幅度分别为±2℃和±5％。

（六）档案统计类

包括档案数量统计台账、档案工作基本情况统计报表、档案工作统计分析材料等。其中全宗单（《全宗单》GB/T 13967—2008）是以表格的形式反映全宗基本情况、全宗内档案成分与数量的统计文件。全宗单的内容由全宗情况介绍和档案数量统计两部分构成。设有封面和正页。

【示例】

全　宗　单
全　宗　号：________
编制单位：________

注：全宗号：馆编数字序号。

编制单位：编制全宗单的立档单位。

图 1-3　全宗单封面

表 1-8　全宗情况介绍

全宗名称	起止日期	编制检索工具种类	

续　表

缩微及计算机应用情况	
备注	

全宗情况介绍栏目包括：全宗名称、全宗名称起止日期、检索工具编制种类、缩微及计算机应用情况、备注。

表 1-9　室藏档案情况统计表

年度	文书档案（件）				业务档案（卷/件）				会计档案（卷）				特殊载体档案		
	全部	永久	30年	10年	全部	永久	30年	10年	全部	永久	30年	10年	照片（张）	光盘（张）	实物（件）
2019															
2020															
2021															
合计															

表 1-10　室藏档案数字化情况统计表

年度	文书档案				业务档案					电子档案		
	永久、30年档案（件）	扫描数量（件）	扫描页数	数据量（GB）	文件级目录（张）	永久、30年档案（卷/件）	扫描数量（卷/件）	扫描页数	数据量（GB）	数码照片（GB）	光盘（GB）	业务数据（GB）
2019												
2020												
2021												
合计												

说明：电子档案主要包括数码照片、业务电子档案、数字录音录像，扫描成果不计入电子档案。

表 1-11　室藏电子档案情况统计表

类别\年度	电子公文		业务数据		数码照片		录音录像		
	数量（件）	容量（GB）	数量（件）	容量（GB）	数量（件）	容量（GB）	数量（件）	容量（GB）	时长（小时）
2021									
2022									
合计									

（七）档案利用类

包括档案利用制度、档案目录编制、档案编研和出版情况、档案展览与公布情况、档案利用典型案例等。

【示例】

××小学档案利用效果典型案例

档案工作的目的是为各项工作提供利用服务，档案的价值也在利用的效果中得到体现。加强学校档案管理和开发利用，对于全面了解学校的发展历史及教育、教学、科研、师资等各项工作的进展情况，对学校教育事业的发展，提高学校的知名度，为社会服务有着不可估量的作用。

2017 年度综合档案室共计接待查阅 80 人次，提供案卷 120 卷（件）。为学校各类考核、报表统计、教师职务晋升、毕业生查档等方面都提供了相关档案。如为学校的教学提供服务；为学校的设备维修提供保障；为教师的评职、评优提供便利。为学校、教师、学生乃至社会各界服务，受到来访人员好评，取得十分明显的利用效果。利用典型事例如下：

一、为学校教学提供服务

每年期末考试前，各年级各学科的老师们都到档案室查阅近三年的试卷，共计利用档案 87 件次（档号：3-2016D-0005；3-2015D-0006；3-2014D-0005 等多份),为期末复习的有效展开提供了依据,为学校教学质量的提升提供了保障。

二、为学校设施维修提供保障

近年学校改善教学条件,维修教学楼的工作有所增加,档案室及时收集和归档好各类设施、设备档案,为总务处维修提供了有效保障。今年 6 月行政楼办公室发生渗漏,久久未发现原因。总务处主任到档案室借阅了行政楼图纸(档号 6-094-0002、6-096-0003),经仔细研究和排查后,在图纸的帮助下,终于找到了原因,请来了施工队,及时解决了渗漏问题。

三、为教师评职、评优服务

每年教师都要评高级、中级、初级职称,这些都离不开利用档案,还有教坛新秀、优秀教师、先进工作者、园丁奖等的评选,也是十分频繁的。每个教师的个人业务档案,完整地反映了其工作态度、专业水平、教育教学成绩、教科研成果等等,这一切都是评职、评优不可缺少的内容。档案室每年都能为教师们提供全面完整的个人资料,助力其评职、评优。

(八)新技术应用类

包括数字档案室创建情况、工作报告及创建材料,档案信息化和数字化工作情况,电子档案(文件)创建和应用环境(硬件和软件)及数据格式说明等。

【示例】

××小学数字档案室简介

萧山区××小学综合档案室创建于 1998 年。为了更好地发挥学校档案的作用,实现档案信息的网络共享,学校自 2003 年 2 月起开展了数字档案室的创建,购买了××软件。2016 年,启用新校舍档案室进行升级改造,2017 年底,自从学校制定了档案室三年争创市一级的目标以来,全体工作人员以市一级档案室的标准为目标,努力对现有档案室进行升级改造。2018 年 8 月增添平板高速一体扫描仪、刻录机,软件更新为××。

一、数字档案室栏目设置与使用情况

学校××数字档案室主要功能有收录各种档案信息，可线上查阅数字档案资源、数字档案网上接收、数字档案网上管理、档案咨询等。（如图1-4）

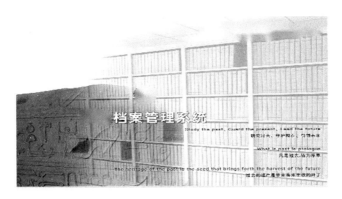

图1-4　数字档案室首页界面

××小学档案工作和档案管理的信息与成果可以在网站上发布。网站主要栏目文书档案、全宗管理、网上查档、光盘档案、编研成果等已启用。由于软件刚安装，档案工作人员还需要一段时间熟悉，很多功能还未完全利用。特色栏目有学校年鉴介绍、学校概况、组织机构、学校重要名册、大事记、人事任免等，预计2019年底全面完善开通。

二、网上查档介绍

进入网站，打开"网上查档"栏目，输入用户名和密码登录，用户根据自己的查档权限进入数据库，按照需求查找需要的资料，并可看到原文。

…………

总之，全宗卷能全面体现一个学校的档案的数量及保管期限、档案的完整程度、利用价值及鉴定情况、检索工具的配置情况和档案的整理情况。学校档案人员须重视全宗卷各类文件材料的收集，做好平时收集与定期收集，及时更新全宗卷内容。

在档案工作检查中，我们发现部分学校存在长期不更新全宗卷内容的现象,一些学校只在验收达标时制作整理了全宗卷,验收之后就没有再更新全宗卷内的各类内容,像移交目录、整理工作小结、数量统计、目录编制、利用事例等应每年进行收集更新和增加,库房检查记录和温湿度登记应按时收集更新。

三、全宗卷的整理方式

①文件材料装订:文件材料以件为单位进行装订,厚的用三孔一线装订,薄的粘合成件。

②文件材料分类:按构成八大类分类。

③文件材料排序:文件材料分入不同类目后,按形成时间顺序排列,新增文件材料插入相关类目,向后接续排列。

④文件材料编号:在文件材料首页上方的空白处进行编号,文件材料的编号由全宗号—类号—件号三部分组成。如浙江省萧山中学的全宗卷材料编号是174—1—2(174为浙江省萧山中学的全宗号,1为全宗介绍类,2为该类第2件)。

⑤编制文件材料目录:以件为单位,按照排列顺序编制文件目录。新增文件材料在相关类目中接续编制目录。

表1-12 全宗卷文件目录

类目名称:_____

件号	责任者	题 名	日 期	备注

⑥文件材料装盒：全宗卷文件材料按照分类编号顺序装盒。文件材料较多，一盒装不下时，可按分类编号顺序装入数盒。装有文件材料的全宗卷应填写卷盒封面和脊背。

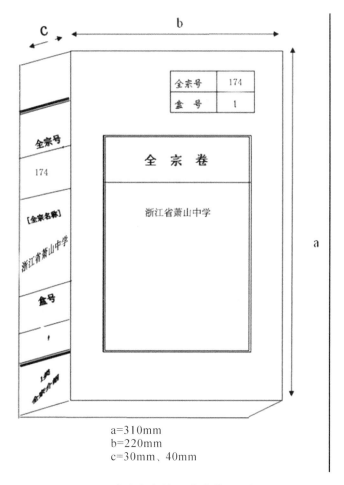

a=310mm
b=220mm
c=30mm、40mm

图 1-5　全宗卷盒封面、背脊填写示例

⑦编制全宗卷盒号：按卷盒排列顺序编制流水号。全宗卷可与档案一并放在库房保管，也可以和目录检索工具一起存放在查阅室。

【示例】

图 1-6　浙江省萧山中学全宗卷卷盒、封面

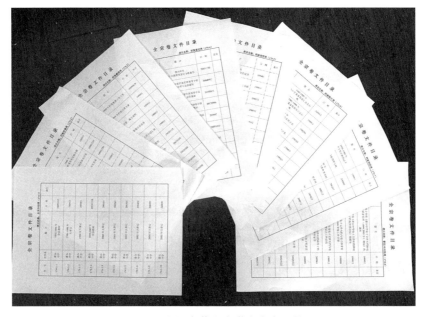

图 1-7　浙江省萧山中学全宗卷目录

第二章　学校档案的收集归档

第一节　学校档案管理基本理论、法规标准和工作流程

　　档案管理是一个系统工程。档案管理所要解决的核心问题，就是使数量众多、内容形式广泛复杂，且管理前处于无序状态的档案文件有序化。作为一种管理活动，档案管理工作有着特定的理论和原则，在学校档案管理过程中我们必须学习和遵循。如来源原则、文件生命周期理论、文件连续体理论和档案价值鉴定理论等。

一、档案管理基本理论

（一）来源原则

　　来源原则是当前世界各国公认的档案整理理论原则。来源就是通常所说的档案形成者，包括机关、组织和个人。来源原则就是指档案馆（室）按照档案的来源进行整理和分类，要求保持同一来源的档案不可分散、不同来源的档案不得混淆的整理原则。按照来源原则，学校档案是以学校内的部门或一定的个人为单位而形成的，学校档案来源于这些相互紧密联系的部门或个人，从而全面系统地反映出学校各项工作活动的历史面貌。同时，各项活动产生的文件材料在时间、内容、形式等方面都有一些必然的联系。因此，我们在整理学校档案时，必须注意首先保持文件材料来源方面这种固有的联系，从而全面系统地反映学校各项活动的历史面貌。

（二）文件生命周期理论及文件连续体理论

1940年，美国档案学者菲利普·布鲁克斯提出"文件生命周期"，这一概念指的是文件从产生直至因丧失作用而被销毁或者因具有长远历史价值而被档案馆(室)永久保存的完整的生命过程。文件生命周期理论是研究文件从最初形成到最终销毁或永久保存的整个运动过程、研究文件属性与管理者主体行为之间关系的一种理论。它是文件—档案全过程管理的基本理论。文件运动现象如同生命现象一样是连续统一的，所谓现行文件和历史档案只是同一事物的不同运动阶段。

20世纪90年代，电子文件时代到来，澳大利亚档案学者弗兰克·阿普沃德提出了"文件连续体理论"。其认为文件生命周期理论描述的文件运动过程阶段性太过分明，难以适应电子文件的特点，需要将文件的运动过程视为一个连续统一的过程，以更好地适应电子文件的运动特点。

（三）档案价值鉴定理论

档案价值鉴定就是鉴别和判定档案的价值，挑选出有价值的档案交档案机构保存，剔除无保存价值的档案予以销毁。它直接决定着档案存毁，是档案管理中最重要同时也是难度最大的一项工作。档案价值鉴定理论通常包含三方面基本内容，即对档案价值的认识、对鉴定原则的规定和对鉴定标准的制定。我国档案价值鉴定原则的内容是：必须从社会的总体需求出发，用全面的、历史的、发展的观点来判定档案的价值。

二、档案管理相关法律法规及标准规范

在开展学校档案管理工作前，我们还必须学习和了解执行我国现有的档案管理的法律法规及标准规范。

（一）档案管理的法律法规及标准规范

1.法律

《中华人民共和国档案法》

2.行政法规

《中华人民共和国档案法实施办法》

《机关档案工作条例》

3.部门规章

《会计档案管理办法》

《高等学校档案管理办法》

4.地方法规、政府规章

《浙江省实施〈中华人民共和国档案法〉办法》

《浙江省机关、团体、企业事业单位档案室业务建设评价标准》

5.国家标准

《文书档案案卷格式》(GB/T 9705—2008)

《照片档案管理规范》(GB/T 11821—2002)

《科学技术档案案卷构成的一般要求》(GB/T 11822—2008)

6.行业标准

《归档文件整理规则》(DA/T 22—2015)

《全宗卷规范》(DA/T 12—2012)

《会计档案案卷格式》(DA/T 39—2008)

《纸质归档文件装订规范》(DA/T 69—2018)

《档案著录规则》(DA/T 18—2022)

《纸质档案数字化规范》(DA/T 31—2017)

更多法律法规及标准规范的具体内容,可登录中华人民共和国国家档案局—法规标准库栏目或浙江档案网—档案政务—政策法规栏目查询。

(二)学校各类档案要参照执行的相关规范

1. 文书档案

《机关文件材料归档范围和文书档案保管期限规定》(国家档案局令第 8 号)

2. 会计档案

《会计档案管理办法》(财政部　国家档案局令第 79 号)

3. 科研档案

《科学技术研究课题档案管理规范》(DA/T 2)

《科学技术研究档案管理规定》(国家档案局令第 15 号)

4. 基建档案

《建设项目档案管理规范》(DA/T 28)

《国家电子政务工程建设项目档案管理暂行办法》

5. 照片档案

《照片档案管理规范》(GB/T 11821—2002)

《数码照片归档与管理规范》(DA/T 50)

6. 录音录像档案

《录音录像档案管理规范》(DA/T 78)

7. 其他门类

按照国家相关规定执行

8. 网页信息

《政府网站网页归档指南》(DA/T 80—2019)

三、学校档案管理基本流程

学校档案管理基本流程包括档案的收集、整理、鉴定、保管、统计、开发利用、编研等一系列具体工作。

（一）档案收集

按照档案形成的规律，把分散在学校各部门、个人手中及其他地方的档案材料接收、征集、集中起来。主要包括：收集本校需要归档的档案资料，对知名教师档案、学生档案、校史档案的接收和征集等。收集是档案工作的第一个环节。文件材料的收集是档案室工作的起始环节，在学校档案管理中占有十分重要的地位。俗话说"巧妇难为无米之炊"，说的就是这个道理。而学校自身产生的文件资料是档案室归档文件材料的主要来源和重点收集对象。

（二）档案整理

对零乱的和需要进一步条理化的档案，进行基本的分类、组合、排列和编目，组成有序的体系。主要包括学校档案的分类、组卷（件）、排列、目录编制等。

（三）档案鉴定

一般指档案真伪和档案价值的鉴定，而实际的档案业务工作中主要指档案价值的鉴定。主要包括：制定鉴定档案价值的标准，如学校档案保管期限表；具体判定档案材料的价值，确定其保管期限；拣出本无保存价值和保管期满的档案，按规定进行销毁或相应的处理，即归档鉴定和销毁鉴定。

（四）档案保管

指根据档案的成分和状况，所采取的存放和安全防护措施。主要包括：学校档案的库房管理；档案使用过程中的保护；保护档案的专门措施等。

（五）档案统计

就是以表册、数字的形式，揭示档案和档案工作的有关情况。主要包括：档案的收进、移出、整理、鉴定、保管数量和状况的登记，档案利用情况的登记以及档案构成、档案机构和人员等情况的基本统计和其他专门统计。

（六）档案开发利用

就是学校档案室以所收藏的档案为依据，通过一定的方式与方法，直接提供档案信息，为师生和社会服务的活动。主要包括：了解和熟悉室藏档案信息的内容和成分；分析和预测师生对档案信息的需要；开展档案咨询、查阅服务等。

（七）档案编研

学校档案室根据一定的需要，以学校档案室所藏档案为基础和对象进行编辑和研究工作。主要包括：档案史料和现行文件汇编；编写档案参考资料，如大事记、组织沿革、学校年鉴等；编史修志等。

第二节　文件材料的收集范围

一、文件的概念与属性

(一)文件的概念

一般意义上说,文件是指国家机构、社会组织或个人在履行其法定职责或处理事务中形成的各种形式的信息记录。王健主编的《文书学》(21 世纪档案学系列教材)中对文件定义做了如此表述:文件是指社会组织和个人在各项活动中形成的、具有特定效用的凭证性信息记录。

从日常使用来看,"文件"一词通常与"文书""公文"混用。

"文书"与"文件"是两个十分相近的概念,其区别主要源于词源与使用惯例。"文书"一词历史上使用较早,三国时期就已出现,而"文件"一词出现于清末,其后两个概念在较长时间里具有通用性。不过相比较而言,"文件"一词更具有现代性。

"公文"概念包含于"文件"之中,公文一般是指法定机关、团体、企事业单位等形成的具有完整形式和处理程序的文件。2012 年 4 月 16 日,中共中央办公厅和国务院办公厅联合印发的《党政机关公文处理工作条例》第三条规定:"党政机关公文是党政机关实施领导、履行职能、处理公务的具有特定效力和规范体式的文书,是传达贯彻党和国家的方针政策,公布法规和规章,指导、布置和商洽工作,请示和答复问题,报告、通报和交流情况等的重要工具。"

文件有广义与狭义之分。广义的文件是各种主体(包括国家机关、社会组织、企事业单位、团体、个人)在社会活动中形成的信息记录。其外延既包括纸质文件,也包括电子文件;既包括公务文件,也包括私人文件。狭义的文件就是公务文件,包括通用性公务文件,即公文,也包括事务性公务文件,如计划、总结、简报等。本章使用的是狭义的文件概念。

(二)公务文件的特点

公务文件是文件家族最重要的组成部分,公文的形成、处理、运转和管理,是文件管理的主要内容。因而,了解和掌握公务文件的特点,进而明确不同公文的制作与办理,对整个文件管理显得尤为重要。公务文件的特点,可以归纳如下。

1. 公文由法定作者制发

法定作者是指依法成立并能以自己的名义享有权利、承担义务的组织及其领导人。为证明公文作者的法定地位和身份,公文发布时必须具备各种法定的生效标志,如社会组织的印章或法定负责人的签署等,使得公文具有法定效力。这是公文的最重要特点,公文的其他性质都是由这一点派生而来的。

2. 公文具有法定的权威性和现行效用

法定的权威性是指公文在法定时间与空间范围内,能够对受文者的行为产生一定程度的强制性影响。公文的法定权威性,是由公文作者的法定地位及其权威性决定的。

公文的现行效用是指公文在其内容所针对的现行公务活动中直接发挥实际效力,具有依据与凭证功能。实际上,公文的这一特点是其法定权威性的一种作用形式。这种现行效用表现为一定的时间性,即公文在现行工作中,在特定的时间范围内发生效力;这种效力虽然因具体文种不同而有所差异,但它是所有公文最本质的属性,也是区别于档案的重要标志。

3.公文具有规范的体式和特定的处理程序

体式是文体与格式的总称。公文的规范体式是指公文的文体和格式必须符合国家的统一规定,它是公文合法性的象征,充分体现了公文的严肃性、准确性和有效性。

按照国家的有关规定,收文和发文均有一定的处理程序和处理规则,各环节皆有顺序性和规范性,不能自行其是。

（三）文件的种类

文件名称种类繁多,不同名称的文件适应情况各不相同。文件的名称通常又称文种。它与发文目的、发文者权限及收发文机关之间的关系等因素有直接关系。文件的种类有多重划分,其中,按来源分为收文、发文和内部文件三类文件;按保密程度分为绝密、机密、秘密、内部和公开等五类文件;按行文方向分为上行文、下行文和平行文三类文件;按载体形式分为纸质文件、感光介质文件、磁介质文件和电子文件等。

通常,人们按文件的规范性情况分为通用公文和事务文件两类。

1.通用公文

通用公文一般是指党政机关的规范性文件,即通常说的党政机关公文。2012年4月16日,中共中央办公厅、国务院办公厅印发《党政机关公文处理工作条例》(中办发〔2012〕14号,以下简称《条例》),规定通用公文种类有15种:决议、决定、命令(令)、公报、公告、通告、意见、通知、通报、报告、请示、批复、议案、函、纪要。

2.事务文件

事务文件是指各级机关、社会团体、企事业单位处理日常事务,用来沟通信息、安排计划、总结经验、调查研究问题、指导工作的一类公文。

事务文件属于广义公文的范畴。它不具有权威性和强制性。它的应用范围十分广泛,任何机关、社会团体、企事业单位都可使用;行文对象灵活,没有固定的上行、下行、平行之分。事务性公文是用来处理实际事务的应用文件,它对推动实际工作、解决实际问题具有很强的指导意义,在公务活动中发挥着重要作用。事务文件的主要文种有计划、总结、简报、工作要点、汇报提纲等。

二、学校文件材料的归档范围

收集工作是档案管理的起点工作。收集内容的完整齐全程度直接影响到档案的有效利用,可见收集工作是档案工作中相当重要的一项工作。收集得越齐全,今后参考利用的范围就越广。在着手收集档案时,我们首先要知道哪些文件材料需要归档,哪些不需要归档。为了便于开展工作,首先应建立相应的工作标准。

以萧山区中小学、幼儿园为例,把学校档案分为文书档案(党群类、行政类)、专业档案(教学类、学籍类、保健类)、人事档案(教师业务类)、科技档案(基建类、设备类)、会计档案、实物档案等一、二级门类,按类确定了学校文件材料的归档基本范围。

(一)党群工作类收集归档

1. 党务工作

①上级党委下发的对本单位党务工作的批示、规定、意见和本单位党组织的请示、上级批复;

②党支部(党委、总支)工作计划、总结,支委会、支部大会的会议材料;

③党员名册、年报表、党内干部任免文件、组织史资料;

④党员党内奖励材料:获区县级以上奖励材料、其他校级奖励材料;

⑤党员党内处分材料；

⑥组织关系介绍信；

⑦纪检工作的计划、总结、意见、规定等材料；

⑧信访材料：省市级领导批示的重要信件，一般的有保存参考价值的信件；

⑨民主党派成员名册；

⑩上级党委召开的需要贯彻执行的会议的主要文件材料；

⑪上级党委普发的、非本单位主管业务但需要贯彻执行的法规性文件；

⑫学校师德、师风建设材料；

⑬教工政治学习材料、政治思想工作计划、总结。

2. 工会工作

①工会会员名册；

②工会工作计划、总结及有关活动材料；

③教代会材料；

④妇女工作的计划、总结及有关活动材料；

⑤离退休干部工作的计划、总结及有关活动材料。

3. 少团工作

①上级团委下发的关于本校团组织工作的批示、意见、规定等材料；

②团组织工作计划、总结、发展工作及有关活动材料；

③团员名册、报表；

④少先队员名册、工作计划、总结及有关活动材料；

⑤上级团委召开的需要贯彻执行的会议的主要文件材料；

⑥上级团委普发的、非本单位主管业务但需要贯彻执行的法规性文件材料。

（二）行政管理类收集归档

①上级行政部门发的对本校政务工作的指示、规定、制度、意见和本校的请求、上级批复；

②学校行政会议记录、校长办公会议记录；

③校史、大事记及学校发展规划；

④学校工作计划、总结、行事历；

⑤学校内部机构设置、撤并、名称更改等文件材料；

⑥干部任免材料、学校领导、教职工名册、统计报表；

⑦干部职工调资、晋级、定级材料；

⑧学校荣誉记载材料；

⑨政府、社会对学校的综合评价材料、重要的通讯报道；

⑩一般有参考价值的通讯报道；

⑪学校目标管理材料、学校各项规章制度；

⑫干部职工录用、调整、离退休、死亡等材料；

⑬教职工职称评定、考核、专业技术职务聘任材料；

⑭教职工调动行政介绍信、工资介绍信；

⑮财务管理办法、意见、规定、措施，财务工作计划，预算；

⑯上级行政部门召开的需要贯彻执行的会议的主要文件材料；

⑰上级行政部门普发的、非本单位主管业务但需要贯彻执行的法规性文件；

⑱安全保卫、依法治校的材料；

⑲学校医疗、卫生工作方面的材料。

说明：最后一条所涉档案，幼儿园归到卫生保健类。

（三）教学管理类收集归档

①上级教育行政机关下达的关于本校教育工作的方针、政策、规定、办法；

②各学科教育工作获奖材料：区县级以上奖励或表彰材料，其他校级获奖材料；

③学校运动会、体育工作有关材料：获区县级以上奖、破纪录奖材料、其他校级获奖材料；

④学校制定的教学常规、计划、总结；

⑤学校的各科教学制度、办法、规定、条例、守则，各学科教育工作的实施意见、方案、办法、规定等有关材料；

⑥教学统计报表、教师任课表；

⑦校刊（一般简讯短期）、图书新增表、图书工作计划；

⑧上级教育行政机关召开的需要贯彻执行的会议的主要文件材料；

⑨上级教育行政机关普发的、非本单位主管业务但需要贯彻执行的法规性文件；

⑩教研工作计划、总结、教改计划、教学经验材料；

⑪学校德育、艺术、科技、劳技等各学科教育的工作计划、总结及有关活动材料；

⑫学生各科考试成绩、试卷、参考答案、计分标准、试卷分析、课程表、作息时间表、课外活动安排表；

⑬班主任工作手册、计划、总结和有关活动材料；

⑭学校各类高中、高校招生、考生花名册、上线名单等材料；

⑮医疗、保健、卫生、教学计划。

说明：最后一条所涉档案，幼儿园归到卫生保健类。

（四）教师业务类收集归档

①教师教学基本情况登记表、教学鉴定、教学成绩、业务考核成绩、业务进修材料；

②教学业务交流、观摩课、公开课、研究课等材料；

③教研成果、学术论文、个人奖励等材料。

（五）学生学籍类收集归档

①学生学籍卡、学生学籍变更情况的材料；

②学生成绩册；

③学生奖惩材料；

④学生名册、转学、毕业材料、学生体质测试达标材料；

⑤学生行为规范达标材料、社会实践活动有关材料。

（六）基建类收集归档

①基建项目前期形成的文字、图纸、计算材料；

②预、决算书；

③竣工验收材料；

④建筑设计图、施工图、竣工图；

⑤优秀工程申报材料、验收材料；

⑥维修计划、方案、记录材料。

（七）设备类收集归档

①学校教学仪器、使用说明书；

②装修单、保修卡、安装使用调试记录；

③报废设备申请、批复有关材料；

④设备维修保养计划、记录材料等。

（八）会计类收集归档

①固定资产卡片（固定资产报废清理后保管5年）；

②年度财务报告（决算）（包括文字分析）；

③会计档案保管清册、会计档案销毁清册；

④原始凭证、记账凭证、汇总凭证；

⑤辅助账簿、会计移交清册；

⑥银行对账单；

⑦月、季度财务报告（包括文字分析）。

（九）照片类收集归档

①学校各项重大活动、工作成果的照片、底片或数码照片；

②每届毕业生照片、底片或数码照片。

（十）实物类收集归档

各类证书、领导题词、奖牌、锦旗、校友捐赠实物、印章等。

（十一）录音录像类收集归档

学校各项重大活动的录音、录像资料。

（十二）业务数据类收集归档

①电子文档资料；

②有关学籍、财务等管理软件的数据资料。

（十三）网页信息类收集归档

①校园网站数据；

ЭТА ЦИ

②学校微信公众号数据；

③网上档案室数据等。

三、收集工作的重点

虽然有了归档的基本范围，但在实际操作中，我们还应把握以下原则。

（一）校本位原则

即在收集归档工作中要讲究和坚持"本位主义"，将本校产生的文件材料列为重点，尤其是反映教育教学活动的材料，而不是把上级"红头文件"当宝，因为，如果上级机关发的文件我们没有保存，还可以到上级发文单位或者其他机关查到，而如果学校自己的文件材料没有保存下来，就无从查找了，可能永远无法弥补。这一原则在划分保管期限时也适用，本校的档案应从长划分保管期限。

（二）人为本原则

即重视与人相关的文件材料。"以人为本"的理念在档案收集工作中要充分体现和落实。如干部职工录用、转正、调资、定级、离退休、职务聘任、复转、抚恤、死亡等与个人利益密切相关的文件材料，都是最重要的原始资料，是重要的归档材料，且保管期限应定为永久保存。

（三）维权益原则

指文件材料所反映的内容属于法律依据，具有凭证价值，有利于维权、维护学校和个人利益。涉及本校的产权、债权债务、学校与各有关单位或个人的经济或利益关系等方面的文件材料要保证收集归档。

（四）强特色原则

就学校而言，教学工作是学校的中心工作，各项活动都是围绕教学工作开展的，教学档案应作为学校档案的主体。特色档案的重点也在本校的教学档案方面。如本校的办学经验、精品课程、教育教学改革材料、优秀师生及知名校友材料、典型教案等，都是最能体现和代表自己学校与众不同的文化、精神内涵方面的特色内容。学校的档案室藏要以教学档案为中心，尽量把教学档案收集齐全完整，并逐步建立有学校特色的档案室藏体系。

各校应结合档案工作实际，参考上级档案行政管理部门和教育主管部门提供的归档基本范围，制订或修订本校的文件资料归档范围。重视树立广大教职工的档案意识，调动全员参与的积极性和责任心，把好档案工作的收集首要关。

四、不归档的文件及处置办法

（一）不归档的文件范围

①重份文件；

②校内各部门互相抄送的文件；

③本校与有关单位一般性的往来文书；

④无查考利用价值的事务性、临时性文件；

⑤一般性文件的历次修改稿；

⑥上级机关下发的供工作参考的文件及一般性通知；

⑦非隶属同级机关抄送的不需要办理的文件材料；

⑧与本单位没有直接关系的简报，不必备案的文件材料。

（二）不归档文件的处理

1. 销毁

除归档的文件材料外，不需要存档的文件材料应及时进行清理和销毁。建议使用碎纸机销毁。

2. 退还

有些材料可以退还给业务部门，以便今后工作参考。

3. 作为参考资料保存

对兄弟学校赠送或交换的校刊、校报、自编教材等资料可以作为参考资料保存或送到学校图书馆供查考。

五、收集工作的方法

学校档案收集的方式主要有以下几种。

（一）随时收集

在一项工作完结后，及时将有关资料收集归档。在部署工作时，同时明确对文件资料的归档要求，逐步形成良好的工作习惯。如带队参加比赛和参会接受表彰所获得的奖杯、奖牌和奖状等的活动照片档案和荣誉实物档案等，回校的第一时间就应向相关负责人收集归档。

（二）集中收集

每一年进行两次，一般3月份收集党政管理、财会档案，收集的科室主要有党委、团委、工会、办公室、总务处；9月份收集教学档案，收集的科室有教务处、政教处、教科室、教技处等。前者是按公元年度产生的档案资料，后者是按教学年度产生的档案资料。其中当年度的会计档案可以在财务室保管一年以后,移交学校档案室。

（三）主动征集、上门收集

由于教职员工的归档认识不同,有人档案意识不强,办完事文件材料没有及时归档,需要时已经不知去向,也有人担心使用不方便,不愿移交档案,这就需要学校档案员发挥主动性,多说服动员,主动上门收集,努力把该归档的文件材料收集齐全。

（四）接受捐赠

主要是校内校外的师生和校友的捐赠。

档案收集是一项经常性的、深入的、具体的工作,应该坚持随时收集和集中收集相结合的办法,重视做好日常的归档工作。许多新手档案人员常常报怨材料收集不起来,或者说不知从何下手收集。而资深老档案员经过摸索积累了很多行之有效的办法和经验。下面介绍一些学校的实际操作方法。

如,针对许多档案都留存在各处室里的情况,档案人员应争取校领导的支持,建立起全校的档案管理网络,各处室聘请兼职档案员负责收集、整理档案,并定期向档案室移交。具体操作时,学校档案员可先根据本校的归档范围,将其逐条分解,制定出各部门应上交档案目录清单,发放到各部门,明确应归档的内容,方便收集;还可以预先向各部门发放档案收集盒,把应交目录清单贴在档案盒翻盖内页上,收集一条打钩一条;还可以根据学校各部门档案形成的时间规律,分阶段(寒假开学初、期中结束、暑假开学初、年终期末)定期地提醒各部门归档,便于档案在第一形成时间内收集归档,解决收集难的问题,并要逐步养成各处室归档的主动性。

【示例】

图 2-1 萧山区第六高级中学各处室档案收集盒

序号	内　容　(名称)	(册)	电档	年鉴	备注	要求	
	一、2012-2寒假开学初档案						
1	2013年工会计划、行事历	1	√	√		《文书规范》	计划类
2	2013年教代会资料	1	√	√			会议类
	二、2012-2期末档案						
1	2012-2、2013-1工会文件	1	√	√		《文书规范》	文件类
2	2012-2、2013-1工会制度	1	√	√			制度类
3	学校合同、临时工合同						合同类
4	工会组织的文艺、体育、竞赛活动材料(如文明处室评比材料、荣誉证书)	1	√	√		《文书规范》	活动类
	三、2013-1暑假开学初档案						
1	2013年工会名册	1		√		《文书规范》	名册类
	四、2013-1年终期末档案						
注:	2013年荣誉证书复印件发复印件下发个人						
1	工会活动中有关工会、教师各项荣誉证书	1	√	√		《文书规范》	荣誉类
2	工会年报表	1	√	√		《文书规范》	账册类
3	2013年工会总结(C)	1	√	√		《文书规范》	总结类
4	2013年工会制度	1	√	√		《文书规范》	制度类
5	2013年工会会议记录	1	√	√		《文书规范》	会议类
6	2013年工会媒体成果						媒体类
7	2013年基层工会经费收支日记总账	1	√	√		《文书规范》	账册类
8	2013年基层工会经费收支票据凭证	1	√	√		《文书规范》	账册类
9	2013年萧山六中工会资产名册	1	√	√		《文书规范》	
10	工会组织的文艺、体育、竞赛活动材料(如文明处室评比材料、过程总文字材料)	1	√	√		《文书规范》	活动类
11	学校合同、临时工合同	1	√	√		《文书规范》	合同类
12	2013年特困职工慰问表						活动类
13	固定资产账册	1	√	√		《文书规范》	账册类
14	教师扶贫建设材料	1	√	√		《文书规范》	
15	工会特色调研	1	√	√		《文书规范》	
	五、2013年年鉴档案						
1	工会总结	1	√	√		《文书规范》	
2	总务处年资金投入支出统计(事件改善)	1	√	√		《文书规范》	
3	2013年工会名册						
注:	调研2013年鉴资料报PPT/总务处	1	√	√		《文书规范》	

图 2-2 萧山区第六高级中学各处室归档目录清单(以工会为例)

总之,遇到收集困难,档案人员应积极开动脑筋应对,积极寻求解决办法,主动汇报想法,争取领导的支持,与各部门保持良好的协调关系,使档案人员提出的收集建议和方法得以落实。在实际工作中只有采取灵活多样的方式才能取得好的效果。

第三节　文书档案的形成规范与归档要求

在文件材料的收集中,我们发现学校各部门或个人由于档案意识不强,形成的文件材料纸张大小不一、格式不同、书写不同,有手写的、有打印的,手写材料中又有使用圆珠笔、铅笔填写的,规范性较差。为进一步规范学校档案工作,提高档案形成的规范水平,建议各级各类学校制订相关文书档案的形成规范与归档要求。如能在文书档案形成之初就把好质量关,必将使收集工作事半功倍。

如浙江省萧山中学在萧山区教育局的指导下,制订了《浙江省萧山中学文书档案形成与归档要求》,将文书档案材料分成计算机打印形成和手写形成两类,分别进行了规范统一,并实行纸质和电子"1+1"存档制,具体如下。

一、档案形成要求

(一)计算机档案形成要求

1.统一纸张

一般情况下使用 A4 纸,如有特殊情况可使用 A3 纸。学校可定制印有"学校全称+文件"或"学校全称"红色文字加下划线的两种文本用纸,用于管理类文书档案首页的打印。

2. 统一格式

表 2-1　常用的文体格式

项目	字体	字号	字间距	行间距	备　注
标题	宋体	小二号	标准	1.5 倍	主标题加粗;副标题为三号楷体加粗。主副标题均居中
一级小标题	黑体	小四号	标准	1.5 倍	二级小标题为黑体,三级小标题为楷体加粗,四至五级如有小标题为宋体加粗
正文	宋体	小四号	标准	1.5 倍	为消除"有将无兵"现象,可适当调整字间距或行间距
署名	宋体	小四号	标准	1.5 倍	标题可用规范简称,文尾署名必须用全称。一个单位的,不用署名,盖章即可
日期	宋体	小四号	标准	1.5 倍	日期应到日,年份为四位数,使用阿拉伯数字

3. 统一操作

建立新文档后,一般设置段落行间距为 1.5 倍,其他归"0";打开格式中的"字体",按正文的要求设置好字体和字号,字符间距和位置设置为标准,正文对齐设置为两端对齐;打开文件中的页面设置,选择 A4 纸后,设置上下左右页边距均为 2.5 厘米。输入法设置在全角状态下,以确保每个标点符号的规范。标题与正文之间用回车键键入后空一行。操作正文时,先用空格键空两个汉字位置,以后每一段用回车键后就会自动空两个汉字的位置。如果在使用层次序数时出现自动编号现象,请用"撤销键入"后再进行操作。页码统一用"页面底端"且"外侧"的带杠阿拉伯数字。打印文档,均须正反面打印。需存档的文档先用回形针或钢扣装订,请勿使用订书针。

4. 统一表格

表格采用三线表,即左右不封口的表格,忌用跨页大表。如出现转页续表,表头不能省略,且要在表格右上方注明"续表"。其中统计表一般包括标题、表体、说明三部分,不设"备注栏",确需辅以文字说明的,则在表体下方加"说明"部分。"说明"只对资料来源或表内某些问题进行注释,文字必须切题和简洁。标题有单位、时间、事由和文种四要素,列于表体上面居中排列,表体右侧上方标明计量单位,如各栏计量单位不同,则在栏内分别标明。表体纵向和横向栏间用细线,上下边用粗线。表中短横"—"表示这一栏没有数据,空格表示未掌握该项数据,"0"表示该项数据为零,"…"表示不足本表计量单位的数值。表头上下左右居中,可根据需要适当调整字间距,文字用黑体或加粗。表格内容如是表达性的,则上下居中左右居左,如果是多行的,则首行需空两个汉字的位置;行间距设置为单倍行距,行高设置为0.8厘米(用小四号字时)。可根据表格内容自行调整字号,但同一张表内的字号一般须统一。

5. 统一标题

标题除制度性文档外,一般应含有四要素,即单位、时间、事由和文种,并按此序拟写,一般为一行且居中。标题中的单位一般使用单位简称,如中共××学校支部、××学校、××学校工会、共青团××学校支部、少先队××学校大队部等。如中共萧山中学委员会、萧山中学、萧山中学工会、共青团萧山中学委员会。单位应是一个完整的概念,不要再进行拆分。如果有正副标题,均应居中,其中副标题前应加破折号,并按上面要求拟写规范。标题除可使用书名号、引号外,一般不用其他的标点符号。

6. 统一数字

正文中的数字,除标题、成文时间、部分结构层次序数和词、词组、惯用语、缩略词、具有修辞色彩语句中作为词素的数字必须使用汉字外,应当用阿拉伯数字。

阿拉伯数字的书写有以下规则:

(1)为便于阅读,可将多位数字分组

从小数点起,向左或向右每3位分成1组,组间留一空隙(约为1个汉字的 1/4),但不得用逗号、圆点或其他分隔方式。非专业科技出版物如排版留 1/4 汉字空有困难,可以不分节,也可采用传统的以千分撇","分节的办法,其中小数部分不分节,四位以内的整数也可以不分节。

(2)纯小数必须写出小数点前用以定位的"0"

(3)阿拉伯数字不得与除万、亿及法定计量单位词头外的汉字数字连用

如 453,000,000 可写成 45,300 万或 4.53 亿或 4 亿 5,300 万,但不能写成 4 亿 5 千 3 百万;三千元可写成 3000 元或 0.3 万元,但不能写成 3 千元;三千米可以写成 3 千米,这里的"千"是词头。

(4)转行规范

一个用阿拉伯数字书写的数值(包括小数和百分数)不能拆开转行。如有转行,可通过调整字间距来消除。

(5)数字和标点符号

表示用阿拉伯数字书写的数值范围,使用浪纹号"～",不用符号"—"。如:10％～20％,30～40 km(也可写成 30 km～40 km)。表示参数范围的数值应按国家有关的标准处理。如:63％～68％(不写作 63～68％),−15～8℃(不写作−15℃～8℃),155～220 千克(也可写作 155 千克～220 千克),8 千～9 千元(不写作 8～9 千元),包装外形尺寸为 400 mm×200 mm×300 mm。

(6)数字形式体例一致

整数一至十,如果不是出现在具有统计意义的一组数字中,可以用汉字,但要照顾到上下文,求得局部体例上的一致。如:一个人,三本书,四种产品,六条意见,读了十遍,五个百分点。再如:截至 2016 年 9 月,学院有新闻系 1 个,新闻类相关专业 7 个,新闻班 1 个,新闻教育专职教师 274 人,在校学生 1561 人。

7.统一序数

结构层次序数,第一层为"一、",句末不用标点;第二层为"(一)",句末可用标点,但一般不用;第三层为"1.",第四层为"(1)",第五层为"①",句末

一般用标点。除此之外,不得用其他的结构层次序数,更不得用英文字母。在"一"后的标点一律使用"、";在"1"后的标点一律使用".。"其中"1."中的小黑点是在全角状态下由句号键输入后变化而成,注意应占一个字的位置。在使用层次序数时,第一级可以直接跳到第三级,但其他级之间不得跨越,同时,应注意全文相同的序数后的内容应属于同一级的内容。

8.统一时间

年份一律采用公元纪年,且用四位数表达,如"2017 年"不能省略为"17年"。不能使用"今年""当年""本月""上月""今天""明天"等不确切的时间,以免产生歧义。时间或数字如使用汉字,其中"○"不能用"0"或"零"替代,需用单位符号中的"○"。

9.统一校名

学校校名,按照教育局的规定,或全称或简称,原则上不得使用其他名称。全称的校名以学校公章表述的为准。简称一般分为以下几种:中共××学校支部、××学校、××学校工会、共青团××学校支部、××学校学生会等。如中共萧山中学委员会、萧山中学、萧山中学工会、共青团萧山中学委员会、萧山中学学生会。校名在使用时,凡落款均需全称,标题和正文(第一次用全称)中一般用简称。

10.统一封面

如果是材料的汇集,一般需加封面。封面一般呈现标题(含年份)、学校名称、科室、编写时间等内容,能确切反映卷内文件材料内容。

(二)手写体档案形成要求

手写体档案的字迹要具有耐久性,可选用碳素墨水钢笔、黑色签字笔和毛笔书写,杜绝使用圆珠笔、铅笔、彩色笔、纯蓝墨水笔书写。

二、档案归档要求

实行"1＋1"存档制,即各部门将纸质档案上交的同时,还要将一份相应的电子档案放在相关电脑的文件夹内,并经部门领导"确认"后,把形成的文书档案资料纸质稿和电子稿按移交目录全部移交给档案室,并由档案员查验后办理好相关的手续。

在制订了文书档案形成与归档要求的相关制度后,须贯彻执行,强化学习。如,可组织学校行政班子成员、中层干部进行专题学习,在学期初的全体教师会上可组织全员学习,强调各教研组长和各线负责人制订本学期计划时,要按照规范正确落实。在学年结束,档案移交工作时,如发现学校各部门上交的文书档案有不符合制度要求之处,应退回给形成者,经修改后再移交档案室归档。

三、归档文件的鉴定

在文件材料整理、归档时,要对其价值的高低进行鉴定,准确划分保管期限,这是档案管理中最重要,同时也是难度最大的一项工作。档案价值鉴定是档案工作者经常会遇到的问题,对学校档案员来说,一般有以下几种情况。

一是在制订或修改本校文件归档范围和保管期限表时。归档范围和保管期限表,是每个立档单位最基本也是最重要的档案工作文件,必须认真制订并根据实际情况加以修改。在制订和修改时,应根据档案价值鉴定两大原则,把本校形成的所有正式文件和涉及本校各方面权益的所有记录全部列入归档范围;把涉及个人、单位、国家各方面权益的所有档案和涉及本校基本职能尤其是主体业务的代表性、重要性档案,都划为永久期限。

二是在进行本校文件归档时。文件归档是各个档案室每年都要进行的"必修课"。它实际上是对已制定的归档范围和保管期限表的具体执行。这时也要按照上述两大原则去一件一件具体衡量和执行。执行时,宽一些比严一些更有利于文件的留存。

三是在每年指导各部门进行文件归档时。

四是在档案向档案馆移交前进行再鉴定时。由于有些档案室以前的保管期限划分不完全准确,因此,在档案移交进馆前需要对档案进行一次再鉴定,以确保应进馆的档案都进馆。

五是在进行档案销毁鉴定时。学校档案室有时会对一些档案进行销毁,按照规定,档案在销毁前需要进行再鉴定。如果不经鉴定,或者鉴定人"不懂行",就可能把很有价值的档案销毁。

学校档案员在从事上述归档鉴定和销毁鉴定时,实际上是在决定文件是否留存和能留存多长时间,决定学校档案室将保存什么样的档案,决定学校档案资源的数量、内容和成分,决定未来的利用者能用到什么样的档案,甚至决定一些人的命运。这都无不体现出档案价值鉴定的实际意义。因此,我们要认识到鉴定工作的重要意义之所在。

档案保管期限是对档案价值和重要程度的一个标识,目前分为永久和定期两种,其中"定期"又分为30年和10年两种具体期限。各校在划分保管期限时应把握以下几点:

第一,凡是反映本校主要教育教学活动、基本历史事件、经济关系和个人利益的,对本校建设和历史研究有长远利用价值的文件材料,应列为永久保管。

第二,凡与学校及教职工的权益有关的档案,应从长划定保管期限。如,对干部职务任免,受到区县级及以上表彰奖励的事项就应列为永久保存。

第三,凡是反映本校一般工作活动,在一段时间内对工作有查考利用价值的文件材料,应列为定期保管。其中,比较重要的文件材料定为 30 年保管期限,短期内有查考价值的一般文件定为 10 年保管期限。

根据 2006 年国家档案局 8 号令下发的《机关文件材料归档和文书档案保管期限规定》以及当地档案行政管理部门和教育主管部门提供的保管期限表,各校再根据具体情况制订本校文件材料的归档范围和保管期限表,这也是对归档文件材料的价值鉴定的过程。

值得一提的是,2022 年国家档案局发布了《关于全面推行机关档案分类方案、文件材料归档范围和档案保管期限表三合一制度的通知》。作为参考,学校可将档案分类方案、归档范围和保管期限表"三合一",制订学校档案分类方案、文件材料归档范围和档案保管期限表。

【示例】

学校档案分类方案、文件材料归档范围和档案保管期限表

一、档案分类方案

(一)门类划分

(二)分类方法及档号结构

(三)编号规范

二、各门类文件材料归档范围和档案保管期限表

(一)文书档案

1. 党群工作类

2. 行政管理类

…………

(二)专业档案

1. 教学管理类

2. 学生学籍类

…………

　　详见本书附录三"浙江省萧山中学档案分类方案、文件材料归档范围和档案保管期限表三合一制度"。

　　但在实际工作中,人们对档案价值的认识是存在一些误区的。

　　一是误认为记事、记物、记钱的档案比记人的更重要。这种错误认识以前相当普遍。将关于重大活动、重要会议的档案、涉及钱和物的档案,都划为永久,而涉及普通人的档案,则在本人死亡后或单位撤销后便不再留存。现在,我们提倡一切以人为本、以人为中心,所以,我们必须改变过去那种"重事轻人""重物轻人""重名人而轻普通人"的档案价值观,树立"涉及人的档案最重要"的档案价值观,把"涉及人的档案"收集全、留存好。

　　二是误认为上级机关形成的档案比下级的更重要。这种错误认识以前也很普遍。我们在档案年检时查到过一些中小学档案室,他们普遍把上级的普发性文件划作永久、认真保存,对本校文件反而不甚重视。实际上,上级的文件并不一定比下级的更重要。对一个单位来说,真正最有价值、最为重要也最应该划作永久的,应是本单位自身形成的档案,而非其各级上级单位形成的档案。

　　三是误认为综合性的档案比分别性的更重要。这种错误认识在档案工作实践中表现为:重年度报表,轻季度和月份报表;重汇总材料,轻单行材料;重结论性材料,轻过程性材料。事实上,分别性的档案,往往因为它更具体、更详细,而且属于第一手材料,更加原始可靠,所以更具有凭证作用和参考研究价值;而综合性档案不但内容更空泛,而且在汇总加工的过程中,往往掺入了更多的主观因素,因而离事实更远,其凭证和参考价值反而不如分别性档案高。

　　总而言之,档案价值鉴定是一项专业性较强、难度较高的工作,对基层学校档案员来说,要做好这项工作是不容易的。因此,建议上级档案行政管理部门加强这方面的培训和教育,适时开展专项研讨,使基层档案工作人员在实际工作中能熟练操作,为基层档案鉴定工作规范性打下基础。学校基层档案室要根据自己的工作特点,以我为主,坚持精练,分清主次,突出特色,从明确工作职责入手,正确处理档案的原始积累和质量优化、档案库存的丰富和精练、档案质量的外在形式和实际内容等方面的矛盾,以克服玉石同存、良莠不分的状况,从而真正做好档案价值鉴定,提高档案室室藏质量。

第四节　文件整理与归档步骤

文件材料收集到档案室后，就要对其进行科学整理、归档、编号上架。文件材料只有经过科学整理归档后才成为档案。2000 年以前，档案的整理都是以"卷"为单位进行的，就是将零散的内容相同或相近的一组文件资料组合在一起，编写目录，装订成一本"案卷"，以供利用，即为立卷整理。2001 年 1 月，国家档案局颁布实施了《归档文件整理规则》（DA/T 22—2000），以"简化整理、深化检索"为宗旨，推行档案整理工作的改革，其关键是将过去归档文件以"卷"为单位整理，改为以"件"为单位整理。这个规则适用于各级机关、团体、企事业单位和其他社会组织对应作为文书档案保存的归档文件的整理。

该规则于 2015 年 10 月又做了修订，现执行《归档文件整理规则》（DA/T 22—2015）。如前所述，中小学档案中的党群、行政这两类属于管理性文件，且主要是以纸质档案存在的，故过去被称为文书类档案，而立卷改革最初是界定在党群和行政类范畴内的，其他类别的文件材料也可以参照执行。在学校实际的档案整理工作中，适宜立卷的还是需要订成案卷整理，要根据有利于管理和查找利用的需要，采取"卷"与"件"结合的方法进行整理。如，目前萧山区多数中小学的党群、行政、教学、学籍档案是以"件"整理的，教师业务类、基建、设备、会计、特种载体如照片档案等则是以"卷"整理的。其中教学档案以本、册、表居多，可以以一本（册、表）为一件，学籍档案可以以一个班级为一件。教师业务类则采用一人一卷，照片档案也是以一事一卷整理的。中小学各类档案的具体整理归档方法，后续单列章节介绍。

因为实际工作还存在立卷和组件并存的现象，所以以下分别介绍立卷和组件两种文件整理与归档的方法。

一、立卷

（一）立卷的概念和含义

文书处理部门或人员将办理完毕的，具有保存价值的文件材料，根据文件之间固有的联系及形成的规律，组成案卷的过程称为立卷。具体来说，有以下几点要求。

1.办理完毕的文件材料才可以立卷

办理完毕是指文件的文书处理程序已经结束。例如，请示性的文件在收到复文后就算办理完毕；批复性的文件在复文发出之后就算办理完毕。

2.具有保存价值的文件材料才能归档保存

立卷的目的是今后更好地保存和利用文件。一个学校在工作活动中形成的文件材料很多，有些文件办理完毕后，其现行执行效力消失，同时没有继续保存的价值，就没有必要立卷。所以，并非所有文件材料都要立卷。立卷之前一定要进行鉴别，应把那些对于今后工作和研究具有考查、利用价值的文件材料立卷归档。

3.必须按照文件在形成过程中的联系和一定的规律组成案卷

每一个案卷里的文件都是某一问题或某项工作活动系统的、有密切联系的文件组合体。一个案卷应能反映某一方面的工作或某项具体问题的处理情况；整个学校的案卷能够全面、系统地反映整个学校工作活动的全貌。

（二）立卷特征及其运用

立卷特征指在立卷过程中，按文件的基本特征确定文件分类和组卷的原则与依据。立卷就是按文件的特征和联系组合案卷，把具有共同特征和密切联系的文件组合在一起，一般有以下几种情况。

①按文件的问题特征立卷。在立卷工作中，按不同事件、问题、项目等进行分类和组卷。

②按文件的作者特征立卷。就是按文件的责任者进行分类和组卷。

③按文件的名称特征立卷。就是按文种进行分类和组卷。

④按文件的时间特征立卷。就是按文件的形成时间或文件内容针对的时间进行分类和组卷。

⑤按文件的地区特征立卷。就是按文件内容所反映的不同行政地区或自然区域进行分类和组卷。地区特征一般较多地用于下属单位来文、调查统计材料和某些专门文件。

⑥按文件的通讯者特征立卷。就是按因同一问题进行工作联系而形成的文件往来通讯关系的两个单位进行分类和组卷。

文件的特征表明了文件之间的共同点或联系点。但每一份文件又往往同时具备多个方面的文件特征，为了保证立卷的科学合理和文件的分类组合质量，就必须灵活地使用立卷特征，综合运用多个立卷特征进行分类和组卷。

（三）立卷环节的选择

立卷环节的选择，通俗地讲，就是一个学校形成的文件材料由谁来立卷。目前，我国各级各类机关、企事业单位的立卷环节的选择大体上有两种，即文书处理部门（人员）立卷和文书处理部门与档案室结合立卷。

1. 文书处理部门(人员)立卷

文书处理部门(人员)立卷就是由文书处理部门或人员承担文件材料立卷工作的一种立卷环节模式,简称为"部门立卷"。这是中华人民共和国自20世纪50年代以来推行的具有中国特色的、比较成功的立卷环节的选择方式。

2. 文书处理部门与档案室结合立卷

就是以文书处理部门或人员为主,由文书处理部门和档案室共同承担文件材料立卷工作的一种立卷环节模式。这是一种介于文书处理部门立卷与档案室(或档案人员)集中立卷两种模式之间的中间模式。主要适用于文书处理部门和档案室机构不健全、人员少且业务不熟、不能实行文书处理部门立卷的中小型单位。

(四)立卷的准备工作

立卷的准备工作是指立卷前的组织工作。其中文件材料的收集和清理是年度立卷工作之前的一项必不可少的准备工作,对于部门人员来说是文件材料的清理,对于立卷人员来说是文件材料的收集。每一个工作人员都有责任、有义务在年度立卷前,对自己所形成、保管和与自己有关的属于归档范围的文件材料进行彻底清理,向立卷人员移交。属于归档范围的文件材料必须归档,任何人员不能疏忽、遗漏,更不能擅自据为己有。立卷人员根据立卷类目和文件材料形成的实际情况,组织人员进行文件材料的清理,接收催缴需要归档的文件材料,以保证立卷归档文件材料的齐全和完整。文件材料的清理和收集工作是一项重要的立卷准备工作,必须在立卷工作开展前完成。

1. 拟订(或修订)立卷类目

立卷类目是指文件处理部门根据工作活动和文件材料形成的规律进行预测,对新年度可能形成的文件材料按照立卷的要求和方法,预先拟制(修订)的新年度归档文件的类目表,又称为案卷类目、立卷条款、立卷计划等。它是较为详细、具体的立卷方案,是平时文件立卷的指南,是年终立卷归档的参考依据。为了搞好立卷归档工作,各学校都应编制立卷类目。

2.平时归卷

平时归卷是指立卷人员按照当年拟订(修订)的立卷类目的要求,在日常工作中随时将已办理完毕的文件材料归类、归卷(或组卷),到年终与其他案卷一并归档的一种立卷方法。平时归卷的目的是加强文件的日常管理,有利于文件材料的齐全完整,防止文件散失或堆积,方便平时查找利用,并为立卷归档工作奠定基础。平时归卷的主要措施如下:

(1)建立和健全平时归卷制度

建立和健全平时归卷制度就是要明确学校文件材料平时归卷的内容,并采取措施保证平时归卷的实行。在文件材料的归档范围、归档时间和归档要求中都要有平时归卷的规定,以使学校有关人员严格遵守执行。

(2)注意平时的清查和归卷

文件处理人员在平时应不定期地对归卷的文件材料进行清点和核查,如发现问题,应及时解决。清点核查已归卷的文件材料是否齐全、完整。如发现文件材料归卷不全或文件材料不完整的,应及时向有关人员追要或采取补救措施。清点核查已归卷的文件材料有无归类或归卷错误。如发现有错,应及时调整和纠正;如发现有的卷夹(封)内文件数量太多,可酌情结合立卷特征调整分卷。清点核查已被借阅的文件材料是否按时归还。如发现未归还的,就应尽快向借阅人催还。

(五)卷内文件的排列与编目

卷内文件的排列与编目工作是系统化整理组合案卷的重要基础性工作,应符合《文书档案案卷格式》(GB/T9705—2008)的规定。其主要工作程序如下。

1. 排列卷内文件

卷内文件的排列,是指通过对卷内文件进行认真分析,寻找出它们之间的主要联系,并按照其主要联系排序、确定每份文件在卷内的位置。

卷内文件排列的目的是使杂乱无章的文件变成有序的互相联系的有机整体。卷内文件系统排列的方法,应根据卷内文件的具体情况来确定。文件组卷是按照文件的作者、问题时间、地区、通讯者、名称、重要程度、载体形态等特征进行的,因而文件的排列也应根据这些特征进行排序。一般是采用几个特征相结合的方法进行,如按问题—时间、名称—时间、作者—时间、地区—时间、通讯者—时间、文件的重要程度—时间,作者—文件重要程度等进行排列,其中用得比较广泛的是按文件的时间先后顺序或按文件重要程度排列的方法。

按文件的时间先后顺序排列,这种方法适用于严格按照地区、名称、作者或某一具体问题等构成的案卷。时间特征必须与其他组卷特征结合使用,一般不单独使用。通常情况下,对已分类的一组文件,按作者、问题、名称等特征分成小类,然后每一小类中再按文件形成时间的先后顺序排列。

按文件的重要程度排列的方法适用于按各种特征组成的案卷。重要的文件排在前面,次要的文件排在后面。具体地说,领导指导性的在前,业务性的在后;复文在前,问文在后;批复在前,请示在后;正件在前,附件在后;正本在前,定稿及重要文件的历次修改稿在后。总之,应尽力使重要的密不可分的文件排列在一起。

2. 编页(件)号

卷内文件经过系统化排列之后,为了固定其顺序,便于文件的保护、统计和检索,应按排定顺序依次编写页(件)号。

卷内文件凡以"卷"为单位装订成册的均需编写页号,统一编写在每页文件的正面的右上角、背面的左上角，凡有图文的页面均需编写页号（空白页不编页号）；不装订的案卷，应在卷内每份文件材料的首页右上方加盖档号章，并逐件编写件号。每一件文件均应编写页号。对自身就已编好页号的单份文件，如出版物的正本等可以不再编件内页号，但对未成册的单份文件或几份文件组合成一件的文件均应编写件内页号，以免掉页，同时可方便保管和利用；图表和声像材料等也应在装具上或声像材料背面逐件编号。

编写页（件）号必须保证卷（件）内页码的唯一性，避免漏页或重页，如在已装订完毕的案卷中发现这类问题应在卷内备考表中加以注明。同时，编号时应使用阿拉伯数字。

3.填写卷内文件目录

卷内文件目录，是揭示卷内文件内容与成分的一览表，置于案卷卷首，其主要功能是便于查阅、统计卷内文件。卷内文件目录主要包括以下项目：

①顺序号：指每件文件在卷内文件系统中的排列顺序号，即件号（序号）。有多少件文件就编多少号，从1开始编流水号。

②文号：文件的发文字号。例如，国办发〔2022〕5号。归卷文件有文号的，依原文号照录；没有文号的不必填写。

③责任者：又称作者，即对文件内容进行创造或负有责任的团体或个人，亦即文件的署名者。注意，文件的撰稿人不一定是文件的责任者。文件的责任者标识于文头、落款。

④题名：文件的标题。每份文件都应有题名，填写时不要随意更改或简化，一般应照实抄录。有的文件没有题名或虽有题名但无实质内容，不能揭示文件的内容与成分，在这种情况下都应重新拟写题名。重拟的题名，外加"〔　〕"。

⑤日期：文件的形成时间。填写时以8位数字表示，如20211001。

⑥页号：指卷内文件所在页的编号，是立卷人为案卷中所有文件编写的

统一大流水号。一个案卷的卷内文件页号可以简写：前面每件文件只填写第一页所在的号码，最后一件写出文件的起止页号。

⑦备注：留待对卷内文件变化时做说明之用。例如，某件文件被取走，可在备注中说明。填写卷内文件目录时还应注意：对于一些没有责任者或成文日期的文件材料要设法考证清楚，填写时外加"□"；凡会议记录应填写每次会议的时间、议题，不能只写"会议记录"，以免给查找带来困难；填写时字迹应工整。

卷内文件目录应该一式三份，一份装在案卷中，一份留在立卷部门供人查阅，一份可写上案卷的档号，装订成册，制成全宗文件目录，作为查找文件的一种检索工具。

卷内文件目录

顺序号	文号	责任者	题名	日期	页号	备注

图 2-3　卷内文件目录式样图

4.填写卷内备考表

卷内备考表置于卷内文件之后，用以注明卷内文件及其立卷的状况，以备档案人员和利用者日后查考。卷内备考表包括以下内容：

①本卷情况说明：用以填写卷内文件缺损、修改、补充、移出、销毁等情况。立卷后在管理过程中如有变动也应由文书人员（归档后由档案人员）填写，并应签名、标注时间。

②立卷人：立卷者签名。

③检查人:由案卷质量审核者签名。

④立卷时间:完成立卷的时间。

通常情况下,有关卷内文件材料的说明,都应逐项填写在备考表中,若无情况说明,也必须将立卷人、检查人的姓名和立卷时间填上,以示对案卷负责。

卷内备考表

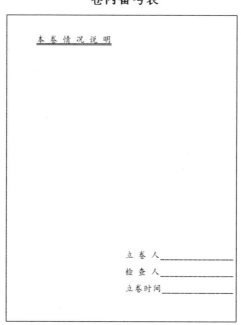

图 2-4 卷内备考表式样图

5.拟写案卷题名

案卷题名,又称案卷标题,用以概括揭示卷内文件的主要内容与成分,是检索文件的重要标记,也是案卷编目和编制各种检索工具的重要依据。拟写案卷题名的具体要求如下。

(1)文字精练,表达准确

案卷题名是对卷内诸多文件的概括揭示,应言简意赅,不能罗列堆砌文件题名,使案卷题名冗长、烦琐;同时,不能使案卷题名过于抽象、笼统,使人读后无法准确判定卷内文件的具体内容和成分,给查找利用卷内文件带来困难。此外,文字应尽量控制在 50 字内,最好能用二三十字概括标出;并列成分之间使用顿号,题名后不用标点符号。

(2)基本结构力求完整

案卷题名的基本结构是:作者(责任者)—内容(问题)—名称(文种)。具体标拟案卷题名时,应注意各部分的拟写要求。其基本结构中三个主干部分的表达要求如下:

①责任者:标明作者,旨在说明文件由谁制成。

②内容:用于标明卷内文件的主要内容,是案卷题名的核心部分。

③名称:文件的名称,即文种。

6.填写案卷封面

案卷封面包括以下项目:全宗名称、类目名称、案卷题名、时间、保管期限、件(页)数、归档号、档号。其填写方法如下:

①全宗名称:立档单位名称。有的学校事先已将名称印好,有的是临时填写。但无论哪种填制方法都必须用立档单位的全称或规范化简称。

②类目名称:指全宗内立卷类目(或文件分类表)的第一级类目名称。

③案卷题名:填写在案卷封面的中间位置,一般由立卷人拟制、填写。

④时间:指卷内文件的起止年月。用阿拉伯数字表示。

⑤保管期限:立卷时划定的案卷的保管期限,一般由立卷人填写。分为永久、定期两种。定期一般分为 30 年、10 年。

⑥件(页)数:卷内文件装订成卷的填写总页数,不装订的填写本卷(盒)的总件数。

⑦归档号:立卷计划中的条款顺序号或类号,又称文书处理号,由立卷人填写。

⑧档号:包括全宗号、目录号、案卷号。全宗号是档案馆给予立档单位的编号。目录号是全宗内案卷目录的编号,同一个立档单位不能有重复的

案卷目录号。案卷号,即目录中案卷顺序的编号,同一册案卷目录内不能有重复的案卷号。

案卷封面各项目应按各项填写规范要求填写清楚、齐全。案卷封面各项目应使用毛笔或钢笔书写,字迹要工整清晰,易于识读,便于查找、利用文件,亦可利用计算机排版、打印、输出。

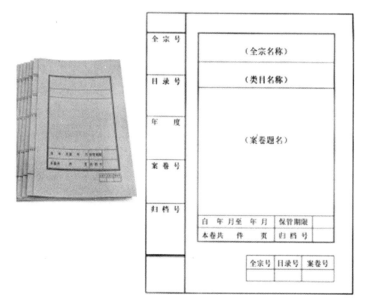

图 2-5　文书档案卷盒、卷皮(按卷整理)

7.装订案卷

装订案卷,是为了避免卷内文件散失和损坏,对文件起到固定和保护作用。装订案卷的具体步骤如下:确定装订线、去除金属物、补贴加边、折叠对齐、棉线装订等。

(六)案卷的排列与编目

卷内文件经过系统化排列与编目,组合成案卷之后,仅仅完成了文书立卷工作的第一步。此后,还应在此基础上,把所有案卷进一步组织成有序的更大的系统，并最终形成一个揭示各案卷之间有机联系的"案卷目录"，用于今后的文件保管和检索工作。

1. 排列案卷

排列案卷，就是根据一定的规则，将案卷系统化地排列成有机联系的整体。排列案卷的实质是保持案卷之间的联系，更好地为立卷目的服务。

通常情况下，案卷的排列顺序在立档单位的立卷类目或文件分类表中已经排定。其归卷条款或类别名称的排列顺序即可以作为案卷系统化排列的顺序。在不同的情况下，还可以按案卷的保管期限、组织机构、问题、时间、重要程度等排列，其中，按保管期限和组织机构排列案卷是最常用的两种基本方法。

按保管期限排列，即将案卷分别按永久、30年、10年排列，每一种期限之下可以按组织机构或问题排列。这种排列方法使同一保管期限的案卷相对集中。对于学校大、文件多的部门可以分永久、定期"两本账"或永久、30年、10年"三本账"；对学校小、文件少的部门可以制成"一本账"，按永久、30年、10年的先后顺序排列。

按组织机构排列，即先按学校内部组织机构排列，然后每一组织机构按问题或保管期限（先永久，后定期的顺序）再进行排列。这一方法有利于保持同一部门（或同一主题）文件之间的相互联系，有利于按组织机构（或主题）检索文件。一些大中型单位往往采用这种方法。学校选用什么样的案卷排列方法，应结合本校文件形成的特点以及档案室案卷排列方法来决定。但应注意：同一层次排列标准要统一，而且一经选定某种排列方法，每年都应依照此法排列，以保持案卷之间的连续性和稳定性，以免给查找利用造成混乱。与此同时，还应注意不同载体、不同门类的案卷要按专门规定予以排列。

2.编制案卷号

编制案卷号,就是按照案卷的排列顺序给每个案卷分别编号,用以固定案卷的位置。由于排列方法不同,案卷号的编法也各异。

按保管期限排列的案卷,可以按不同保管期限分别编流水号,按组织机构排列的案卷,也可以统一流水编号,或者每一个机构各编一个流水号。编号方法由各学校根据本校的情况自行决定。

3.编制案卷目录

案卷目录,即案卷的名册,在案卷经过系统化排列后,对其逐一编号登记成册。案卷目录的作用在于:固定案卷排列顺序,使立卷工作最终得以完成;概括地介绍案卷的内容与成分,是文件与档案最基本的检索工具,同时为档案工作各环节的展开奠定基础。文书部门编制的案卷目录,既是移交目录,又是移交凭据。

案卷目录的项目包括:案卷号、题名、起止日期、页数、保管期限和备注等。式样如下:

表 2-2　案卷目录

案卷号	题名	起止日期	页数	保管期限	备注

案卷目录的编制以案卷的排列和案卷号的编写方法为依据,三者应是三位一体地表达和固定案卷实体位置。

二、组件

归档文件整理,即将归档文件以件为单位进行组件、分类、排列、编号、编目等(纸质归档文件还包括修整、装订、编页、装盒、排架;电子文件还包括格式转换、元数据收集、归档数据包组织、存储等），使之有序化的过程。这里的归档文件整理，即组件。

（一）组件的意义

《归档文件整理规则》（以下简称《规则》）的制定和发布，是我国文件和档案工作改革的一项重要举措。计算机技术在文件、档案领域已发展到一定程度的今天，与传统的立卷方法相比较，组件突显出明显优势：有利于控制和提高档案的质量。组件弱化了整理，从而摆脱了立卷过程中因主观因素左右而产生的诸如划分不一、组卷效果偏差等对立卷质量的影响；有利于提高归档文件整理的效率。组件把人从大量烦琐的手工劳动中解放出来，易于操作，有利于缓解单位文档工作压力；便于深化档案信息资源的开发、利用和管理。以"件"为保管单位，便于档案的日常管理和检索利用，也有利于档案安全，更适应现代化的计算机管理。以"件"整理，并保持纸质文件和电子文件的整理协调一致，能充分发挥计算机存储量大、检索快速的特点，为计算机技术在文件归档和档案管理工作中的应用提供了方便。组件与文档一体化实现计算机辅助管理相适应，从而促进文档一体化管理的实现。

（二）归档文件整理基本步骤与要求

2001年起，由于取消了案卷，改"卷"为"件"，以"件"作为保管单位，使归档文件整理的方法与步骤发生了根本性的变化。归纳起来，归档文件整理分为组件、分类、排列、编号、编目等基本步骤。如果是纸质归档文件，还包括修整、装订、编页、装盒、排架等步骤。下面具体说明这些步骤及要求。

1. 组件

"件"的构成，归档文件一般以每份文件为一件。正文、附件为一件；文件正本与定稿（包括法律法规等重要文件的历次修改稿）为一件；转发文与被转发文为一件;原件与复制件为一件;正本与翻译本为一件;中文本与外文本为一件;报表、名册、图册等一册(本)为一件(作为文件附件时除外);简报、周报等材料一期为一件;会议纪要、会议记录一般一次会议为一件,会议记录一年一本的,一本为一件;来文与复文(请示与批复、报告与批示、函与复函等)一般独立成件,也可为一件。有文件处理单或发文稿纸的,文件处理单或发文稿纸与相关文件为一件。

2. 分类

较常用的分类方法有按年度、组织机构(问题)和保管期限分类。由于学校在实际工作中产生的归档文件数量往往较多,仅采用某一种分类方法难以解决问题。《规则》推荐了常用的复式分类法,即归档文件一般采用年度—机构(问题)—保管期限、年度—保管期限—机构(问题)等方法进行三级分类。各学校应编制分类方案,即在所确定的分类方法的基础上,列出类目名称,制订适合本校情况的类目体系,并编号固定,并应保持分类方案的稳定。

上级档案行政管理部门和教育主管部门如有提供参考的档案分类大纲,就可结合学校的具体情况,制订出适合本校的切实可行的分类大纲和方案。各校根据不同情况可以进行一些调整。分类方案一旦确定,就应有规律地进行,保持其连续性和相对稳定性,不能根据一时需要随意更改,以免给将来的查找利用带来不便。

如,浙江省萧山中学档案门类划分为文书档案(WS)、专业档案(ZY)、人事档案(RS)、科技档案(KJ)、会计档案(KU)、照片档案(ZP)、录音录像档案(LYLX)、业务数据(SJ)、实物档案(SW)、网页信息(WY)等 10 个一级档案门类;文书档案分为党群工作(DQ)、行政管理(XZ)2 个二级门类;专业档案分为教学管理(JX)、学生学籍(XJ)2 个二级门类;人事档案分为教师业务(YW)1 个二级门类;科技档案分为基建(JJ)、设备(SB)2 个二级门类。

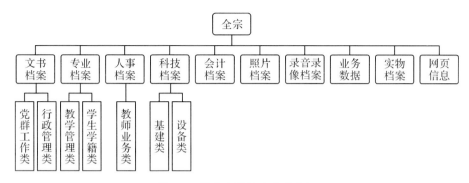

图 2-6　萧山中学档案分类大纲

3. 排列

归档文件的排列是指在分类方案的最低一级类目内,根据一定的方法确定归档文件先后次序的过程。前面的分类,仅解决了归档文件整体上的系统格局,每一类下每一件归档文件的先后次序,需要在此通过排列来解决。

《规则》强调,归档文件应在分类方案的最低一级类目内,按时间结合事由排列,即同一事由的相关文件应当排列在一起。这样使密切相关、参照性强的文件在实体上相对集中。这不仅从文件排列上体现了归档文件之间的有机联系,符合整理原则,而且保证了归档文件检索利用和实体存取的便利,提高查全率和查准率。

文件材料整理时,不同保管期限的文件不能混放在一起,须按永久、30年、10 年期限划分开,之后在同一保管期限内进行排列和编号。整理排序时须遵循以下原则:

(1)遵循文件材料的自然形成特点和规律

一是注意活动的整体性,如重大会议、某项活动形成的文件要保持其齐全完整;二是注意文件本身的内在联系,如文件的正文与附件、请示与批复不可分割;三是排列时保持文件材料之间固有的自然次序,如某个会议的材料,依照会议通知、报告、决议等的产生时间排列。

（2）保持文件材料之间的历史联系

指的是保持文件来源、时间、内容、形式方面的联系。如学校开展教育教学活动时，都有一定的过程和阶段性，使文件之间具有一定的时间联系，整理时，应注意保持文件之间的时间联系。

4.编号

归档文件应依分类方案和排列顺序编写档号。档号编制应遵循唯一性、合理性、稳定性、扩充性、简单性原则。根据《档号编制规则》（DA/T 13—2022），按件整理的档号结构应为：全宗号—类别号—件号。其中类别号的构成元素包括一级类别号（档案门类代码）、二级及三级类别号、年度、保管期限代码、机构（问题）代码。其结构按相关规定或根据实际需要确定。上、下位代码之间用"-"连接，同一级代码之间用"·"隔开。

（1）全宗号

一般采用 4 位代码标识全宗号。其中第 1 位用大写汉语拼音字母标识全宗属性，后 3 位用阿拉伯数字标识顺序号。

（2）档案门类代码

采用 2 位大写汉语拼音字母标识档案门类代码。例：机关档案门类代码标识为：文书"WS"、科技"KJ"、人事"RS"、会计"KU"、专业"ZY"、照片"ZP"、录音"LY"、录像"LX"、业务数据"SJ"、公务电子邮件"YJ"、网页信息"WY"、社交媒体"MT"、实物档案"SW"。

（3）年度

采用 4 位阿拉伯数字标识文件（档案）的形成年度。

（4）保管期限代码

采用大写汉语拼音字母或大写汉语拼音字母与阿拉伯数字的组合标识保管期限。以代码"Y"标识永久；以代码"D"+年限标识定期。如"Y""D30""D10"。

（5）机构（问题）代码

采用大写汉语拼音字母、阿拉伯数字或汉字标识机构（问题）。

(6)件号

件号是单件归档文件在分类方案最低一级类目内的排列顺序号,档案馆(室)应按照实际数量确定件号的位数。

根据《档号编制规则》(DA/T 13—2022),结合学校档案实体分类法,学校按件整理的档案档号编制方法应分为以下两类:

①文书档案,通常指党群、行政类文件资料。按照年度、机构(问题)、保管期限等分类项进行分类。档号结构应为:全宗号-档案门类代码(WS)·二级类别号·年度·保管期限代码-件号。

如:党群工作类:X001-WS·DQ·2023·Y(D30、D10)-0001

行政管理类:X001-WS·XZ·2023·Y(D30、D10)-0001

②专业档案,也称教学业务类档案,主要指学校内部各职能处室业务工作产生的档案资料。如教学档案、学籍档案等,按照(教学)年度、机构(问题)、保管期限等分类项进行分类。档号结构应为:全宗号-档案门类代码(ZY)·二级类别号·年度·保管期限代码-件号。

如:教学管理类:X001-ZY·JX·2023·Y(D30、D10)-0001

学籍管理类:X001-ZY·XJ·2023·Y(D30、D10)-0001

归档文件应在首页上端的空白位置加盖归档章并填写相关内容。归档章包含档号的组成部分,即全宗号、年度、保管期限、件号以及页数,机构和问题为选填项。页数用阿拉伯数字标识。保管期限也可以使用"永久""30年""10年"简称标识。

单位:mm

图 2-7 归档章式样

5.编目

归档文件应依据档号顺序编制归档文件目录。归档文件应逐件编目。归档文件目录设置序号、档号、文号、责任者、题名、日期、密级、页数、备注等项目。

①序号:填写归档文件顺序号。

②档号:档号按照规定编制。

③文号:文件的发文字号。没有文号的,不用标识。

④责任者:制发文件的组织或个人,即文件的发文机关或署名者。

⑤题名:文件标题。没有标题、标题不规范,或者标题不能反映文件主要内容、不方便检索的,应全部或部分自拟标题,自拟内容外加方括号"〔　〕"。

⑥日期:文件的形成时间,以国际标准日期表示法标注年月日,如19990909。

⑦密级:文件密级按文件实际标注情况填写。没有密级的,不用标识。

⑧页数:每一件归档文件的页面总数。文件中有图文的页面为一页。

⑨备注:注释文件需说明的情况。

归档文件目录推荐由系统生成或使用电子表格进行编制。目录表格采用 A4 幅面,页面宜横向设置。

归档文件目录除保存电子版本外,还应打印装订成册。装订成册的归档文件目录,应编制封面。封面设置全宗号、全宗名称、年度、保管期限、机构(问题),其中全宗名称即立档单位名称,填写时应使用全称或规范化简称。归档文件目录可以按年装订成册,也可每年区分保管期限装订成册。

表 2-3　归档文件目录

序号	档号	文号	责任者	题名	日期	密级	页数	备注

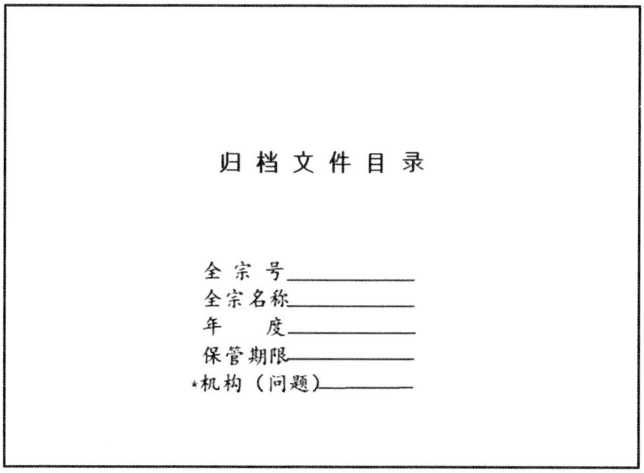

归 档 文 件 目 录

全 宗 号＿＿＿＿＿＿
全 宗 名 称＿＿＿＿＿
年　　度＿＿＿＿＿＿
保 管 期 限＿＿＿＿＿＿
•机构（问题）＿＿＿＿＿

比例：1：2

图 2-8　归档文件目录封面

（三）归档文件的修整、装订、编页、装盒和排架

1. 修整

归档文件装订前，应对不符合要求的文件材料进行修整。如归档文件已破损的，应予以修复；字迹模糊或易退变的，应予复制。应按照保管期限

要求去除易锈蚀、易氧化的金属或塑料装订用品。对于幅面过大的文件,应在不影响其日后使用效果的前提下进行折叠。

2. 装订

归档文件一般以件为单位装订。归档文件装订应牢固、安全、简便,做到文件不损页、不倒页、不压字,装订后文件平整,有利于归档文件的保护和管理。装订应尽量减少对归档文件本身影响,原装订方式符合要求的,应维持不变。用于装订的材料,不能包含或产生可能损害归档文件的物质。不使用回形针、大头针、燕尾夹、热熔胶、办公胶水、装订夹条、塑料封等装订材料进行装订。永久保管的归档文件,宜采取线装法装订。页数较少的,使用直角装订或缝纫机轧边装订;文件较厚的,使用"三孔一线"装订。定期保管的、不需要向综合档案馆移交的归档文件,可以使用不锈钢夹或封套装订。

3. 编页

纸质归档文件一般应以件为单位编制页码。页码应逐页编制,宜分别标注在文件正面右上角或背面左上角的空白位置。文件材料已印制成册并编有页码的或拟编制页码与文件原有页码相同的,可以保持原有页码不变。

4. 装盒

将归档文件按顺序装入档案盒,并填写档案盒盒脊及备考表项目。不同年度、机构(问题)、保管期限的归档文件不能装入同一个档案盒。

档案盒封面应标明全宗名称。档案盒应根据摆放方式的不同,在盒脊或底边设置全宗号、年度、保管期限、起止件号、盒号等必备项,并可设置机构(问题)等选择项。其中,起止件号填写盒内第一件文件和最后一件文件的件号,起件号填写在上格,止件号填写在下格;盒号即档案盒的排列顺序号,在档案盒盒脊或底边编制。

装盒时注意填写备考表,备考表放置于盒内文件之后。不同类型的档案,备考表略有不同。文书类备考表项目包括盒内文件情况说明、整理人、整理日期、检查人、检查日期。

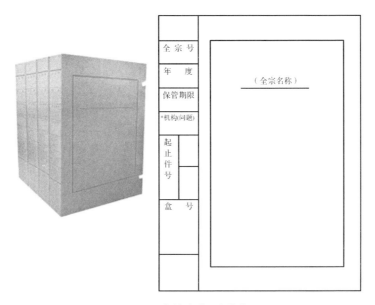

图 2-9　文书档案盒(按件整理)

5.排架

归档文件整理完毕装盒后,上架排列方法应与本校归档文件分类方案一致,排架方法应避免频繁倒架。

本章介绍了归档文件材料整理中的收集、整理、分类等初步的工作环节,在后面的章节中将结合不同类别的档案收集整理进一步介绍。

第三章　党政管理类档案的收集与整理

党政管理类文件材料主要在学校党、政管理工作中产生,属于管理性文件,过去又称文书类档案。在现行学校管理中党政机构是独立分开的,因此这两类档案是分开收集和整理的。在前一章对文件材料的归档整理有了基本的了解后,下面,介绍如何对这两类文件材料进行收集和整理。

第一节　党群工作类档案的收集与整理

根据中小学机构设置,党群工作类文件主要为学校党组织、纪委、工会、团委、少先队等部门在工作中形成的文件材料,学校档案员收集这类档案时应明确此类档案的归档范围和主要归档部门。

一、党群工作类档案的收集重点

凡是在党群工作中形成的文件材料,包括纸质文件、电子文件、声像、实物等不同载体,都要进行收集,纸质文件做到办文手续、印鉴完备,正本、定稿齐全。

(一)党群工作类档案的类别

按学校文件材料归档范围,党群工作类主要有学校党委、纪委、工会、团委、民主党派等组织的各种会议文件、会议记录;各党群部门的工作计划、总结、活动材料;上级机关与本校关于党务管理的文件材料。具体可分为以下几类。

1.党务综合

主要包括党委、总支、下属支部的各类综合性材料。

2.纪检工作

主要包括纪委计划总结、调查材料;党员处分、群众来信来访及处理意见等。

3. 组织工作

主要包括党组织机构设置和变动等材料；总支、支部改选材料，干部选拔任用材料，吸收新党员、预备党员转正等材料。

4. 宣传教育

主要包括师生政治思想工作材料、理论学习材料、反映学校重大活动的宣传报道、宣传工作材料等。

5. 统战工作

主要包括各民主党派材料；学校各级人大代表、政协委员名单（册）等；台、港、澳和侨务工作等材料。

6. 工会

主要包括工会计划、总结，工会经费预、决算等材料；工会先进集体、个人表彰材料；妇女工作等材料。

7. 团委

主要包括团代会材料；表彰和奖励先进团支部、优秀团员的材料；团组织年报材料；批准入团、离团材料；学生会材料；学生组织参与各种学会、社团的材料。

8. 少先队

主要包括少先队员名册、计划、总结及有关活动材料。

(二)党群工作类档案的收集要点

党群工作类有一些容易发生遗漏或收集不齐全的文件材料，需要留意收集，确保齐全。如：

①各类会议记录的收集，如有党委（支部）会议记录、党小组会议记录、党员大会会议记录、工会委员会会议记录、工会会员大会会议记录、教代会

会议记录、团委工作会议记录、团代会会议记录、学代会会议记录、少代会会议记录等等，档案部门须在会后及时向相关组织收集。

②党组织关系介绍信的收集，每年转入、转出的党员材料等，档案部门须及时向学校党委办公室收集归档。

③党组织各类统计报表的收集。

④有关请示、批复件的收集等等。

各学校基层党组织务必高度重视党群工作资料的档案收集管理工作，切实增强存档意识和责任意识，做好基础性、程序性和经常性的工作，促进基层党建工作的规范化、制度化和科学化建设。明确分管领导，指定专人负责，切实把相关文件资料的收集、整理、归档工作落到实处。

二、党群工作类档案的分类和排列

根据中小学党组织工作发展的实际情况，党群工作类的下级类目可分为党务综合、纪检工作、组织工作、宣传教育、统战工作、工会工作、团委工作、少先队工作等。

《归档文件整理规则》（DA/T 22—2015）中确定的三种基本分类方法，即年度法、组织机构（问题）法、保管期限法，一般是结合起来运用，构成复式分类法。如，萧山区中小学党群工作类归档文件的分类是采用"年度—类别（问题）—保管期限"进行分类，先把不同年度的文件区分开来，不要把不同年度的文件混杂在一起，年度区分开来后再分类别，即在同一年度内，把相同归属的文件材料归在同一类目中，与本校党建、纪检、信访、工会、团委工作相关的文件材料划归为党群类，然后在同一类目下再划分保管期限。具体依照本校制订的归档范围及保管期限表。

1. 排列原则

强调"事由原则"：事由结合时间、重要程度等排列。会议文件、统计报表等成套性文件可集中排列;上级文件(重要的在前面)、本校文件相对集中排在一起,同一类别、同一保管期限下采用以上排列。

2.排列方法

同一事由的文件按形成的先后时间排列,也可以按照重要程度排列,如干部任免方面可以先按照重要程度,再按照时间先后的顺序排列;不同事由间的归档文件,可直接按照成文的时间顺序,其次再按照重要程度,将主要职能或重要活动形成的文件排在前面,其他工作形成的文件材料排在后面,或将综合性工作排在前面,具体业务工作排在后面。

三、党群工作类档案的装订和编号

党群工作类文件一般以件为单位装订,主要采取线装,常见的就是缝纫机踩线,文件比较厚一点的,可采取"三孔一线"方式装订。注意事项:以"件"为单位装订时,文件排列的顺序为正文在前,定稿在后或正文在前,复印稿在后,针对某一问题的上级批复在前,原文在后。装订时要避免压字的现象,装订前后均要进行检查,用线装订时,线要紧固,以防止利用者翻阅档案时出现掉页现象。

文件的编号即在文件首页上端的空白位置加盖归档章并填写相关内容。编号时,对不同保管期限的归档文件分别编制流水件号。党群工作类编号应在同一年度、同一类别的一个保管期限内从"1"开始流水编号。如,党群类2023年形成的永久、30年、10年3个保管期限的归档文件,编号后形成3个流水件号,即永久的从"1"开始,编一个流水件号;30年的从"1"开始编一个流水件号;10年的也从"1"开始编一个流水件号。如:X001-WS·DQ·2023·Y-0001、X001-WS·DQ·2023·D30-0001、X001-WS·DQ·2023·D10-0001。

档号的编制方法经历了多次调整,如萧山区中小学在2000年《归档文件整理规则》实施后,党群类的档号编写如 1001-1-2001Y-001,当时用数字代表档案门类,1 为党群类门类号;在 2015 版《归档文件整理规则》实施后,开始以字母代表档案门类代码,党群类的档号编写如 1001-DQ·2016-Y-0001;2022 年"三合一"制度实施及 2022 版《档号编制规则出台》后,增加了一级档案门类代码(WS),党群类的档号编写为 1001-WS·DQ·2023·Y-001。(注:萧山区学校的全宗号目前仍用 4 位阿拉伯数字标识,其中第 1 位阿拉伯数字代表学校类别)

编件号时,宜采取先用铅笔编写临时号,以减少文件编号的排列差错以及方便文件的调整和插入,待计算机将全部文件著录完毕后,再正式把件号用黑色水笔填上。尤其是新手档案员,一定不要直接就用黑色水笔填写,以免多次涂改和返工。

四、党群工作类档案的编目与装盒

分类和排列使全宗内文件得以系统化,编目则是以一定的形式反映和固定这种系统化的状况,揭示和介绍归档文件的内容与成分。党群类归档文件应依据分类方案和编号顺序编制归档文件目录,并进行数据库著录。著录时应注意著录项目的完整性和规范性。

【示例】

表 3-1　萧山区中小学文书档案目录著录规范要求

序号	字段名称	说　明
1	全宗号	档案馆给学校编制的代号,一般采用 4 位代码标识全宗号。其中第 1 位用阿拉伯数字标识学校类别,后 3 位用阿拉伯数字标识顺序号。如"1001"
2	序号(件号)	归档文件顺序号,用阿拉伯数字从"1"开始逐条著录

续　表

序号	字段名称	说　明
3	档号	全宗号—档案门类代码·二级类别号·年度·保管期限代码—件号。如:1001-WS·DQ·2023·Y(D30、D10)-0001
4	文号	文件的发文字号。没有文号的,不用标识。文号中的年度用六角括号"〔　〕"括入,不使用方括号"[　]"或实心方头括号"【　】"。如萧档〔2019〕1号
5	责任者	制发文件的组织或个人,即文件的发文机关或署名者。有多个责任者的,可适当省略,各责任者之间以";"号相隔
6	题名	文件标题。没有标题、标题不规范,或者标题不能反映文件主要内容、不方便检索的,应全部或部分自拟标题,自拟内容外加方括号"[　]"
7	日期	以国际标准日期表示法标注文件的形成时间,如20040628
8	密级	文件密级按文件实际情况填写。没有密级的,不用标识
9	页数	一件归档文件的页面总数,有图文的页面为一页,空白页不计。大张的文件或图表折叠后,仍按未折叠前有图文的页面数计算页数
10	保管期限	保管期限为永久、30年、10年
11	年度	文件的归档年度,用4位阿拉伯数字标识,如2003
12	备注	注释文件需说明的情况。包括开放等级、缺损、修改、补充、移出、销毁等

　　各中小学应选择适合的档案管理软件,通过将文件相关的信息输入计算机,也就完成了对归档文件的编目工作,并能由管理软件自动生成和打印归档文件目录、档案封面、盒内备考表等,减少手工操作。归档文件目录宜打印一式两份,一份放置档案盒内,一份装订成册作为检索目录。

　　党群工作类档案的装盒,应根据归档的文件选择好适宜尺寸的档案盒,将整理完毕的党群工作类文件分类别和保管期限,按顺序排列好分别装入相应的档案盒。填写档案盒脊背的相应数据,在年度内,按照"类别＋保管期限＋序号"的顺序将整理好的档案排列上架,逐年增加。这样党政管理类的文件就算归档入库保存了。

【示例】

表 3-2　党群类归档文件目录

序号	档号	文号	责任者	题名	日期	密级	页数	备注
0001	174-WS·DQ·2022·Y-0001		中共萧山中学委员会	中共萧山中学委员会2022年度工作计划	20220200		3	
0002	174-WS·DQ·2022·Y-0002		中共萧山中学委员会	中共萧山中学委员会2022年度工作总结	20221231		6	
0003	174-WS·DQ·2022·Y-0003		中共萧山中学委员会	中共萧山中学委员会2022年党员名册	20221200		1	
0004	174-WS·DQ·2022·Y-0004		中国民主同盟会萧山中学支部	萧山中学2022年中国民主同盟盟员名册	20221200		1	
0005	174-WS·DQ·2022·Y-0005		中国民主促进会萧山中学支部	萧山中学2022年中国民主促进会会员名册	20221200		1	
0006	174-WS·DQ·2022·Y-0006		中共萧山中学委员会	中共萧山中学委员会2022年度组织结构	20221000		1	
0007	174-WS·DQ·2022·Y-0007	萧教党委〔2022〕76号	萧山区教育局委员会	关于公布萧山区教育系统2022年下半年新发展党员、预备党员转正名单的通知[童××]	20230104		3	
0008	174-WS·DQ·2022·Y-0008	杭进发〔2022〕17号	中国民进杭州委员会	关于批准何艳等42位同志加入中国民主促进会的通知[诸×]	20220630		3	
0009	174-WS·DQ·2022·Y-0009	萧教党委〔2022〕69号	萧山区教育局委员会	关于余晓明等同志试用期满正式任用的通知[金××]	20221117		7	
0010	174-WS·DQ·2022·Y-0010		中共萧山区教育局委员会	中国共产党正式党员2022年组织关系介绍信[施××]	20220901		1	
0011	174-WS·DQ·2022·Y-0011		中共萧山区教育局委员会	中国共产党正式党员2022年组织关系介绍信[程××]	20220902		1	
0012	174-WS·DQ·2022·Y-0012		中共萧山区教育局委员会	中国共产党正式党员2022年组织关系介绍信[童××]	20220901		1	
0013	174-WS·DQ·2022·Y-0013		中共萧山区教育局委员会	中国共产党正式党员2022年组织关系介绍信[杜××]	20220825		1	
0014	174-WS·DQ·2022·Y-0014		中共萧山区教育局委员会	中国共产党正式党员2022年组织关系介绍信[高××]	20220902		1	

图 3-1 党群类归档文件装盒与上架

174	20 22	3
Dic	永久	1

2022年萧中党员名册

174	20 22	2
Dic	永久	6

中共萧山中学委员会 2022 年度工作总结

174	20 22	1
Dic	永久	3

中共萧山中学委员会2022年度工作计划

2022 年校党委的工作思路是，以习近平新时代中国特色社会主义思想为指导，深入贯彻落实党的十九大和十九届二中、三中、四中、五中、六中全会精神，坚持政治引领，突出问题导向，紧密围绕中心，定位"党建引领行动年"，实施思想夯基、文化践行、头雁领航、基层提质，以高质量党的建设推动萧山中学高质量发展，以昂扬的姿态迎接党的二十大的胜利召开。

图 3-2 党群类归档文件示例

第二节　行政管理类档案的收集与整理

行政管理类文件主要为学校办公室、总务处等行政职能部门在工作中形成的文件材料。行政管理类应归档的文件材料包括学校行政工作的各种会议文件、会议记录及纪要,各行政部门的工作计划、总结、活动材料,以及上级机关与学校关于人事管理、行政管理的材料。

一、行政管理类档案的收集重点

(一)抓住文件源头归档

重视文书处理环节,通过建立文书处理归档制度,保证文件材料的齐全。行政部门是印制发文和外来收文的主要部门,应及时做好收发文件的登记。收、发文登记是文件出入的必经手续,做好收、发文的登记,是清楚地把握文件的流向,保证文件材料归档的重要措施之一。很多中小学的档案部门是隶属于学校行政办公室的,与文书处理部门的关系较为密切,就容易把握或控制。

(二)明确重点收集内容

在收集行政类档案时,对下列文件资料要重点收集和特别强调:

①关系到学校的长远利益或经济利益的文件资料;

②与学校的征地、扩建、规划、搬迁、房屋产权相关的合同、协议；

③有关学校组织机构资质、章程、编制批复的文件；

④涉及学校利益及教职工个人利益的凭证性文件材料，如，人事任免、奖惩、录用、转正、聘任、调资、定级、考核以及辞职、离退休、死亡、抚恤、教工招聘的合同、协议和手续等材料；

⑤重大活动、重要庆典(校庆)、重要人物(名师、校友)的档案等。

上述文件材料不仅是行政类档案收集的重点，而且要列入永久保管范畴。凡涉及师生员工个人的切身利益的文件材料应全部列入永久保管范畴，其中，先进单位、劳动模范、优秀教师、先进工作者等荣誉文件材料，受区县级及以上表彰、奖励的存永久，受区县级以下表彰、奖励的存30年。

行政管理类也存在一些容易发生遗漏或收集不齐全的文件材料，需要留意收集，确保齐全：

①各类会议记录，如校长办公会议记录、行政领导办公会议记录、教工大会会议记录等，档案部门须在会后及时向相关部门收集；

②各种介绍信，如调入、调出、毕业入职的行政介绍信、工资介绍信等，档案部门须及时向学校办公室或人事部门收集归档；

③各类统计报表；

④各职能部门材料，如部门的工作计划、总结等；

⑤有关请示、批复件；

⑥各类新闻报道材料；

⑦知名教师、优秀学生的跟踪材料等，须及时向相关部门收集。

二、行政管理类档案的分类和排列

根据中小学行政工作的实际情况，行政工作类的下级类目可分为行政综合、劳动人事、事务管理、校园文化、财务管理、后勤服务等。行政管理类的分类和排列方法与党群工作类一样。如,萧山区中小学行政管理类归档文件采用"年度—类别(问题)—保管期限"进行分类,先把不同年度的文件区分开来,不要把不同年度的文件混杂在一起,年度区分开来后再分类别,即在同一年度内,把相同归属的文件材料归在同一类目中,与本校机构、人事、荣誉、制度规划、职称等行政工作有关的文件材料划归为行政类,然后在同一类目下再划分保管期限。具体依照本校制订的归档范围及保管期限表。

排列原则和排列方法也与党群工作类一致,强调"事由原则":事由结合时间、重要程度等排列。同一事由的按文件形成的先后时间排列,也可以按照重要程度排列,如人事任免方面、职称评定方面可以先按照重要程度,然后按时间先后顺序排列;不同事由的归档文件,可先按照成文的时间顺序排列,再按照重要程度(将主要职能或重要活动形成的文件排在前面,其他工作形成的文件材料排在后面,或将综合性工作排在前面,具体业务工作排在后面)排列。

三、行政管理类档案的装订和编号

行政管理类文件也是以件为单位装订,主要采取线装,同党群工作类一样,文件薄的可用缝纫机踩线,文件比较厚一点的,可采取"三孔一线"方式装订。文件的编号即在文件首页上端的空白位置加盖归档章并填写相关内容。编号时,对不同保管期限的归档文件分别编制流水件号。如:X001-WS·XZ·2023·Y-0001、X001-WS·XZ·2023·D30-0001、X001-WS·XZ·2023·D10-0001。

四、行政管理类档案的编目和装盒

行政类归档文件应依据分类方案和编号顺序编制归档文件目录,并进行数据库著录。著录时应注意著录项目的完整性和规范性。根据归档的文件选择好适宜尺寸的档案盒,将整理完毕的行政管理类文件分类别和保管期限,按顺序排列好分别装入相应的档案盒。填写档案盒脊背的相应数据,在年度内,按照"类别＋保管期限＋序号"的顺序将整理好的档案排列上架,逐年增加。

【示例】

表 3-3 行政数归档文件目录

序号	档号	文号	责任者	题名	日期	密级	页数	备注
0001	174-WS·XZ·2022·Y-0001		萧山中学	萧山中学 2021 学年第二学期学校工作计划	20220200		8	
0002	174-WS·XZ·2022·Y-0002		萧山中学	萧山中学 2022 学年第一学期学校工作计划及行事历	20220900		13	
0003	174-WS·XZ·2022·Y-0003		萧山中学	萧山中学 2022 年度学校工作总结	20221230		6	
0004	174-WS·XZ·2022·Y-0004	萧中〔2022〕1 号	萧山中学	关于周燕等 2 位老师具有高级专业技术职务职称任职资格的通知[周×;楼×]	20220120		1	
0005	174-WS·XZ·2022·Y-0005	萧中〔2022〕2 号	萧山中学	关于黄云光同志任职的通知[黄××]	20220213		1	
0006	174-WS·XZ·2022·Y-0006	萧中〔2022〕3 号	萧山中学	关于成立萧山中学反恐怖应急处置工作机构的通知	20220330		2	
0007	174-WS·XZ·2022·Y-0007	萧中〔2022〕4 号	萧山中学	关于历史教研组长任职的通知[何××;张××]	20220820		1	
0008	174-WS·XZ·2022·Y-0008	萧中〔2022〕5 号	萧山中学	关于调整萧山中学营养健康食堂管理委员会的通知	20220903		2	
0009	174-WS·XZ·2022·Y-0009	萧中〔2022〕6 号	萧山区教育局	关于调整萧山中学营养健康食堂管理分工的通知	20220903		2	
0010	174-WS·XZ·2022·Y-0010	萧中〔2022〕7 号	萧山中学;萧山区档案局;萧山区教育局	关于要求对《萧山中学文件材料归档范围和保管期限表》进行审查的请示及批复	20221017		11	

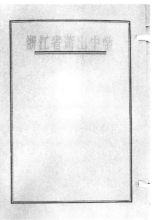

图 3-3　行政类归档文件装盒与上架

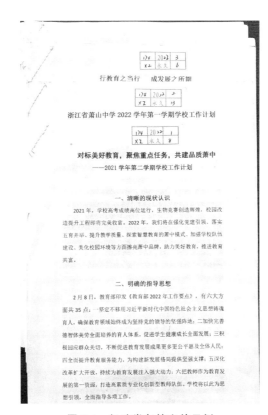

图 3-4　行政类归档文件示例

第四章　教学业务类档案的收集与整理

除党群工作类文件外,中小学还有教学档案、学生学籍档案、教师业务档案等大量教学业务类的文件材料。其中教学档案是学校档案的重要组成部分,是在学校档案构成中最具代表性和特色的专门性档案。概括地说,教学档案是各级各类学校在组织教育教学环节和过程中形成的具有查考利用价值的文件材料。教育教学是学校的中心工作,是各级各类学校最主要、最基本的活动。因此,教学档案是学校重点收集和保存的对象。对每一所学校来说,其教学档案无疑具有独一无二的价值。

第一节　教学档案的收集与整理

教学档案是在教育教学业务活动中产生的,其在教学和管理中发挥着重要的作用。其一,教学档案是办学评估的基础。学校要接受不同形式的评价,教学档案的记录材料是对一所学校的办学水平、教学质量评估的重要依据。其二,教学档案是管理的依据和凭证。根据生命周期理论,教学档案在初期阶段主要是为教学管理服务的,若干年后,利用价值就逐步转化为印证凭据作用了,促使学校的教学水平和教学质量不断提高。其三,教学档案是教研成果的积累。作为教学活动真实记录的教学档案,反映学校的全部教学活动和教学研究活动,是研究教育史、编写校史等不可缺少的重要参考材料。

中小学的教学档案主要产生于学校的教务处、教科室、政教处等部门。

一、教学档案的收集重点

(一)综合材料

主要包括上级教育主管部门下达的指令性、指导性文件;招生和毕业生等方面的规定、办法等;还有教育改革、教学计划、课程设置的教学文件;学校制定的各种教学制度、规定等;教学工作计划、总结,教学工作的经验介绍、有关教学业务会议记录等。这些大多体现为文件材料的形式,主要产生或分散在学校相关的行政和教育管理部门。

（二）教学管理材料

主要指教学管理文件材料，包括教学日历、课程表、教学考核、评估材料等，这类文件材料是教学部门开展办学活动或直接进行教学管理的材料。

（三）学科建设材料

主要包括教学计划、教学大纲；自编校本教材、课程建设、教学改革的文件资料；习题库、试卷；有关师生各类竞赛活动材料、教学情况和质量的统计、总结、报告等；教学类的参考资料、校刊、校报等；有关刊、报上登载的反映本校教学工作活动的典型材料等。

（四）招生材料

主要包括招生计划、招生简章、新生录取材料等。

教学档案的管理应遵循教学规律，按照教学管理活动具有的周期性的规律，保持文件之间的历史联系。教学文件材料的归档一般应在教学年度中进行。教学档案的归档时间是以学年度为界的，即在每年的下学期开学后的 9 月份收集归档，在次年寒假前归档整理完毕。这一特点是由学校教学工作的规律决定的，其收集时间与文书类档案不同。在平时收集的基础上，每个学期结束时，就要把应归档的文件材料进行清理，及时查漏补缺。

二、教学档案的整理

教学档案的整理是将零散的、无序的文件材料进行分类、组合、排列和编目，使之系统化的一项工作。教学档案整理前同样要先把学年内的应归档的文件材料按其内容、来源、保管期限进行分类和排列。

（一）分类排列

教学档案的下级分类应根据学校教学工作的职能、机构设置以及教学工作任务等情况综合来确定。中小学的教学档案下级类目可分为：教学工作、教务管理、教育科研、课程考试、综合素质、师资安排等。常用的教学档案类目分类方法为："（教学）年度—问题分类—保管期限"，即在教学年度内，将文件材料归纳为容易查找的问题或相似问题的类别加以组合。

中小学教学档案中的多数归档文件以文件材料形式存在，可以按《归档文件整理规则》（DA/T 22—2015）要求，取消传统的案卷级整理，改为以件为单位整理。对于像自编校本教材、新生录取名册、在校生名册等已经是以"本""册"形式存在的文件资料，可以直接将其作为"件"整理。目前萧山区中小学教学管理类档案基本已按件整理。

教学档案文件的排列方法如下：

（1）按材料形成的时间顺序排列

时间早的排在前面，时间晚的排在后面。如教学工作会议记录在前，贯彻落实会议情况的材料在后；工作计划在前，总结在后等。

（2）按照重要程度排列

同一问题，上级的决策在前，本校的材料在后。

（3）按责任者先后时间排列

如学校内部各部门的教学工作报告、总结等。

（二）装订编号、编目装盒

教学档案的装订编号、编目装盒与党政类档案一样，也按照《归档文件整理规则》（DA/T 22—2015）的相关要求操作。档号按照《档号编制规则》（DA/T 13—2022）编制，如：X001-ZY·JX·2023·Y-0001、X001-ZY·JX·2023·D30-0001、X001-ZY·JX·2023·D10-0001。

【示例】

表 4-1 教学类归档文件目录

序号	档号	文号	责任者	题名	日期	密级	页数	备注
0001	174-ZY·JX·2022·D30-0001		萧山中学教务处	萧山中学 2022 学年第一学期总日课表(高一、高二、高三)	20220900		4	
0002	174-ZY·JX·2022·D30-0002		萧山中学教务处	萧山中学 2022 学年第一学期各年级任课安排表	20220900		2	
0003	174-ZY·JX·2022·D30-0003		萧山中学教务处	萧山中学 2022 学年老师办公室安排表	20220900		1	
0004	174-ZY·JX·2022·D30-0004		萧山中学教务处	萧山中学 2022 学年第二学期总日课表(高一、高二、高三)	20230200		5	
0005	174-ZY·JX·2022·D30-0005		萧山中学教务处	萧山中学 2022 学年第二学期各年级任课安排表	20230200		1	
0006	174-ZY·JX·2022·D30-0006		萧山中学教务处	萧山中学 2022 学年第一学期教务处工作计划	20220900		3	
0007	174-ZY·JX·2022·D30-0007		萧山中学教务处	萧山中学 2022 学年第二学期教务处工作计划	20230200		4	
0008	174-ZY·JX·2022·D30-0008		萧山中学教务处	浙江省普通高校招生选考科目考试萧山中学考点考试秩序册	20220100		27	
0009	174-ZY·JX·2022·D30-0009		萧山中学教务处	萧山中学助力旺苍中学教师专业成长及班主任技能素养培养交流活动方案	20221108		2	
0010	174-ZY·JX·2022·D30-0010		萧山中学教务处	萧山中学 2022 学年教学情况调查表	20220900		2	
0011	174-ZY·JX·2022·D30-0011		萧山中学教务处	2022 年杭州市萧山区萧山中学科技创新特长班招生简章	20220428		3	
0012	174-ZY·JX·2022·D30-0012		萧山中学教务处	2022 年萧山中学科技创新特长班测试工作标准	20220900		2	
0013	174-ZY·JX·2022·D30-0013		萧山中学教务处	萧山区中考招生宣讲	20220000		4	
0014	174-ZY·JX·2022·D30-0014		萧山中学政教处	萧山中学 2022 学年第一学期政教处工作计划	20220900		2	
0015	174-ZY·JX·2022·D30-0015		萧山中学政教处	萧山中学 2022 学年第一学期政教处工作总结	20221223		4	

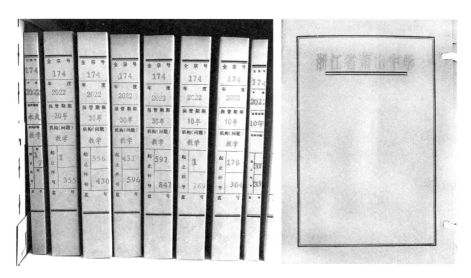

图 4-1　教学类归档文件装盒与上架

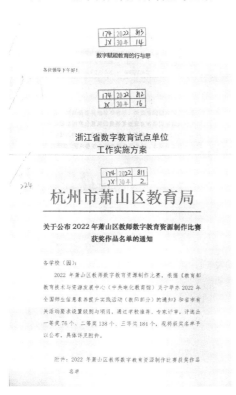

图 4-2　教学类归档文件示例

第二节 学籍档案的收集与整理

学籍档案是指从学生的招生入学到毕业离校形成的大量具有查考利用价值的档案材料,主要包括学生登记表(学籍卡)、成绩表、毕业生名册、毕业证书存根;学籍变更材料,包括学生休学、转学、复学、退学等学籍变动材料;学生奖惩材料;等等。这些材料真实地记录了每位学生在校的成长过程。学籍档案是学校档案的重要组成部分,也是学校档案中数量较多的需要永久保存的档案。

中小学的学籍档案主要产生于各年级班主任和学校政教处、教务处等部门。

一、学籍档案的收集重点

学籍档案的收集重点是学生培养流程的记录。涉及学生的档案材料不仅需要相互衔接,还需要学校内部产生相关材料的不同责任部门协调做好工作。要保证学籍档案文件材料收集的齐全、完整及学籍档案的质量,从学生入校开始,就要做好以下几个方面的工作。

1. 新生入学关

中小学是学生学籍档案的初建学校,学生在读时一般以班级为单位进行管理,毕业后移交到学校档案室保存。学籍档案的收集工作要从学生一进校起就抓好第一关,建议把空白的学生学籍卡、成绩登记表等交由班主任统一填写、保管。这里有几点具体要求:①为了更好地使档案长期保存,书写一律使用碳素墨水钢笔或黑色签字笔,严禁使用圆珠笔和铅笔;②要写规范字,字迹必须清晰、工整、无涂改;③表册上各项填写项目必须全部填满,杜绝缺漏。因为在实际工作中,我们发现学籍档案整理不够规范,存在入学时间、毕业时间编排混乱,档案质量偏低等问题,有的使用圆珠笔、铅笔填写,造成字迹模糊不清,有的随意涂改内容,有的栏目未按要求填写完整,使学籍档案不能准确完整地反映它所要表达的内容,从而降低了它的使用价值。

2. 日常归档关

学籍档案主要产生在学生管理部门和教学部门,要保证学生在校期间相关的档案材料完整归档,很重要的一点就是做好日常工作,对学生学籍的变动、奖励、处分等文件材料应做到随时归档,以免丢失。

3. 毕业离校关

学生临毕业时,由有关职能部门,如校政教处负责召集各毕业班班主任开展整理,将毕业学生档案整理成一式两份:一份以学生个人为单位整理,准备随学生进入升学就读的学校;另一份可以以班级为单位整理,准备学校存档即形成学生学籍档案。

学籍档案的形成有个较长的时间跨度,因此,需要建立必要的工作规范,完善学生档案流转制度。另外,小学、初中学生的个人学籍档案一般是跟随学生进入升学就读学校,高中学生的个人学籍档案会有少数因高考落榜未录取、出国求学等原因滞留在学校,对这些学籍档案也要妥善保存,登记造册,多年后可能会有领取情况。

二、学籍档案的整理

在整理学籍档案时,需要注意区分"级"与"届"的问题。这是个经常被混淆的问题。实际上,"级"是以学生入学的年度来定位的概念。如,1998

级,是指 1998 年入学的学生。而"届"是以学生毕业的年度来划分的。如,2006 届,指 2006 年毕业的学生。学校须选定一种划分标准,或按"级"或按"届",且前后保持同一标准,不能同时采用两种划分标准,否则容易造成编排混乱,检索困难。

学籍档案里的学籍卡、成绩表均可以以班级为"件"进行整理,一个班为一件。学生学籍卡、学籍变动材料、毕业生名册、毕业证书存根以及区(县)级及以上的学生奖惩材料均是永久保存的,一般排列在最前面。

学籍档案的装订编号、编目装盒,也按照《归档文件整理规则》(DA/T 22—2015)的相关要求操作,档号按照《档号编制规则》(DA/T 13—2022)编制,如 X001-ZY·XJ·2023·Y(D30、D10)-0001。

学籍档案的整理应在当年度的学生毕业后即开展,宜在教学年度的每年 10 月前归档。

【示例】

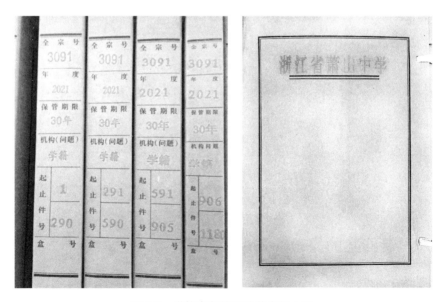

图 4-3　学籍类归档文件装盒与上架

三、电子学籍文件的收集归档

此外，还须重视电子学籍文件的收集归档。浙江省教育厅自 2008 年出台了《浙江省中小学和幼儿园学生电子学籍系统管理办法》以来，全省中小学、幼儿园都建立了学生电子学籍档案。电子学籍是在电子学籍系统中生成、运行，包含学生基本信息、学习业绩、奖励、处分、体格检查、体育健康情况、评语、综合素质评价等学生成长记录信息的电子文件。电子学籍文件须归档保存到学校综合档案室，有条件的学校，如已建立数字档案室的学校，电子学籍档案可以归档进入数字档案室的数据库进行统一管理。

笔者学校对学生电子学籍进行了"档案化"管理，具体有以下措施，供大家参考。

（一）采取前端控制，优化电子学籍系统的设计

我们认为对电子学籍的管理不同于纸质学籍，应采取前端控制。所谓"前端控制"，即必须把一切能够提前进行的档案管理措施尽量提前到文件形成阶段甚至形成之前进行。前端控制主要包括流程控制和元数据控制。一是流程控制，即在系统设计时就要考虑工作流程的设计，在电子学籍形成的各个环节中贯穿档案管理的理念，如文件生命周期理论、痕迹保留技术等，也就是说在电子学籍系统设计时就要把档案管理的功能解决好。然而大多数业务管理系统在设计时没有档案工作者参与，对电子文件的流程管理考虑不周，设计得不够全面，不利于学校保存电子学籍信息。电子学籍管理系统应包含电子学籍的整个生命周期，包括电子学籍形成、归档、管理、利用、永久保存或销毁等全过程，使档案管理流程完全融入电子学籍系统，这是最佳设计方案；并且在系统的设计中，必须包括实时记录功能，随时将需要保留的信息记录下来，由于这种"跟踪记录"具有原始性，它将成为证实电

子学籍真实可靠的有效依据。二是元数据控制,在系统设计时,将档案的元数据设计要求贯穿于各个流程和环节中。电子学籍管理系统应在各个环节设置档号、分类号等元数据,建立规范、标准的元数据著录系统,学校档案部门应在电子学籍形成之前就提前介入,进行元数据的前控著录,通过元数据来帮助记录电子学籍形成时的背景信息和软硬件环境、内容结构及整个管理过程。

(二)档案部门参与对电子学籍的全程管理

对电子学籍进行档案化管理,还要强调全程管理。电子学籍很容易变化,从电子学籍形成到归档,中间要经过很多环节,哪个环节稍有不慎,都可能造成对电子学籍的原始性、真实性的危害,所以要强调"全程管理",即对电子文件运动的全过程从头到尾进行严密监管。这就要求学校档案部门全程参与到电子学籍系统的管理之中。目前,电子学籍系统采取分级分配管理权限的方式,进行信息管理。学校用户的管理权限分为管理员、普通用户和学生用户三种。应增设学校档案员的权限,使其具有系统管理员的权限,与学校教务部门的学籍管理人员、年级组长、班主任和任课教师共同参与电子学籍的全程管理,而不是等电子学籍系统形成、处理电子学籍的程序完毕以后才参与,若档案部门从这个时候才介入电子学籍的管理,势必造成"前端失控"。全程管理应涵盖电子学籍管理的整个生命周期,包括电子学籍形成、归档、管理、利用、永久保存或销毁等全过程。档案部门应全程实时监控系统记录和保存的电子学籍整个生命周期全过程的背景信息以及其形成处理过程中有关的信息,检查管理电子学籍的元数据,从而对电子学籍的真实性、完整性、可靠性进行鉴定,并对其进行确认,决定文件是永久保存还是销毁。

(三)档案化管理的电子学籍的归档

实行"前端控制"和"全程管理",其实就是"档案化",就是确保并且能够证明文件的真实性、完整性、可靠性和长期有效性(可读性、可理解性等),使文件有可能作为证据和作为档案保存。经过"档案化"的电子文件才能够归档，才能进入档案管理程序作为档案管理。在系统没有设计出最佳的电子学籍全过程管理功能，未能实现在系统中完成归档的情况下，我们主张采用以下方式归档。

1.归档进入数字档案室

我区大多数中小学幼儿园已建立起数字档案室，因此，电子学籍应当归档入数字档案室的数据库进行统一管理。具体的操作方法是电子学籍管理系统中应建有归档模块，能将数据归档至中间库，采用 XML 格式，通过移交接收进入学校的数字档案室。目前，电子学籍系统的学生学籍信息采用"到期即锁"的方式进行锁定管理。新入学学生信息中的学生个人信息、简历、监护人、家庭成员、入学情况等信息，从当年 9 月 30 日起即被锁定直至毕业；学生的注册信息分别于每年的 9 月 30 日和 3 月 31 日锁定；学生信息中的在校考试、奖惩和学籍异动等信息以及班级信息，由学校进行日常数据维护，每年的 8 月 1 日"学籍系统"学期升级后，上学年的上述信息即被锁定；毕业年级学生的毕（结）业信息在每年的 7 月 31 日锁定。因此，锁定固化的数据信息可以进行实时归档。

2.备份进入综合档案室

也就是完成物理归档，把电子学籍集中下载备份到可脱机保存的载体上，向综合档案室进行定期批量移交，备份介质可选择磁带或 DVD 光盘备份数据，同时备份应用程序（B/S 或 C/S），这里要强调的是不仅要备份数据，更要备份应用程序。因为仅仅备份数据，数据之间的逻辑关系将无法显示，一旦遇到系统崩溃或更新，数据将无法还原。

第三节　教师业务档案的收集与整理

　　教师业务档案是反映教师教学和专业技术工作情况的原始记录。随着教师管理工作、培训工作、职评工作的加强，教师业务档案已得到学校普遍关注。通过教师业务档案，能从德能勤绩等方面了解教师工作情况，并且教师业务档案因收集了教师的学术论文、专著、科研成果及教案等，具有较高的学术参考价值。在教师流动、职称评定时是可靠的参考材料。

　　教师业务档案一般只有一份，且大多是由教师本人撰写和使用的。

一、教师业务档案与人事档案的区别

　　教师业务档案与人事档案是不同的。人事档案是个人经历和社会实践的记录，主要反映每个人的生平、经历、政治态度、工作表现、职称等情况，是个人思想品德、业务能力及工作情况的反映。教师业务档案是教师在教学和科研工作中形成的，侧重于对个人学识水平、科研成果、业务活动的记录，是用于教师考核、职称评聘、人才选拔依据的专业技术工作材料，是对教师教书育人的工作记录。

二、教师业务档案的收集重点

1. 综合类

主要反映教师的基本情况，包括专业技术人员基本情况登记表，教学工作、业务工作总结、述职报告，学历证书及参加学术团体的材料等。

2. 申报专业技术职务类

主要包括教师专业技术职务评聘、晋升产生的评审材料，包括申报表格及审批文件，教研活动实践与实绩，典型优秀教案，学期的任课及成绩分析、效率考核情况。

3. 成果类

主要收集教师具有代表性的教学、科研成果、学术著作、论文、专利成果，教师在教学、科研方面获区（县）级以上和研奖等成果。

4. 考核材料类

主要是教师的考核材料情况。

5. 奖惩类

主要是教师所受的奖励证书及相关文件材料。

6. 其他类

主要是教师培训、进修情况等材料。

教师业务档案在归档之前，是分散保存在教师个人手里的，极易散失。对这类档案材料收集应做到抓住关键、及时收集、妥善保管、周到服务。

抓住关键，即根据教师业务档案的形成特点，抓住学期结束、年终总结、职称评审、成果鉴定或课题申报等关键时间点，有针对性地将教师在教育教学工作中形成的档案资料收集齐全。

及时收集，是在各项活动开始之前就提出要求，做好相关准备，防止事后寻觅,起到事半功倍的效果。

妥善保管,就是要求档案室科学规范地保存教师上交的业务档案资料,且保证安全,方便使用,这样老师们就会放心、主动地配合档案员做好收集工作。

周到服务,是指提供优质的利用服务。收集与利用是两个互相影响的重要环节,两者相辅相成。教师业务档案的整理成果和有效利用是促进收集归档的最直接动力,促使教师们主动放心地将档案交到档案室。

教师业务档案主要由教务处、办公室(人事部门)在每学期结束,考核工作完毕后收集归档。

三、教师业务档案的整理、编号和编目

教师业务档案可按"卷"整理,以教师个人为单位,一人一卷。每位教师从最初参加工作或转入学校到退休,随时形成,随时归档。教师业务档案的编号可按全宗号—档案门类代码—教师档案号编写,如 X001-RS·YW-001234。其中教师档案号可以按姓氏笔画的顺序或姓氏拼音的首字母的顺序编排,还可以用部门归属排列的管理方法,即按照教师所属部门或教研组进行编号排列。萧山区中小学幼儿园采用的是萧山区教育局统编号,即萧山区教育局给全区在职在编教师统一编了个人事档案号。

卷内文件的排列顺序可按基本情况类、工作业绩类、荣誉类、论文类、评审类等顺序进行排列,并按材料形成的时间先后顺序进行排列。

以新参加工作的教师为例,一般在每年 8 月份入职后,即要求上交相关基本情况材料,如个人简历表,身份证、教师资格证、学历学位证书、岗位培训证明、普通话等级证书、计算机等级证书等的复印件以及所获各类荣誉证书的复印件,随着教学工作的开展,逐年增加教育教学成绩记载卡、年度考核登记表、专业技术聘任书、论文获奖、教科研成果等内容。如果是新调入的教师,须及时将业务档案从原单位调档到本单位,后续增加本单位内容。

教师业务档案案卷标题可以以"姓名＋教师业务档案"命名,案卷内材料可以不装订成卷,以线装散件编号装档案盒为宜,方便复印利用。

教师业务档案要编写卷内目录,放置在文件材料的最上面,卷内文件目录的录入力求规范,特别是文件标题的录入尽可能详细,方便查找。以下是萧山区中小学幼儿园教师业务档案卷内目录的文件标题录入要求。

①身份证复印件:中华人民共和国居民身份证复印件。

②教职工基本情况登记表:标题输入为××学校教职工基本情况登记表。

③学历证书:"学校＋专业＋程度＋毕业/结业情况＋证书＋复印件"几个要素要输入完整。

④其他证书:"级别＋考核内容＋等级＋结果＋证书＋复印件"几个要素要输入完整。

⑤工作考核:××学校 2019—2020 学年中小学教师教育教学工作考核登记表。

⑥年度考核:××学校 2020 年事业单位工作人员年度考核登记表。

⑦荣誉证书:"级别＋(时间或届次)＋荣誉称号＋荣誉载体＋复印件"几个要素要输入完整。如果是"论文"或"教案"等获奖,则前面加"论文(教案)《题目》获"字样。

⑧论文(文章):输入文章的题目。

新入职教师的业务档案卷内文件排列,可按此顺序。需要特别注意的是,由于教师职业生涯是个漫长的过程,其个人业务档案处于不断形成、充实的动态变化中,至少每年都有新材料补充进去,卷内目录要留有一定的空格,以便填写新的内容,当一页填满时,增添一页卷内目录即可。

教师业务类档案的案卷排列,可以按姓氏笔画的顺序或姓氏拼音的首字母的顺序,或者是用部门归属排列,即按照教师所在部门进行排列,笔者所在学校的教师业务类档案是按照教师所在教研组进行排列的,按语文、数学、英语等教研组顺序排列,新入职、新调入的教师在相应教研组内新增。

【示例】

图 4-4 教师业务类档案盒

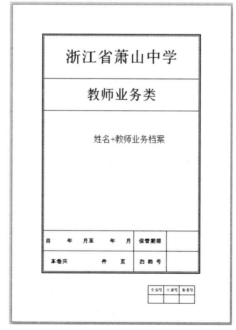

图 4-5 教师业务类档案案卷封面

表 4-2　教师业务类档案案卷卷内目录

档号:174-RS·YW-20095948　　　　　　　　　　　　　　　　姓名:孙××

序号	责任者	文号	文件题名	日期	页数	备注
1	杭州市公安局萧山分局	证号:3301 ** ******	中华人民共和国居民身份证复印件	20080827	1	
2	浙江师范大学		浙江师范大学毕业证书复印件	20080619	1	
3	浙江师范大学		浙江师范大学学士学位证书复印件	20080619	1	
4	金华市教育局		高级中学教师资格证复印件	20080630	1	
5	浙江省语言文字工作委员会	证书号:200001026227	浙江省普通话水平二级甲等证书复印件	20050630	1	
6	浙江师范大学		浙江师范大学 2004—2005、2005—2006 学年优秀学生一等奖学金荣誉证书复印件	20061100	2	
7	浙江师范大学		浙江师范大学 2004—2005 学年三好学生、2005—2006 学年优秀学生干部称号荣誉证书复印件	20061100	2	
8	浙江师范大学		浙江师范大学 2005 年度优秀团干部荣誉证书复印件	20060415	1	
9	浙江省教育厅		浙江省普通高等学校优秀毕业生证书复印件	20080500	1	
10	萧山中学		2009 年度事业单位工作人员年度考核登记表	20100111	1	
11	萧山中学		2010 年度事业单位工作人员年度考核登记表	20110111	1	
12	浙江省心理健康教育制度中心	5711503C-29212	浙江省心理健康教育 C 级资格证书复印件	20151230	1	

第四节 卫生保健、教育科研、出版物、学生社团等档案的收集与整理

除教学管理档案、教师业务档案、学生学籍档案外,与学校教学类相关的文件材料还有很多种,这里列举常见的几种类别,可以单独设类,也可以归档在教学管理类。

一、卫生保健类档案

卫生保健类文件材料主要包括:卫生保健工作计划、总结,保健季报、年报表,食谱登记本、健康体检表、视力定期检查表、卫生消毒记录表、健康宣传手册等。如萧山区内的幼儿园因此类材料较多,就单独设立了一个门类为卫生保健类,规定归档范围与保管期限如下:

幼儿园保健工作计划、总结	30 年
保健季报表	30 年
教职工健康记录	30 年
健康检查报表	30 年
保健工作年报表	30 年
意外伤害监测报表	30 年
凭证入学入托工作检查表	30 年
期初各班级体格检查情况	10 年

期末各班级体格检查情况	10 年
新生入园健康档案	10 年
各班级健康档案	10 年
传染病记录	10 年
出勤率、发病率统计	10 年
膳管会会议记录	10 年
营养分析	10 年
保健工作培训	10 年
预防接种登记	10 年

此类档案多为纸质文件，可按件整理，具体参照《归档文件整理规则》（DA/T 22—2015）执行。档号编制如 X001-ZY·BJ·2023·Y-001。小学、初中、高中学校可以归入教学管理类或行政管理类。

二、教育科研类档案

教育科研类文件材料主要有教育教学课题、项目的申报、立项、结题等相关材料。科研项目档案本属于科技类档案，但中小学幼儿园的科研项目大都为教育科研和教学研究的课题和立项，不涉及实验记录、实验报告、材料成分配方及设计图纸、图片等科研材料，且多为文书类材料，没有设计、建设等产生的设备、图纸类材料，因此中小学幼儿园一般将其归在教学管理类中，按文书档案规范整理。

教育科研类档案的收集重点如下。

(一)准备阶段

重点是申报材料的收集归档。课题或项目一经获批立项，课题组或项目负责人就要收集申报材料，包括项目的规划与准备材料，开题报告与课题调研论证材料,任务书、合同或协议,等等,确定相关人员负责档案资料的收集和归档工作。

(二)研究阶段

要对过程性材料加以保存。主要包括课题研究的各种原始记录、相关基础数据、调查材料、论证材料等。

(三)结题阶段

主要把总结鉴定的技术报告、使用证明、验收报告、鉴定记录、论文专著等收集齐全。

教育科研类档案一般按课题来分类。可以按学科—课题分类,文件材料可按件整理,用盒装。

三、出版物类档案

出版物类文件材料主要有校报、校刊、学科建设规划、校本课程教材、校本作业汇编、学校宣传手册、学生服务指南、学生社团社刊、社报等。数量多的学校可以单独设类,一般可归入教学管理类或行政管理类。出版物一般都是成本、成册、成套的,因此可按出版的时间顺序,装盒保存。

四、学生社团类档案

近年来,浙江省普通高中进行课程改革,增加了不少选修课程,其中社会实践类选修课程(包含学生社团活动)大幅增加。学生社团类档案是学生社团活动的记录,主要包括社团批准书、章程、会员名单、社团活动记录、社团刊物及活动的照片、视频、荣誉成果等。笔者所在高中有近 40 个学生社团,每一个社团都有相应的管理体系和规则,有固定的活动时间和场所开展社团活动,涉及文娱类、体育类、实践类等三大类。学生社团档案对于丰富学校档案室藏,建设校园特色文化具有积极的作用。同时,学生社团类档案也是学生档案的组成部分。在普通高中,学生综合素质评价信息表中有学分记录,修习情况记入学生成长记录,将随高中学生档案进入高校。在注重学生实践能力的今天,这些资料是高校选拔人才不可缺少的依据。

但学生社团档案大多在学生手中,学校档案部门应创新管理模式,不能被动等待学生来上交资料归档,而应建立起一种主动的跟踪归档机制,建立归档预案,注重时效性,才能及时地从学生手中获取社团活动的第一手资料。例如萧山中学红帆文学社是全国示范文学社团,是学生社团里的获奖大户,每年文学社获得的奖状、奖牌无数。档案员与几任社团指导教师都保持了良好的联系,建立起了该社团的档案跟踪归档制度,一有新刊出版或比赛获奖,档案员就主动联系社长或指导教师,积极向他们索要资料归档,因此档案室不仅保存了红帆历年出版的社刊,还专门制作了红帆历年荣誉数据库和获奖照片库。当学校制作社团专题宣传窗时,由于档案室及时提供了该社团的详细资料和照片,红帆文学社的展板受到了师生们的一致好评,极好地宣传了该社团。这样的展出也引起了其他社团的重视,促使他们更主动地向档案室归档社团活动资料。

学生社团类档案可归入教学管理类,或根据所属学校团组织、学生会组织管理而归入党群工作类,按件整理,具体参照《归档文件整理规则》(DA/T 22—2015)执行。

第五章　科技类档案的收集与整理

科技档案是指在自然科学研究、生产技术、基本建设等活动中直接形成的有保存价值的各种文字、图纸、图表、计算材料、照片、声像等不同形式的科技文件和历史记录。归档保存的科技文件,简称科技档案。

科技档案包括基本建设档案、设备仪器档案、科学技术研究档案、产品档案等,本章主要介绍中小学都需要保存的基建档案和设备档案。

第一节　基建档案的收集与整理

　　基本建设档案简称基建档案,是在各种建筑物、构筑物、地上地下管线等基本建设工程的规划、设计、施工和改建、维修活动中形成的科技档案。它包含在学校范围内进行勘察、规划、建设(新建、扩建、改建以及大、中型维修)和管理等活动中形成的具有保存价值的文字、图表、照片及报表决算等各种载体的文件材料。基建档案是学校基建工作的真实记录和历史凭证,是扩建、改建、使用、维修、抗震加固的重要依据,是学校档案的重要组成部分。基建档案必须实行集中统一管理,保证学校基建档案的完整、准确、系统、安全和有效利用。

　　对于学校档案人员来说,基建档案的整理难度更大,就是说会整理文书档案的档案员,不一定会整理基建档案。为什么这么说?首先,档案人员如果不了解项目整体的建设过程,不知道工程建设的程序、阶段步骤和时间节点,是很难开展收集和整理工作的,因此,档案人员应经常到相关建设部门深入了解基建项目的建设进度和文件材料积累情况,学校基建项目竣工验收时也必须有档案人员参加。档案人员只有全程参与了解项目立项报批、可行性研究、选址勘察、征地、招投标、开竣工等建设过程,才能更好地开展基建档案的收集与整理工作。其次,基建档案有各种载体,不同于文书档案以纸质材料为主,它有图纸、照片、光盘等各种载体的材料,档案人员必须掌握各种不同载体材料的整理方法。如工程蓝图与一般纸质材料不同,防光要求特别高,且有专业折叠方法,一般采用手风琴式折法,蓝图面向内折。不同大小的图纸,既要能放入 A4 档案盒,又要露出竣工章等图签,还要保护蓝图面把件号编在图纸反面,这就需要档案人员经过专业培训,掌握整理技巧。

一、基建档案的收集重点

(一)可研阶段

主要有项目建设书及报批文件,项目选址意见书及其报批文件,可行性研究报告及其评估、报批文件,设计任务书、计划任务书及其报批文件等。

(二)勘察设计阶段

主要有工程地质、水文地质勘查报告,总体规划设计,方案设计,初步设计及其报批文件,施工图设计文件等。

(三)施工准备阶段

主要有征地、移民文件,施工执照,招标投标,承发包合同协议,专项申请、批复文件等。

(四)施工阶段

主要有开工报告、工程技术要求,图纸会审纪要,施工组织设计,方案及报批文件,施工计划,施工技术及安全措施,施工工艺文件,原材料及构件出厂证明,质量鉴定,复验单,建筑材料试验报告,设计变更文件,各种施工记录,隐蔽工程验收记录,工程质量检查、评定,技术总结,施工预、决算,交工验收记录证明,竣工报告、竣工图等。

施工监理文件:质量控制、资金控制、进度控制文件,协调业主与施工单位形成的文件等。

（五）竣工验收阶段

主要有项目竣工验收报告、工程设计总结、工程施工总结、工程监理总结、项目质量评审文件、工程审计文件、专项验收审批文件、竣工验收文件等。

因为工程建设的周期往往较长，学校档案部门必须加强建设过程管理。从工程建设项目一开始，就要向各工程建设单位提出建立档案管理责任的要求。学校档案部门要注意跟踪项目的进展情况，对档案资料的收集、整理进行指导、监督和检查，以保证建设项目的档案收集归档工作切实落实。

二、基建档案的组卷编目

根据《建设项目档案管理规范》（DA/T 28—2018）的规定，基建档案是按"卷"整理的。一般是按工程建设项目来组卷，如中小学可以按教学楼、行政楼、科技楼、实验楼等各个楼宇项目来分类组卷。组卷要遵循项目文件的形成规律和成套性特点，保持卷内文件的有机联系；分类科学，组卷合理。项目施工文件按单项工程、单位工程组卷；项目竣工图按建筑、结构、水电、暖通、电梯、消防、环保等顺序组卷；设备文件按专业、组件等组卷；管理性文件按问题、时间或项目依据性、基础性、竣工验收文件组卷；监理文件按文种组卷；原材料试验按单项工程、单位工程组卷。案卷及卷内文件不重份；同一卷内有不同保管期限的文件，该卷保管期限从长。

（一）案卷与卷内文件的排列

1. 管理性文件

按问题、时间或重要程度排列。

2. 施工文件

按管理、依据、建筑、安装、检测实验记录、评定、验收排列。

3.设备文件

按依据性、开箱验收、随机图样、安装调试和运行维修等顺序排列。

4.竣工图

按专业、图号排列。

5.一般排序规律

卷内文件一般文字在前,图样在后;译文在前,原文在后;正件在前,附件在后;印件在前,定(草)稿在后。

(二)案卷编目

1.页号编写要求

第一,卷内文件有书写内容的页面均应编写页号。

第二,成套图样或印刷成册文件,不必重新编写页号。

第三,各卷之间不连续编页号。

2.页号编写位置

单面书写文件的页号编写在右下角;双面书写文件的页号,正面编写在右下角,背面编写在左下角。图样的页号编写在右下角,或标题栏外右上方。

表 5-1　科技类档案卷内目录式样

卷内目录

序号	文件编号	责任者	文件题名	日期	页数	备注

①序号:应用阿拉伯数字从 1 起依次标注卷内文件的顺序,一个文件一个号;

②文件编号:应填写文件文号或图样的图号,或设备、项目代号;

③责任者:应填写文件形成部门或主要责任者;

④文件题名:应填写文件标题全称;不能反映内容的标题,要重新拟写,指出内容、部位、结构,便于查找,自拟标题加[ ];

⑤日期:应填写文件形成日期;没有日期要考证,考证日期加[ ];

⑥页数:应填写每份文件总页数;

⑦备注:需要时填写。

表 5-2　科技类档案案卷目录式样

案卷目录

序号	档号	案卷题名	总页数	保管期限	备注

（三）案卷装订

案卷可采用装订和不装订两种形式。文字材料可采用整卷装订与单份文件装订两种形式;图纸可不装订,不同幅面的图纸要折叠为统一幅面,一般采用国际标准 A4 型。图纸折叠时标题栏露在右下角。

单份文件装订时,应在卷内每份文件首页右上方加盖、填写档号章。档号章内容有:档号、序号。[档号=分类号+案卷号]

不装订的图纸,也要加盖档号章。

此外,案卷内不允许有金属物。

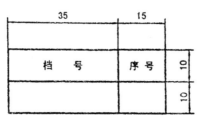

图 5-1　档号章式样

（四）案卷封面和脊背的编制

案卷封面可采用案卷外封面和案卷内封面两种形式，主要内容如下：

①案卷题名：应简明、准确揭示卷内文件的内容。主要包括项目名称、代字、代号及结构、部件、阶段的代号和名称等；项目名称应与批准的原立项设计（包括代号）相符；归档外文资料的题名及主要内容应译成中文；

②立卷单位：应填写文件组卷部门或项目负责部门；

③起止日期：应填写卷内文件形成的起止日期；

④保管期限：应依据有关规定填写组卷时划定的保管期限；

⑤密级：应依据保密规定填写卷内文件的最高密级；

⑥档号：应填写全宗号、分类号（项目代号或目录号）、案卷号。如，X001-KJ·JJ·02-005-001，其中，X001 为全宗号；KJ·JJ 为档案门类代码·二级类别号（基建档案），02 为项目号，005 为案卷号，001 为页号。

⑦案卷脊背：应填写保管期限、档号和案卷题名或关键词。

附录 A

（标准的附录）

案卷格式及档号章图示

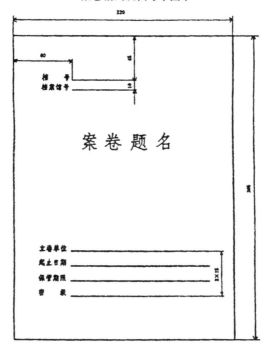

单位统一为 mm

比例　1:2

图 5-2　案卷封面式样

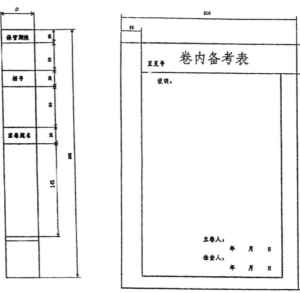

d = 10、20、30、40、50、60
单位统一为 mm
比例 1:2

图 5-3 案卷脊背式样

单位统一为 mm
比例 1:2

图 5-4 卷内备考表式样

卷内备考表要标明卷内文件的件数、页数和不同载体文件的数量(见示例),说明组卷情况,如立卷人、检查人、立卷时间等。

示例:文字材料 20 件,100 页,照片 10 张,附图 1 张。

卷内备考表排列在卷内文件之后。

互见号应填写反映同一内容而形式不同且另行保管的档案保管单位的档号,并注明其载体形式。

【示例】

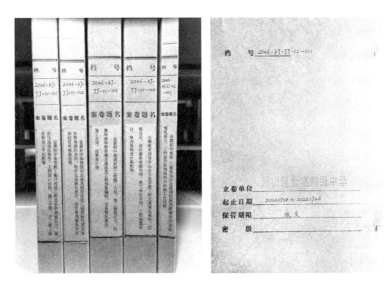

图 5-5　基建类案卷脊背与封面示例

三、基建项目材料的归档

建设单位各机构、各施工承包单位、监理单位应在建设项目完成后，将经整理、编目后所形成的项目文件按合同协议规定的要求，向建设单位档案管理机构归档。

根据基本建设程序和项目特点，归档可按阶段分期进行，也可在单项工程或单位工程完成并通过竣工验收后与竣工验收文件一并归档。

四、基建档案的移交

基建项目档案验收合格后，建设单位应按合同及规定的要求，在项目正式通过竣工验收后三个月内，向生产使用单位及其他有关单位办理档案移交,凡分期或分机组的项目,应在每期或每机组正式通过竣工验收后办理档案移交。

建设单位与业主单位、生产使用单位及其他有关单位应办理项目档案移交手续,明确档案移交的内容、案卷数、图纸张数等,并有完备的清点、签字等交接手续。

竣工验收以后,在大中城市规划区范围内的重要建设项目的建设单位应在6个月内向城市建设档案接收单位报送与城市规划、建设及其管理有关的项目档案。

五、基建项目电子文件的归档

当前,还须重视基建项目电子文件的归档,如电子图纸等。建设单位应当根据纸质文件归档范围,结合项目实际情况,确定项目电子文件范围。项目电子文件形成部门负责电子文件的归档工作;档案管理机构负责项目电子文件归档的指导、协调和电子档案接收、保管、利用等工作。

项目电子文件归档一般采用物理归档。电子项目文件归档时采取在线归档或离线归档的方式向档案管理机构移交经过整理的项目电子文件,并在内容、格式、相关说明及描述上与纸质项目档案保持一致,且二者应建立关联。

项目电子文件应当采用符合国家标准或能够转换成符合国家标准的文件格式,以便信息共享和长期保存。项目电子文件归档保存的文件格式应符合国家规定的电子档案长期保存的格式要求。

项目电子文件完成整理后,由形成部门负责对文件信息包进行鉴定和检测,包括内容是否齐全完整、格式是否符合要求、与纸质或其他载体文件内容的一致性等。

项目电子文件信息包经过形成部门鉴定和检测后,由相关责任人确认归档,赋予归档标识。归档标识中应当含有归档责任人、归档时间、文件信息包名称等信息。

采取离线方式归档时,应将带有归档标识的电子文件拷贝至耐久性好的存储介质上,存储介质应设置成禁止写入的状态。存储介质的选择依次为光盘、磁带、硬磁盘等。

存储电子档案的介质或装具上应贴有标签,标签上应注明载体序号、类别号、案卷起止号、密级、保管期限、存入日期等。存储介质为光盘的,归档标签应符合《电子文件归档光盘技术要求和应用规范》(DA/T 38—2008)的规定。

项目电子文件归档时应由档案管理机构进行检验,并填写《电子文件归档登记表》(参见 GB/T 18894—2016),检验合格后,办理交接手续。

图像电子文件、视频电子文件应主题突出、曝光准确、影像清晰。图像电子文件分辨率应达到 300 dpi 以上,视频电子文件宜采用 200 万以上像素拍摄。

对反映同一内容的数码照片应选择有代表性的输出纸质照片。所选数码照片应主题鲜明、影像清晰、完整。

第二节　设备档案的收集与整理

设备档案一般包括设备前期与后期两部分。前期档案包括设备订购、随机供给和安装验收的材料;后期档案包括使用后各种管理与修理的材料。设备档案是设备正常运行及维护保养的支持保障。中小学幼儿园一般有各种电教设备以及汽车、电梯、锅炉、钢琴等各种设备。设备档案同样需要档案人员对设施设备的采购、招投标、管理维修等流程有一定的了解。

一、设备档案的收集重点

(一)订货阶段

主要包括调研考察报告、申购报告、论证报告、上级或主管领导批复和准购指示、招标投标文件、定购合同、进口设备过程中有关的谈判记录、技术商务文件等。

(二)开箱验收阶段

主要有设备开箱记录及装箱单、验收报告及文件材料、索赔来往函件及结果文件、设备说明书及全套随机文件材料等。

(三)安装调试阶段

主要包括安装、调试记录和双方签字移交文件、保修单等。

（四）使用维护阶段

主要有使用、检修、故障事故记录（设备履历书），重大事故的调查分析及处理意见，技术改造和开发过程中形成的技术文件材料等。

二、设备档案的组卷编目

设备档案按"卷"整理，一般一个设备一卷，材料多的设备可以分多卷。设备档案的组卷编目规范和基建档案一样，文字材料可采用单份文件装订，每份文件首页右上方加盖、填写档号章；有些设备的商标、合格证不够大，可粘在 A4 纸上，留出装订线，不要复印；图纸、表册可不装订。

设备卷内文件按订购材料、开箱验收、随机图样、安装调试和运行维修等顺序排列。

设备档案的档号编制、卷内目录、卷内备考表规格和填写与基建档案相同，设备档案的排列一般以设备购备的时间先后排列。设备档号编制应为全宗号—档案门类代码·二级类别号·设备项目—案卷号，如 X001-KJ·SB·01-001。

【示例】

图 5-6 设备类案卷脊背与封面示例

第六章　会计档案的收集与整理

第一节　会计档案的收集与整理

会计档案是指会计凭证、会计账簿和财务报告等会计核算专业资料，是记录和反映学校经济业务发生情况的重要史料和证据，属于学校的重要经济档案，是检查学校过去经济活动的重要依据。

一、会计档案的特点

与文书档案、科技档案相比，会计档案有它自身的特点，主要表现在以下三个方面。

（一）形成范围广泛

凡是具备独立会计核算的单位，都要形成会计档案。这些单位有国家机关、社会团体、企业、事业单位以及按规定应当建账的个体工商户和其他组织，一方面会计档案在社会的各领域无处不有，形成普遍；另一方面，会计档案的实体数量相对其他门类的档案数量更多一些。学校档案库房一般要预留出相当面积的组柜用于存放逐年增加的会计档案。

（二）档案类别稳定

社会上会计工作的种类繁多，如工业会计、商业会计、银行会计、税收会计、总预算会计、单位预算会计等，但是会计核算的方法、工作程序以及所形成的会计核算材料的成分是一致的，即会计凭证、会计账簿、财务报告等。

会计档案内容成分的稳定和共性,是其他门类档案无可比拟的,它便于整理分类,有利于管理制度的制定和实际操作的规范、统一。

(三)外在形式多样

会计专业的性质决定了会计档案形式的多样化。会计的账簿,有订本式账、活页式账、卡片式账之分。财务报告由于有文字、表格、数据而出现了16开或8开的纸张规格以及计算机打印报表等。会计凭证在不同行业,外形更是大小各异,长短参差不齐。会计档案的这个外形多样的特点,要求在会计档案的整理和保管方面,不能照搬照抄管理其他门类档案的方法,而是要从实际出发,防止"一刀切"。

二、会计档案的内容

会计档案的内容一般指会计凭证、会计账簿、会计报表以及其他会计核算资料等四个部分。

(一)会计凭证

会计凭证是记录经济业务,明确经济责任的书面证明。它包括自制原始凭证、外来原始凭证、原始凭证汇总表、记账凭证(收款凭证、付款凭证、转账凭证三种)、记账凭证汇总表、银行存款(借款)对账单、银行存款余额调节表等内容。

(二)会计账簿

会计账簿是由一定格式、相互联结的账页组成,以会计凭证为依据,全面、连续、系统地记录各项经济业务的簿籍。它包括按会计科目设置的总分类账、各类明细分类账、现金日记账、银行存款日记账以及辅助登记备查簿等。

（三）会计报表

会计报表是反映企业会计财务状况和经营成果的总结性书面文件，有主要财务指标快报，月、季度会计报表，年度会计报表，包括资产负债表、损益表、财务情况说明书等。

（四）其他会计核算资料

其他会计核算资料是属于经济业务范畴，与会计核算、会计监督紧密相关的，由会计部门负责办理的有关数据资料。如：经济合同、财务数据统计资料、财务清查汇总资料、核定资金定额的数据资料、会计档案移交清册、会计档案保管清册、会计档案销毁清册等。实行会计电算化单位存贮在磁性介质上的会计数据、程序文件及其他会计核算资料均应视同会计档案一并管理。

三、会计档案的分类、编号与编目

萧山区中小学会计档案一般分为行政会计档案、食堂会计档案和工会会计档案三种。会计档案的档号可按全宗号—档案门类代码·年度—案卷号来编制，如：X001-KU·2023-001。如果分小类，可以按 KU·1（行政会计）、KU·2（食堂会计）、KU·3（工会会计）等表示。

会计案卷和凭证的封面右上角需要加盖档号章，如图 6-1：

全宗号	分类号	案卷号

图 6-1　档号章式样图

排列时按分类号和案卷号顺序排列。会计档案需编制案卷目录和卷内目录，样式如表 6-1、表 6-2：

表 6-1　会计档案案卷目录式样

案卷号	类别	题名	起止时间	保管期限	卷内张数	备注

表 6-2　会计档案卷内目录式样

顺序号	责任者	文号	题名	日期	页号	备注

四、会计档案的装订保管

（一）会计档案的整理立卷

会计年度终了后，由学校会计人员对会计资料进行整理立卷，综合档案室档案员一般不参与整理，只负责到期接收会计档案。

（二）会计档案的装订

会计档案的装订主要包括会计凭证、会计账簿、会计报表及其他文字资料的装订。一般采用"三针引线法"装订，使用线装。

（三）会计档案的保管

《会计档案管理办法》规定，当年会计档案，在会计年度终了后，可暂由本校财务会计部门保管一年，期满之后应由财务会计部门编制清册移交本校的档案室保管。

（四）会计档案的保管期限

会计档案的保管期限分为永久、定期两类。定期保管期限一般分为 10 年和 30 年。

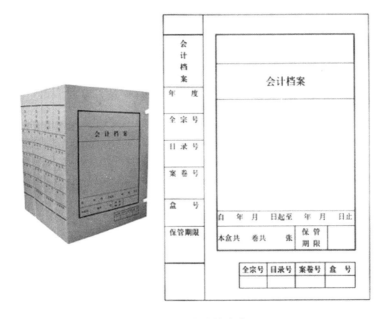

图 6-2　会计档案盒

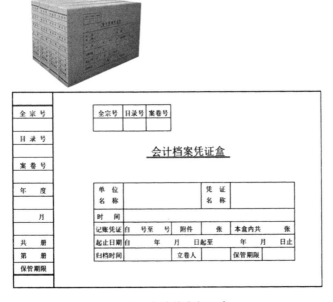

图 6-3　会计档案凭证盒

第二节　会计档案的移交与销毁

一、会计档案的移交

　　根据《会计档案管理办法》规定，当年度的会计档案，应在次年由财务会计部门编制清册移交本校的档案室保管。移交时应填写交接文据，同时移交纸质和电子的会计案卷目录。

表 6-3　档案交接文据

移出单位名称					接收单位名称		
交接性质				档案所属年度	年　月至　年　月		
档案类别	数量（件、米）				检索参考	工具种类	数量
	永久	30年（长期）	10年（短期）	长度			
					归档文件目录电子目录		
合　计							

续　表

移出 说明	
接收 意见	

移出单位（印章）	接收单位（印章）
领导人： 经办人： 移出日期　　　年　　月　　日	领导人： 经办人： 接收日期　　　年　　月　　日

说明：此表所依据的《档案交接文据格式》(GB/T 13968—1992)目前已经废止,但没有替代标准,实践中表格仍可以沿用此格式。

二、会计档案的销毁规定

①由学校档案机构会同会计机构提出销毁意见,编制会计档案销毁清册,列明销毁会计档案的名称、卷号、册数、起止年度和档案编号、应保管期限、已保管期限、销毁时间等内容。

②学校负责人在会计档案销毁清册上签署意见。

③销毁会计档案时,应当由档案机构和会计机构共同派人监销。

④监销人在销毁会计档案前,应当按照会计档案销毁清册所列内容清点核对所要销毁的会计档案;销毁后,应当在会计档案销毁清册上签名盖章,并将监销情况报告给学校负责人。

表 6-4　会计档案销毁审批表

申请部门		拟销毁时间	
档案种类		档案起止年度	卷/件
档案数量		/卷 /件 /册	

销毁原因：

销毁方式：

档案部门负责人意见：

年　　月　　日

会计部门负责人意见：

年　　月　　日

档案部门分管领导意见：

年　　月　　日

会计部门分管领导意见：

年　　月　　日

部门主要负责人意见：

年　　月　　日

附件：1.档案销毁清册
　　　2.档案鉴定小组鉴定结论

档　案　销　毁　清　册

单位名称（签章）：＿＿＿＿＿＿＿＿＿

单　位　性　质：＿＿＿＿＿＿＿＿＿

单　位　代　码：＿＿＿＿＿＿＿＿＿

编　制　时　间：＿＿＿＿＿＿＿＿＿

图 6-4　档案销毁清册封面

档案销毁清册

序号	档号	案卷题名或文件题名	所属年度	页数	应保管期限	已保管期限	销毁原因	备注

监销人签字：　　　　　　　　　　　　　年　　　月　　　日

图 6-5　档案销毁清册内页

第七章　特种载体类档案的收集与管理

特种载体档案即非纸质载体的档案,主要有磁带档案、磁盘档案、胶片档案、照片档案、光盘档案、实物档案等。

磁带档案:主要有录音磁带、录像磁带等。

磁盘档案:主要有软磁盘和硬磁盘两类。

胶片档案:胶片档案是利用胶片上的感光材料,把文字、图像等通过光波形式记录在胶片上。

照片档案:主要分为传统照片档案和数码照片档案。

光盘档案:光盘(CD、VCD、DVD)是一种光学存储器,通过激光束在光盘记录介质上形成的长短不同的熔坑来记录信息。

实物档案:主要有证书、锦旗、奖章、奖状、奖牌、奖杯、印章等。

磁带、磁盘、胶片和传统照片档案目前已基本被光盘档案和数码照片档案所取代。因此,本章着重介绍数码照片、实物和光盘档案的收集与整理。

第一节　学校照片档案的收集与整理

照片档案分为传统照片档案和数码照片档案。

传统照片是指学校在教育教学活动中直接形成的以感光材料为载体，以静止摄影为主要反映形式的有保存价值的历史记录。传统照片档案主要由底片、照片及文字说明构成。

数码照片，又称电子照片，是指用扫描仪、数码相机等设备获得的，以数码形式存储于磁盘、光盘等载体，依赖计算机系统阅读、处理，并可在通信网络上传送的静态图像文件。因为数码摄影具有方便、灵活、适用、经济等优势，目前已基本取代传统的胶片照片。

信息时代，数码照片大量形成，传统胶片和纸质照片大多也以数字化的方式形成了电子照片，因此学习数码照片档案管理方法非常必要。整理规范参照《数码照片归档与管理规范》（DA/T 50—2014）执行。

一、数码照片的收集重点

（一）学校各项重大活动、工作成果的照片

主要有领导人和著名人物参加的与本校有关的重大公务活动的照片、本校组织或参加的重要活动的照片，反映本校重点工程项目、重点科研项目的照片，记录本校重大事件、重大事故、重大自然灾害及其他异常情况和现象的照片，记录本校地理概貌、校园风光的照片等。

(二)记录本校人物活动和荣誉的照片

主要有本校劳动模范、先进人物及其典型活动的照片,本校历届领导班子成员的照片,本校全体教职工的照片,本校和个人荣获的荣誉性奖状、奖牌、锦旗的照片等。

(三)每届毕业生照片

包括整个年级和各个班级的毕业生合照。

相对于传统照片,数码照片收集归档难度更大。为了防止丢失和失真,除了增强档案意识、思想上重视外,及时整理归档显得十分重要。应该在学校档案管理办法的指导下,通过建立和完善数码照片的归档制度,将各部门产生的甚至保存在个人计算机上的数码照片有效地收集归档。要明确由产生数码照片的部门或相关兼职档案员在完成拍摄任务后,及时对数码照片进行规范整理的责任。必要时,学校档案部门应对有关人员进行培训和指导。除特别要求或特殊情况外,应实现学校档案室不再重复对归档的数码照片进行整理的目标。

数码照片的收集归档应将随时收集、阶段性工作结束收集、年底集中收集等方式相结合为宜。最迟在第二年 6 月底前完成归档。

二、数码照片的整理归档

(一)鉴定筛选

由于数码照片一般数量很多,收集归档时首先应进行鉴定筛选。鉴定筛选的目的是从大量数码照片中,剔除没有归档价值的或拍摄效果不佳、角度较差、影像重复的片子,选取具有代表性、能全面反映事件全貌、拍摄质量好的照片归档。对反映同一内容的若干张或一组照片一般应筛选出主要照片归档,反映同一场景的数码照片一般只收集一张归档。凡归档的数码照片档案的保管期限一般划定为永久和定期,其中定期分为 30 年和 10 年。

(二)档号命名

整理过程中,应对拍摄的原数码照片文件重新命名,以方便查找。照片档号可按全宗号—档案门类代码·年度·保管期限代码—卷(册、组)号—件号编制,如 X001-ZP·2023·D30-025-005(X001 为全宗号,ZP 为档案门类代码,2023 为年度,D30 为保管期限代码,025 为组号,005 为件号)。数码照片文件可采用"档号.扩展名"格式命名。如,2023 年某学校拍摄的一组××工作会议的数码照片为本年度第一组照片,保管期限为"永久",存储格式为 JPG,则该组第一张照片的文件名应为:X001-ZP·2023·Y-001-001.jpg。

(三)刻录光盘

由于数码照片容易被更改,归档保存时应通过计算机转移刻录到只读光盘上进行脱机保存,以保证数码照片档案信息的真实性。为保证质量,在制作光盘时要注意以下几点:

1.按有关技术要求操作

在刻录时选择"一次性写入"方式。

2.建子目录

每张光盘的根目录下应有说明文件、著录文件和数码照片子目录。同一年度的数码照片应刻录至一张光盘或多张光盘中,不同年度的数码照片一般不建议存储在同一张光盘。

3.多套保存

刻录的数码照片光盘最好一式三套,一套供日常查阅使用,另两套异地分别保存。还要注意每满 4 年对数码照片的光盘要转存维护一次,以确保光盘信息的安全。

（四）编写说明

就图片反映的内容和主题编写简要的文字说明，概括注出拍摄时间、地点、主要人物等基本信息。

（五）填写档号

将刻制好的光盘装入光盘册。附上档号、保管期限、硬件和软件环境、文字处理平台等文字说明，并填写封面内容。说明的内容与对应的纸质数码照片档案内容一致。

三、数码照片档案的保管

与纸质档案不同，数码照片刻录成光盘后，其存储需按照有关技术要求进行。其基本的操作保管要求如下。

（一）存放

光盘刻录好后用封套装好，再放入专用的光盘档案册（盒）入库。在存放时应注意使光盘保持竖立，以避免因堆挤、叠压造成盘片变形损坏。

（二）保洁

划痕或细小的灰尘都会损害光盘或影响到读盘的效果。因此，在拿取光盘时除了不要直接触摸光盘的反射面外，最好戴上无纺棉质手套。当发现光盘上有污渍时，不能用手直接去擦拭，正确的方法是用照相机镜头纸"从中心向边缘轻轻擦拭"或者"用水或中性清洁剂如酒精沿着磁轨的中心循环向外清洗"。

（三）定期进行检查

要建立定期检查制度。按照管理技术要求,光盘一般每满 4 年需要转存一次。每次转存时,还要对计算机设备和相应的软件同时进行检查,发现问题及时采取复制和迁移措施。

（四）注意防磁

光盘档案的存放环境要远离强磁场,有条件的学校最好使用防磁的装具存放光盘,并按库房管理要求控制好温湿度,环境温度应控制在 17～20℃,相对湿度应控制在 35%～45%。

四、纸质数码照片的整理

对使用频率高的或重要的数码照片,可冲洗出一套纸质照片同时归档。纸质的数码照片整理方法与普通照片相同,整理规范按国家标准《照片档案管理规范》(GB/T 11821—2002)执行。

萧山区中小学的纸质数码照片采用以"卷"为单位的整理方法,是将一组照片作为一个单位组卷,一般一次会议、一项活动、一个单位工程、反映同一问题或事由等形成的若干张数码照片(一般为一篇新闻报道所拍摄的照片)为一组,一组为一卷。每卷照片经鉴定选择 3～6 张清晰度高、场景典型并具有代表性的照片归档。每卷由案卷封面、目录、总说明、分说明、照片、备考表组成,按分类、保管期限和时间顺序排列放入照片册。具体说明如下。

①案卷标题:每组照片的名称,比如每个活动的题名。

②档号:用"全宗号—档案门类代码·年度·保管期限—卷(册)号—组号—件号"。目前,萧山区规模较大的普、职高将照片档案再分成 3 个二级小

类,分别是活动照片(1)、毕业照片(2)和荣誉照片(3),档号如:1008-ZP·1·2023·Y-01-001。初中、小学、幼儿园不建议再分小类,可每年将毕业照和荣誉照各组一卷排在前面,后接活动照若干卷。

③总说明:简洁明了地概括该组照片的全部信息,包括时间、事由、地点、人物、背景等,一般在200字以内。

④分说明:指每张照片的说明,20~30字为宜。

⑤备考表:填写卷内备考表。

五、纸质数码照片的保存

由数码照片冲洗出的纸质照片与普通照片一样,放置于专门的照片档案册中,照片册一般由297mm×210mm大小的若干芯页和封面、封底组成。芯页有活页式和定页式两种。按照分类、排列顺序即照片号顺序将照片固定在芯页上,组成照片册。

对于照片册放置不下的大幅照片,可将其放入专用的档案袋或档案盒,按照片号顺序排列。一般以竖直放置为宜。巨大幅的毕业生大合照也可悬挂在校史展览馆或档案陈列室。

对大幅照片的说明可另纸书写,与照片一同保存。一组联系密切的照片中的大幅照片,应随该组照片一同在册内编号,填写单张照片说明,并注明其存放地址。

【示例】

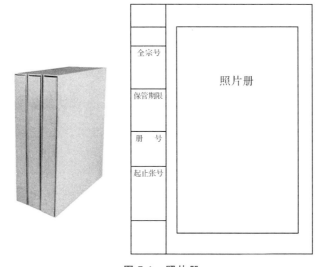

图 7-1　照 片 册

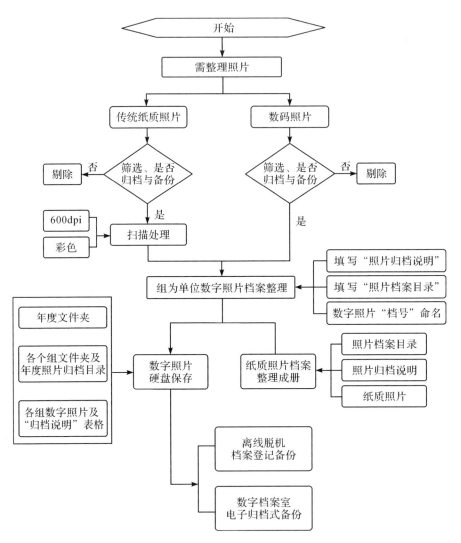

图 7-2 照片档案的归档和登记备份流程

第二节　学校实物档案的收集与整理

能代表学校发展历史，或在教育教学活动中形成的具有长远保存利用价值的实物均属学校实物档案归档范围。

一、实物档案的收集重点

（一）荣誉类

包括本校各项工作受到奖励、表彰，师生参加各级各类竞赛，以及优秀师生受表彰等的荣誉证书、奖状、奖杯、奖牌、锦旗等；通过评估、科研等活动代表和体现学校办学水平和能力的见证物，如基地校、实验校、合作校挂牌等牌匾。

（二）纪念品（礼品类）

本校举办或承办重大活动形成的有纪念意义的凭证性实物，标志性物品、纪念牌（杯）、题词、赛会旗帜等；学校在公务活动、校际交流中接受的各种礼品和赠品；校友捐赠的字画作品、雕塑、花瓶等。

（三）印信类

已停止使用的印章、校徽（标）。

二、实物档案的整理

随着学校的发展和时代的变迁，学校实物档案和藏品逐年增多，须对数量越来越多的实物档案、藏品进行妥善的整理，有利于管理和提供利用。

由于各校的情况不一，这些实物档案和藏品，有的学校是放在校长办公室保管，有的是放在校史展览馆里保管。但校史展览馆只能是有选择地部分接收，而且这些实物不论归属到校内的哪个部门，都存在保管和有效利用的问题，因此，将其归属到学校的档案部门管理是理想的选择。

由于实物档案载体不同，形状各异，给整理也带来一定的难度。对实物档案、藏品的管理需要做好以下工作。

（一）登记

做好登记造册是对所有纳入学校档案部门收藏的实物要做的第一项工作。登记时要求概要写明归档物品的名称、归档时间、数量、事由，特别是对于礼物类物品，登记后就表明了该物品归学校所有的性质，避免该物的流失和发生其他意外事故。

登记有两种方式：一是以文字摘要的形式记载在档案中；二是以表格的形式进行记录。

（二）分类

将归档实物以件为单位进行分类、排列、编号、著录、上架，使之有序化。归档实物一般以每件实物为一件，保管期限一般划为永久。在实物档案类别内，按照年度或类别—年度进行分类。归档实物数量较少（每年少于 30 件）的学校可不进行分类，直接将归档实物按形成或获得年度分类。采用公元纪年标识,如"2020"。归档实物数量较多的学校,可再按问题进行分类,一般可分为荣誉类、纪念品(礼品)类、印信类。

（三）排列编号

根据分类方案,每件归档实物在最低一级类目内按时间先后顺序排列。可采用以下格式之一进行排序:

格式①:全宗号—档案门类代码(SW)—件号。

格式②:全宗号—档案门类代码(SW)·年度—件号。

格式③:全宗号—档案门类代码(SW)·年度·保管期限—件号。

实物档案较少(每年少于 30 件)的单位可选择格式①或②;实物档案较多的单位可选择格式③。

根据排列方式,可编制由档号、题名、责任者、时间、载体类型、载体数量等项目组成的档号标签贴,可以跟图书标签一样用不干胶按格式做好,整理时就填写好标签项目在实物上粘贴。若为平面实物,一般将档号标签贴粘贴在实物正面右下方;若为立体实物,则将档号标签贴粘贴在实物底座。

【示例】

实物档号标签			
档号		题名	
责任者		时间	
载体类型		载体数量	

图 7-3　实物档号标签贴式样

表 7-1　实物档案目录

顺序号	题名	责任者	时间	载体类型	载体数量	备注

(四)保管方式

由于实物的特殊构成,载体、形状的不规则,收藏保管时就难以整齐划一。根据实物、荣誉档案藏品规格不一的特点,为了便于保存和提供利用,可采用以下存放保管方法。

1. 陈列式

制作专用的玻璃展柜或陈列柜,按照其实物大小的合适尺寸,将奖牌、奖杯等实物放入陈列柜保存。对于奖杯、奖牌、奖章等占体积的物品,如果有校史展览馆的,可统一存放在展览馆内;没有展览馆的也可以用展柜陈列存放。

2. 柜存式

将书画等物品直接存放在档案柜里。对于奖牌等物品,可以制作或定制铁质的柜子,在其中设置适当尺寸的隔板,将奖牌侧立排放。但排放时,要注意将档号的标签置于上侧边或左侧边,以便利用时能面对档号标签,很快地找到所需要的实物。对实物的存放,适宜展出的,最好是设置校史展览馆存放;对不适宜长期展出的,则仍然入柜保存较好。

3. 盒装式

采用档案盒或其他适当的盒子作为存放装具。像那些能够折叠的锦旗就可以直接存放在档案盒中。印章档案的存放方法也适用盒装。

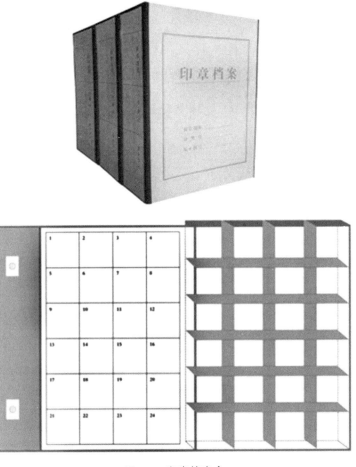

图 7-4　印章档案盒

4.封套保存

荣誉档案作为有纪念价值的史料,如果经常裸露在外面或被人手翻动过多,则很容易污损。为了保持荣誉档案的整洁,既利于保存,又利于陈列展出,可采用加封套等保管措施。

对贵重的实物档案,要采取相应措施确保安全。如需利用实物档案,须按制度办理相关的手续。有条件的学校可建立实物档案库房,作为专门保管实物档案的场所。此外,每件归档实物均应转拍照片进行相应归档。

第三节　学校光盘等存储载体档案的收集与整理

随着信息技术的发展和普及,作为电子文件脱机存储的介质——光盘大量形成。光盘档案是指利用激光进行图像、声音信息写入和读出的具有参考、凭证价值并归档保存的一种圆盘形记录载体。

一、光盘档案的种类

光盘有多种分类方式:按信息存取的方式分,可分为只读型光盘、追记型光盘、可重写型光盘。按输入信息分,可分为音频光盘、视频光盘和数据光盘。按存储容量分,可分为普通的 DVD-R 光盘(4.7G)、普通 CD-R 光盘(700M)、DVD 的蓝光光盘(50G)。

除上述光盘,还有专门的档案级光盘,它是按照档案行业标准 DA/T38—2008 规定的档案级光盘技术指标进行生产出货并进行检验的档案用光盘。档案级光盘是高质量的可记录光盘,存储电子文件(档案)的光盘应选用该级别光盘,其存储寿命大于 20 年。档案级光盘的盘面或外包装上标注有"档案级"或"Archival Grade"字样,详细可参见《档案级可录类光盘 CD-R、DVD-R、DVD＋R 技术要求和应用规范》(DA/T 38—2021)。

二、光盘档案的收集重点

1.重要活动、会议的视频、音频光盘

主要有重大活动的光盘、重要会议的录音(像)光盘、课堂教学实录的光盘等。

2.有关电子文档、数字照片的光盘

主要有文书档案电子稿的光盘、照片档案电子稿的光盘、编研成果电子稿(学校年鉴、大事记等)的光盘、校庆纪念册电子稿的光盘、制度汇编电子稿的光盘等。

3.有关学籍、财务、档案等管理软件的数据光盘

主要有校园网数据的光盘、微信公众号数据的光盘、网络媒体新闻(信息)的光盘、网上档案室数据的光盘、档案管理软件数据的光盘、学校年报数据的光盘、学校财务管理数据的光盘、学籍管理软件数据的光盘、图书管理软件数据的光盘、财产管理软件数据的光盘等。

三、光盘档案的刻录编号

1.刻录要求

电子文件、数码照片、各类数据等应定期刻录成光盘保管。光盘刻录完成后要进行校验,校验内容包括电子文件、著录文件和光盘说明文件。校验是否完整、能否打开、文件数量是否准确等。

2.光盘编号

全宗号—分类号—光盘卷(册)号—光盘号。

3.填写光盘标签

项目有全宗号、分类号、卷号、盘号、光盘名称、载体类型、刻录者、刻录日期等。

全宗号	
分类号	
卷　号	
盘　号	
光盘名称	
载　体类　型	
刻录者	
刻　录日　期	

图 7-5　光盘标签式样

4.光盘标记

可用非溶剂基墨水的软性笔(光盘笔、油性笔)在光盘标签面书写档号等信息,也可采用打印机打印光盘标签,不应使用粘贴标签,会影响光盘数据的读取。禁止在光盘的数据面书写任何信息。

5.编制光盘目录

项目有档号、光盘名称、刻录者、刻录日期、备注。

档号	光盘名称	刻录者	刻录日期	密级	备注

图 7-6　光盘目录式样图

图 7-7　光盘档案册

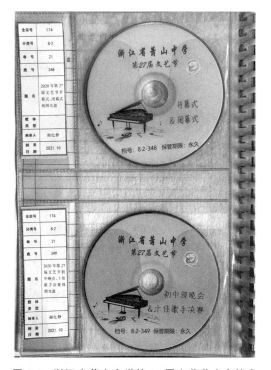

图 7-8 浙江省萧山中学第 27 届文艺节光盘档案

四、光盘档案的保存与保护

第一,光盘档案只有在使用时,才能将其从光盘档案册中取出,使用后应及时放回。如果光盘有污渍,可用擦拭照相机镜头的棉纸从光盘中心向边缘轻轻擦拭。

第二,各学校应建立光盘档案定期检查制度,每满 4 年进行一次抽样机读检验,抽样率不得低于 10%。发现问题,及时解决,必要时应进行转存,原载体同时保留时间不得少于 4 年,保证光盘档案信息无限制保存。

第三,光盘档案应当做防写处理;避免擦、划、触摸记录层;竖立存放,避免挤压。

第四,光盘档案的存放环境要远离强磁场,并与有害气体、强紫外线隔离,环境温度应控制在 $17\sim20℃$,相对湿度应控制在 $35\%\sim45\%$。

第五,制作光盘档案时,应注意做好多套制及异地备份工作,以防出现档案数据存储载体不能正常读取或大量数据损坏的情况。

五、其他存储载体的保存归档

除光盘外,U 盘、移动硬盘等因为存储容量更大,目前也广泛用于存储电子文件(档案)。目前不少学校已采用 U 盘、移动硬盘来移交电子档案,备份归档。

1. U 盘

即 USB 盘,属于移动存储设备,用于备份数据,且携带方便。U 盘是闪存的一种,因此也叫闪盘。特点是小巧便于携带、存储容量大、价格便宜。目前,一般的 U 盘容量有 1G、2G、4G、8G、16G、32G、64G、128G 等,其容量相比光盘更有优势。其存储原理是计算机把二进制数字信号转为复合二进制数字信号读写到 USB 芯片适配接口,通过芯片处理信号分配给存储芯片的相应地址存储二进制数据,实现数据的存储。

2. 移动硬盘

其空间大,读取速度快,其实就是笔记本硬盘,可以存储大容量的电子文件。目前移动硬盘分 320GB、500GB、600GB、640GB、900GB、1000GB(1TB)、1.5TB、2TB、2.5TB、3TB、3.5TB、4TB 等规格,最高容量可达12TB,可以说是 U 盘等闪存产品的升级版。

这两种储存载体可采用档案盒或其他适当的盒子作为存放装具。

编号可按全宗号—年度—载体顺序编号。

存储载体或装具上应贴有标签,标签上注明全宗号、年度、载体顺序号、数据量、密级、保管期限、存入日期等信息。

第四节　学校网页信息、社交媒体 （微信公众号信息）的归档

在网络信息时代,网站作为学校信息发布和对外服务的重要窗口,形成了大量具有凭证和查考价值的网页信息内容,需要及时归档和安全保存。

一、学校网页信息归档

学校网页归档,即将网站中具有保存价值的网页信息进行收集、整理、移交接收的过程。网页归档应遵循及时性、完整性、可用性和安全性的原则。网站主办学校应对网页信息的生成、发布和归档实行全过程管理,确保归档网页信息的真实性和完整性。

网站主办学校负责本校网站的网页归档,明确责任部门具体落实网页归档的相关工作包括:档案部门负责制定网页归档的规章制度,指导监督网页归档工作,接收和保管网页档案,提出网页归档功能模块需求;网站管理部门(如学校办公室)负责网页信息的收集、整理和移交等工作;信息化部门(如学校教技处)负责建设网页归档功能模块,为网页归档工作提供信息化支持。

（一）归档范围

根据《政府网站网页归档指南》(DA/T 80—2019),网站主办学校应综合分析网页信息的重要程度和保存价值,制定本校网页信息的归档范围。

网页归档范围应包括反映网站整体面貌的网站首页及栏目首页，反映本校职能和网站功能的信息发布类页面、解读回应类页面、办事服务类页面、互动交流类页面，以及其他具有保存价值的页面。

（二）保管期限

网页档案的保管期限划分为永久、定期 30 年和定期 10 年。

表 7-2　网页档案保管期限表

归档范围		保管期限
网站首页	网站首页页面	永久
一级栏目	一级栏目页面	30 年
二级栏目	二级栏目页面	10 年
机构职能信息	职能信息页面	永久
主要负责人重要讲话稿	讲话稿页面	永久
需要公众广泛知晓的本校重要通知公告、工作动态等信息	工作动态页面	30 年
本校对社会公众关注的热点问题做出的回应	解读回应页面	30 年
校园服务事项办事指南	办事指南页面	30 年
师生、网民意见建议和问题咨询的处理和反馈意见	公民咨询页面	10 年

（三）归档方式

网页信息以电子文件形式进行归档，刻录到光盘上进行脱机保存。一般应合理设置网页信息的归档时间，根据页面更新频率确定合理周期定期收集归档，或当页面发生较大变化时应及时收集，如网站首页或栏目首页可在展现形式发生较大变化时，或信息发布类页面可在网页信息发布时或更新时。学校档案人员在实际操作中，一般是利用浏览器的保存网页功能，保存网站页面及页面的相关附件文件夹。归档文件格式应以符合 GB/T

33190—2016 或 DA/T 47—2009 要求的版式文件格式保存页面。页面的附件如果不能保存为版式文件,应保存为符合 GB/T 18894—2016 要求的归档文件格式。

（四）编号

根据《档号编制规则》（DA/T 13—2022）,网页档案档号的结构为:"全宗号—档案门类代码·二级类别号·年度·保管期限代码—顺序号"。

示例:C015-WY·TZGG·2023·D10-00001。

说明:C015 为全宗号,WY 为档案门类代码（网页信息档案）,TZGG 为二级类别号（通知公告）,2023 为年度,D10 为保管期限代码,00001 为件号。

网页档案可采用层级文件夹的形式进行存储,在"网页档案"文件夹下,依次按不同的"年度—保管期限—类别"或者"年度—类别—保管期限"建立层级文件夹,并采用档号作为组成要素为网页档案的计算机文件命名,并保持网页档案各组成部分之间的联系。

（五）移交接收

整理完毕的归档网页信息,应实时或定期以电子形式向档案部门移交,定期移交时间一般不晚于次年 6 月底。网站管理部门应清点、鉴定归档网页信息的内容及元数据的真实性和完整性,然后向档案部门移交。档案部门对网站管理部门移交的归档网页信息的内容及元数据进行清点和检测,检测合格后登记接收,并记录移交接收行为,完成网页归档过程。

二、社交媒体信息（微信公众号信息）归档

随着社交网络的发展,越来越多的学校通过社交媒体参与到与师生、家长、社会的互动之中,如当前微信公众号已发展成为各级各类学校的"标

配"，由此产生了大量微信信息。然而，目前社交媒体信息归档虽然已经引起我国政府和档案部门的重视，但尚未制定具体的规范和规定。因此，笔者作为基层中学档案人员尝试着对微信公众号信息的归档方法与价值进行了一些研究。

微信公众号信息归档目前尚无通用方法，可以参照纸质文档管理方式和其他电子文件归档的标准，按收集、整理、鉴定、保管、利用、统计等流程来操作。

（一）收集

要解决归档问题，首先要从源头入手，加强收集。收集工作是归档工作的起点，而加强主动收集，制定归档范围和保管期限表，提前了解和掌握学校各处室日常推送的微信信息内容，则可以事半功倍。

1.增强意识，加强主动收集

主动收集，记录历史是学校档案管理的重要内容。各级各类学校应高度重视微信信息的归档，积极主动做好各类微信信息的收集工作，如做好学校健康工作的微信公众号信息归档工作，以便完整保存和记录学校健康卫生工作的开展情况，并为开展浙江省健康促进学校评估工作提供依据。

2.制定相应归档制度

各校应根据微信推送的实际情况制定微信归档范围和保管期限以及相应的归档制度，明确归档时间和归档手续。笔者汇总分析了萧山中学微信公众号几年来的推文信息，并结合各部门工作实际，编制了《萧山中学微信公众号信息归档范围及保管期限表（试行）》，以保存微信公众号中有价值的信息内容，使归档的微信信息能反映学校主要职能活动情况，反映其历史面貌。

【示例】

萧山中学微信公众号信息归档范围及保管期限表(试行)

　　学校微信公众号是弘扬正气、表彰先进、建设良好校风的重要阵地,也是进一步树立学校良好形象的有效途径,同时也关系到校务公开,各部门要提高对微信公众号宣传及信息归档的认识,切实做好微信公众号信息的归档工作。

　　一、校党委

学校微信公众号信息归档范围	保管期限
1.党员党内奖励微信信息	永久
2.党员双评活动微信信息	30年
3.党组织工作会议微信信息	10年
4.党员学习活动微信信息	10年
5.党务公开微信信息	10年
6.党课微信信息	10年
7.党风廉政活动微信信息	10年
8.党员志愿者活动微信信息	10年
9.主题党日学习活动微信信息	10年
10.学生业余党校活动微信信息	10年

　　二、校工会

学校微信公众号信息归档范围	保管期限
1.工会各类评比活动微信信息	永久
2.教代会微信信息	30年
3.工会会员大会微信信息	10年
4.教工工会活动微信信息	10年
5.校务公开微信信息	10年
6.女职工、退休教工活动微信信息	10年

三、校团委

学校微信公众号信息归档范围	保管期限
1.共青团有关奖励微信信息	永久
2.共青团工作会议微信信息	10年
3.团员活动微信信息	10年
4.学生志愿者活动微信信息	10年
5.学生社团活动微信信息	10年
6.学代会微信信息	10年
7.艺术节、科技节、体育月活动微信信息	10年

四、办公室

学校微信公众号信息归档范围	保管期限
1.学校教育理念、办学目标、发展规划等微信信息	永久
2.学校重大教育教学活动、外事活动和重要会议微信信息	永久
3.学校荣誉、师生荣誉微信信息	永久
4.校史研究、校庆活动微信信息	永久
5.校园文化相关微信信息	30年
6.学校介绍、招生宣传微信信息	30年
7.各级领导视察、调研微信信息	30年
8.争创文明校园、美丽学校等微信信息	30年
9.安全保卫、依法治校微信信息	10年
10.一般教学活动和交流来访微信信息	10年

五、总务处

学校微信公众号信息归档范围	保管期限
1.校园建设、工程改造微信信息	30年
2.校服、床上用品等采购微信信息	10年

续　表

学校微信公众号信息归档范围	保管期限
3. 卫生安全工作微信信息	10 年
4. 垃圾分类管理微信信息	10 年
5. 消防工作微信信息	10 年
6. 食堂工作微信信息	10 年

六、教务处

学校微信公众号信息归档范围	保管期限
1. 高考报道微信信息	永久
2. 高考喜报及录取情况微信信息	永久
3. 学生参加各级各类学科竞赛、体育竞赛、文艺比赛获奖名次、成绩的微信信息	永久
4. 区级以上大型教研活动微信信息	30 年
5. 教师论坛、教学基本比赛情况微信信息	30 年
6. 教研组外出活动记录及微信信息	10 年
7. 教研组、备课组校内活动微信信息	10 年
8. 教师研究课、观摩课、公开课微信信息	10 年
9. 学生运动会、文体活动微信信息	10 年
10. 学术讲座系列微信信息	10 年
11. 和兄弟单位的教学活动、经验交流活动微信信息	10 年

七、政教处

学校微信公众号信息归档范围	保管期限
1. 区级以上三好学生、优秀学生干部等优秀学生的宣传微信信息	永久
2. 区级以上先进班级、优秀班主任微信信息	永久
3. 开学典礼、毕业典礼等微信信息	30 年
4. 校年度学生评比相关微信信息	30 年

续　表

学校微信公众号信息归档范围	保管期限
5.有关德育工作的活动微信信息	10 年
6.学生心理教育活动微信信息	10 年
7.法制教育、国防教育活动微信信息	10 年
8.家校活动、家长委员会活动微信信息	10 年
9.学生资助相关微信信息	10 年

八、教科处

学校微信公众号信息归档范围	保管期限
1.区级以上教科研成果获奖微信信息	永久
2.区级以上教师教学技能评比获奖微信信息	永久
3.校年度人物评选活动微信信息	30 年
4.学校名师、教学能手评选活动微信信息	30 年
5.教师队伍管理制度、考核制度微信信息	30 年
6.学校重要教科研活动微信信息	30 年
7.教师培训进修等微信信息	10 年

九、教技处

学校微信公众号信息归档范围	保管期限
1.校园数字化建设微信信息	30 年
2.安防、技防、物联网微信信息	10 年

(二)分类整理

建议按年度—机构(问题)分类,如笔者收集了近几年萧山中学微信公众号有关健康教育的微信推文,对其进行分类和整理,列出分类主题和来源部门,制成了萧山中学健康教育微信分类统计表。根据统计表,我们可以清楚地看到学校的健康教育微信主要分为健康预防、心理健康、健康教育等主题,主要的来源部门为政教处、教务处、校团委、办公室等,这样就便于归档人员按主题(问题)或来源部门(机构)进行归档,由此类推,学校每年度的微信信息也可按主题(问题)和来源部门(机构)来进行分类整理。

表 7-3 萧山中学健康教育微信分类统计表

序号	发布日期	标题	分类主题	来源部门
1	2019/3/7	温馨提示丨流感防治	健康预防	政教处
2	2019/3/12	春季防疫丨诺如病毒防治	健康预防	政教处
3	2019/10/21	我校举行秋季传染病防控宣讲	健康预防	政教处
4	2021/1/11	班级小报丨传染病预防,不可松懈!	健康预防	校团委
5	2021/4/21	春季传染病防治温馨提示	健康预防	政教处
6	2021/11/25	预防为主,防控在先——冬季常见传染病预防温馨提示	健康预防	政教处
7	2018/12/29	心理健康,受益你我他——孙义农教授来校做讲座	心理健康	政教处
8	2019/5/17	遇见阳光的自己——高中生青春期心理健康讲座	心理健康	政教处
9	2020/5/20	"有话好好说——亲子沟通"心理健康主题线上家长会	心理健康	政教处
10	2021/5/12	班级小报丨阳光成长 向美而行	心理健康	校心理社
11	2021/5/16	阳光成长 从心出发丨萧中教育集团阳光心理节来啦	心理健康	政教处
12	2021/5/21	遇见阳光的自己——记高中生心理调适讲座	心理健康	政教处
13	2021/9/17	阳光心理,健康成长——记新学期阳光心理系列活动	心理健康	政教处
14	2020/2/7	萧中体育教师"在线"教你健康宅!	健康教育	教务处
15	2021/3/18	在萧中,遇见健康的自己——高中女生青春期健康知识讲座	健康教育	政教处
16	2021/4/1	在萧中,遇见健康的自己——高中男生运动保健知识讲座	健康教育	政教处

续　表

序号	发布日期	标题	分类主题	来源部门
17	2021/4/15	青春向党，毅路同行——记萧中教育集团高一、高二年级学生湘湖毅行活动	健康教育	政教处
18	2019/10/14	2018学年全省高校新生体质健康测试数据出炉！萧山中学荣获普高第一名	健康体测	办公室

（三）保管

以笔者所在学校防疫专题微信信息归档为例，我们通过实践尝试，提出以下几种归档保管方法。

1. 逻辑归档

将每条微信的网址复制保存下来，进行逻辑归档，可以以表格的形式进行汇总，按照发布时间、主题内容或来源部门等为序进行排序。在互联网环境下，打开表格点击相应超链接即可读取访问相关信息。

表 7-4　微信的逻辑归档示例

序号	发布日期	标题	网址链接
1	2021/4/15	青春向党，毅路同行——记萧中教育集团高一、高二年级学生湘湖毅行活动	https://mp.weixin.qq.com/s/ubuQE_zsXgP-erdfs0VN-Q

2. 物理归档

收集微信信息的定稿，包括文稿、照片原图、音频、视频等作为不同载体类型档案归档。同时将发布的微信信息进行原貌截图或利用浏览器的保存网页功能保存为 PDF 文件，下载打印成纸质稿与电子版本进行"双套制"保存，两者之间相互注明参见号，方便查找利用。

3. 微信公众号保存

利用微信平台的系统账号自动保存。微信软件会自动保存已群发的信息和相应的图文、多媒体素材,进入微信后台即能检索和查阅相关信息,在系统后台,还能对发布的微信进行点击量、关注人数等各种统计,功能强大,但这种保存方法依赖于微信软件,一旦软件出现故障或停用,账号内的信息或将无法读取或将被清空。

4.专题制作

将微信信息制作成专题数据库保存,例如建立 2020 年春季萧山中学防疫微信专题库,数据库的制作可根据学校的实际发布情况和利用需要,设计档号、微信题名、责任者、发布日期、专题类型、网址链接等元数据字段,既便于查找又利于统计,有较强的实用性。

5.编研成果制作

将学校发布的微信信息进行图文重排,印刷制作成图文并茂的防疫成果集,作为编研材料进行归档保存。也可以利用一些专业微信编辑软件,制作生成微信电子书,简化汇编的印制流程,甚至可以呈现评论区留言。

(四)利用

笔者进行的制作微信专题库和微信编研成果集的保存方式同时也是对微信信息的开发利用,是对微信信息的二次加工,整合成更有利于利用者查阅的方式,相比于利用者在微信公众号上搜索零散的信息,专题库和成果集经过研究、综合加工编制而成,具有信息集中系统、内容简单明了等特点,能更好地为利用者提供服务。

通过开展学校防疫微信专项归档工作,经过归档实践,笔者依据学校微信公众号信息的内容、形式与背景特征,编制了微信信息归档范围和保管期限表等,尝试了逻辑归档、物理归档等几种微信信息的归档方法,并将学校微信信息的开发利用在归档管理工作中予以凸显。然而,以上均是学校参考纸质文件归档和其他电了文件归档的标准而进行的相应探索,基层学校迫切希望在不久的将来,上级管理部门能出台相关标准规范和管理办法。

1.出台微信公众号电子文件管理相关标准

目前,微信公众号电子文件尽管从理论上有着相关电子文件与档案管理制度的支持,但由于没有针对性的战略与方案支持,相关部门还未有实际的管理行动。因而,亟须制定完整的微信公众号电子文件管理制度以提升管理意识与推进管理行动。

2.建立相应的微信公众号电子文件归档管理系统

要从《中华人民共和国档案法》等法律法规的角度理解微信公众号电子文件管理的必要性,并制定相应的高层级政策,将网络归档的微信公众号管理纳入文件与档案管理的顶层设计。建设微信公众号归档管理模块,嵌入现有的数字档案室系统,以实现电子文件的统一管理和利用。

第八章　学校档案的利用与统计

学校档案利用工作是整个档案工作的重要组成部分。档案管理的终极目的在于利用,重视并做好利用服务是学校档案管理的主要任务。档案利用是指将档案部门保管的档案资源提供给档案信息需要者,以实现参考、佐证、支撑等目的。档案管理是基础,利用是目的。档案的价值只有在被充分利用时才能得到体现。

　　档案统计是以表册、数字的形式,揭示档案和档案工作的有关情况。它的内容,包括档案的收进、移出、整理、鉴定、保管数量和状况的登记,档案利用情况的登记以及档案构成、档案机构和人员等情况的基本统计和其他专门统计。

第一节 学校档案利用的途径与方法

　　档案利用是将经过科学整理的档案提供给利用者,满足利用者需要的过程。学校在长期的档案工作实践中已形成了利用档案目的的共识:为教育教学、科研、管理、宣传服务,以及满足师生员工或校友个人对档案资料的需求。学校档案主要是为学校工作服务的,但随着学校的不断开放,社会上的利用者也在逐年增多。

一、档案信息资源开发利用的途径

　　这里所说学校档案信息资源的提供利用,不仅是档案内容的提供利用,还包括档案资源信息的开发方式。

　　(一)提供档案原件

　　开辟阅览室,让利用者查阅所需的档案原件,根据相关规定,让利用者暂时将档案原件借出档案室外使用等。

　　(二)提供档案副本或复制品

　　利用文件归档时的副本、文件汇编、档案复制本等供阅览和满足其他利用。

（三）提供档案信息加工品

学校档案部门也是档案信息管理部门,开发和利用信息资源以满足学校各项工作和使用者的需要是档案工作的根本职能。但是,单纯被动的利用并不能满足或适应使用者客观的需求,档案的作用还不能得到全面的发挥。因此,档案部门必须深入档案内容中去研究、挖掘,通过汇编档案专项资料,编写档案室指南,编辑档案材料选编、汇编,向利用者提供高水平的综合信息。

二、档案信息资源开发利用的方式

（一）档案阅览

阅览服务是档案室最基本、最常用的利用形式。建立环境和条件良好的阅览室,是做好阅览服务的物质基础。学校阅览室要求明亮、安静、整洁,一般应设置阅览桌椅、复制设备、检索工具、常用资料、工具书、文具等。阅览室是档案室的窗口,阅览室工作人员不仅要有良好的职业道德,对利用者耐心细致,热情服务,而且要有过硬的业务本领,要熟悉室藏,熟练掌握各种检索工具的使用方法,熟悉党和国家及档案工作的各种政策法规,要了解利用者的心理,当好利用者的顾问和参谋。

（二）档案外借

档案一般是不借出档案室外利用的。但学校档案室将档案原件外借给校领导、业务部门的情况还是较多的。档案外借服务,要求档案室建立、健全相关制度,做好外借档案的登记与记录,并根据外借时限,及时向利用者催还档案。

（三）原文复印

为了保护档案，对重要的档案，凡有复制件的一般不借用原件。因此，有必要提供复制档案原文的服务。复制档案应由档案工作人员进行。复印完毕后，在复印件或复制件上均要加盖学校公章。

（四）档案证明

档案证明的内容主要包括：说明室藏文件中所含有关查询对象的出处和这些文件的出处。如学生出国需要的成绩证明，向国内外有关单位个人出具证明。提供档案证明前，需要先查阅相关的档案原件，将相关内容复印下来，由档案室在复印件上加盖公章。如果教务处等部门提供了学生成绩打印件等也应统一由学校档案室审核。如果需要将成绩证明等材料翻译成外文的，翻译完毕后，应加以核对，无误后，加盖"某某学校成绩证明专用章"或学校公章，再将证明文件装入学校的信封，进行密封，并在封口处加盖学校公章。

（五）咨询服务

即以库藏档案信息为依据，通过解答问题的方式，向利用者提供档案及相关信息或知识，对利用过程进行指导，提供检索和成果的服务。

按利用者需求性质分为两种：一种是代理性咨询，即根据利用者提出的要求，代查档案，直接提供相关的事实和数据。另一种是辅助性咨询，包括检索咨询、利用咨询。检索咨询就是利用者在档案检索时遇到如何选择和使用检索工具等问题时，档案人员给予回答并解决；利用咨询则是回答利用者在利用过程中提出的有关档案材料的历史背景、材料价值、可靠程度、使用状况等问题。

咨询服务有不同的方式，主要有现场咨询、信函咨询、电话咨询等。

①现场咨询,即利用者当面口头向档案工作人员了解档案利用的相关情况。

②信函咨询,即以书信、电子邮件等形式,就档案信息向档案部门查询或预约档案资料。

③电话咨询,即通过打电话询问,远距离直接获得所需要的信息和利用服务情况。

三、学校利用者类型

日常利用学校档案的需求者来自方方面面,主要有学校管理人员、教师及社会各方面的人员。在学校档案利用者中,根据利用档案的目的,主要分为以下几种类型。

(一)工作参考

顾名思义,就是利用档案满足工作之需。主要利用群体是学校内部行政部门的负责人或其他工作人员。从学校实际利用档案的统计情况来看,用于工作查考的约占四至五成。利用目的大多是部署落实工作、总结借鉴经验、校园宣传、举办活动等,需要学校相关的历史记录。利用档案的范围主要是上级的政策文件,本校的各种数据、照片、编志修史的资料、规章制度等。这种利用是凭证、参考的功能。有的对查找档案的专指性、方向性要求较高,某些档案的重复使用率较高;有的则常对查询目标表现出模糊、不确定性。实际应用一般与学校的中心工作或职能部门当前正在开展的工作有关。

(二)调查取证

即到档案中获得依据,取得原始数据、图纸,或查阅有关问题详细情况的记录等等,以做出某种决定,或用于某些活动的佐证、支撑或必备依据性材料。主要利用群体是学校业务职能部门的人员。利用目的围绕基本建设、修缮改造、调查清理等实际工作,利用的档案范围也大多是那些专业技术性强的科技档案、图纸、教学文件等,还包括土地、资产方面的综合性材料。这种类型利用者的利用指向:一种是经常需要直接查看有关图纸、资料;另一种是借用相关文件的原件,或者对所需数据准确性有要求。这个群体的利用特点是:专指性,周期长,有效益。对所需档案专指性强,利用档案的时间长,不能保证随借随还。

(三)评职准备

主要利用群体是教师和专业技术人员。他们利用某类档案的目的主要是申报职称,利用的范围是专业技术人员的业务档案或教学类档案。

这类利用者特点是目的单一,在某个时期或阶段集中利用,周期长,需求多,期望值高。

(四)个人应用

又称为实用性利用。就是在档案中查阅可直接用于个人维权或某种利益的资料。应用档案的对象多种多样,主要包括教职工、学生及其他社会人员。虽然他们的利用用途或需求目的各不一样,但是,来档案部门的目的,是要通过查找档案获取相关的资料,以便开展某项活动或争取某种利益,或者说用于维护社会和个人权益。例如,学生毕业后出国、征兵等,通过利用学籍表、学生在校期间的学习成绩等起凭证作用;教工拆迁分房,通过利用学校集资建房、分房等记录文件起证明作用。

这类利用者特点是针对性强,一般绝大多数利用者都是专指的档案。查档时大多还要求提供档案原件的复印件,并需要由学校档案部门出具相关的证明加以证明确认。大多数学生利用者甚至要求英译证明,主要是办理留学手续的需求。

（五）专题研究

就是在档案中选择或取得学术研究所需要的相关原始凭证或资料。学术研究的利用者是教师或其他研究人员、行政管理人员、大学生、研究生等，他们大多是社会科学或自然科学方面的专家、学者。主要是开展学术研究、教育教学改革或其他专项任务的需要，查找和选择资料，以供智力转化之用。

由于学校档案开发利用还十分有限，人们对档案的理解和利用的范围还远没有图书馆那么广泛，加之学校档案的收集、利用手段等基础工作还不完善，学校档案的利用率还有待进一步提高。因此，首先，我们要进一步做好各项工作，改善服务，以吸引更多的利用者到档案室来查阅档案。其次，尽可能地将应归档的文件材料收集齐全完整。最后，加快学校档案数字化建设的步伐，使利用者更加快捷、便利地查找到所需要的文件资料。

第二节 学校档案的宣传教育活动

宣传教育是开放学校档案的必要手段。随着时代的发展,学校档案也将逐步向社会开放,让更多的人了解学校档案,了解档案利用的相关知识,凡有条件的学校档案部门应通过不同的方式开展档案宣传教育活动。

一、档案宣传教育活动的形式

(一)举办展览

就是按照学校的发展历史将建设历程、变迁沿革、教育教学成果等资料以陈列档案展品的形式呈现出来。如,建立校史展览馆是许多学校已经或正在采取的开放形式。在展览中利用声像材料增强展出效果。用展览的形式开放档案具有形象、直观,时效长,开放效果好等优点。笔者学校建有现代化的校史馆,参观校史馆可以对新生进行入学教育,对新进教工进行岗前教育,开展入校入职第一课。

(二)教育活动

即针对学生开展的档案展览参观教育或教学实践活动。有条件的学校档案部门,可以申请创设爱国主义教育基地。利用档案开展教育活动的目的是帮助学生了解历史,传授相关知识。档案部门还可参与相关的教具制作和教学参考资料编写工作。目前,许多中小学尚达不到这些要求。其中,既有认识上的原因,也有工作上的原因和客观条件的限制。解决的途径,首先是要引起领导重视,其次是要努力加强档案业务建设。笔者所在高中以旧址纪念馆作为教育基地开展学生寻根教育,以编写校史校本教材、开设校史选修课程、指导学生开展校友寻访实践活动等多种方式,利用档案对学生开展思政教育,具体做法详见第十章。

（三）出版物

即利用档案资料,根据某个专题提供档案的复制本或图纸资料,还可出版相应的光盘。在专业的刊物或地方报刊上,发表有关档案的通俗文章。

（四）媒体宣传

利用电视、广播节目、档案网站播放可以公开的档案材料。例如,介绍有代表性的优秀教师及优秀校友的先进事迹、成长经历、科研成果、讲座、报告、著述等。档案网站现在已成为档案宣传的主流媒体和重要阵地,因此要高度重视档案网站的作用,积极发挥网络宣传优势,突出档案信息发布、校务公开、档案信息资源共享和服务功能。还有像校园户外电子屏滚动字幕、微信、微博等形式也是很好的宣传渠道,能吸引更多的宣传受众。

二、如何做好档案开放利用的服务工作

（一）借阅制度

首先,要办好借阅登记。对利用时间、利用者、利用档案的内容或名称进行登记,以准确把握利用档案情况和利用效果。其次,一般情况下,不把原件拿出档案馆(室),应为利用者提供复印服务。再次,做到以卡代卷。在以件为单位进行整理后,为防止出现单份文件丢失的问题,最好在取出的档案位置上,放一张代卷卡。上面标明文件的名称、取出的时间、借阅人等基本信息,等文件归还后再换走。这样做虽然比较麻烦,但却不失为一种有效的防范措施。

（二）效果反馈

为了及时掌握档案利用情况,应建立利用效果情况登记制度。对没有满足利用需要的情况,随时进行登记,待获得相关信息后再及时通知利用者。对满足利用需要的,可收集起来整理好,编成档案利用效果实例选编手册。

【示例】

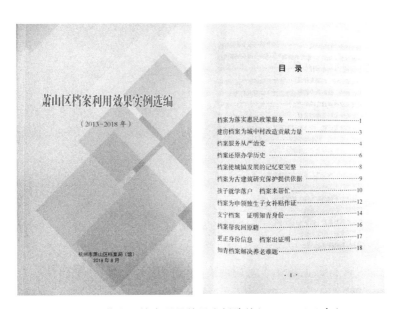

图 8-1　萧山区档案利用效果实例选编（2013—2018 年）

第三节 学校档案统计工作

档案统计是对反映和说明档案及档案工作现象的数量特征进行搜集、整理和分析的活动。它是掌握与分析档案和档案工作基本情况,研究制订档案管理与档案事业建设的方针政策和计划,实行有效监督与指导的重要依据和手段。

档案统计工作的内容主要包括档案的基本登记和综合统计两部分。

一、档案统计的内容

档案统计是档案部门的基本任务之一,列在档案工作流程中,作为学校档案部门应认真负责地上报档案统计数据,为学校档案工作的科学决策提供有价值的依据。

(一)档案的日常登记

主要是指通过登记簿、统计表(册)等形式,对档案的接收、入库、移交、利用等情况进行数据收集。常用的有档案查阅登记簿、档案借阅登记簿、档案出入库登记表。

表 8-1　档案查阅登记簿

查阅时间	姓名	单位	利用目的	查阅档案			审批人	备注
				档号	卷(件)数	复印页数		

表 8-2　档案借阅登记簿

借阅时间	姓名	单位	利用目的	借阅档案		审批人	归还时间	备注
				档号	卷(件)数			

表 8-3　档案出入库登记表

调档人员	档　号	调档卷数	调档件数	调档原因	归库日期	归库签名

(二)档案统计年报制度

档案统计年报是将年内档案部门的整体情况用报表的形式加以反映。档案统计年报由国家档案部门统一制作和下发,统一时间上报和统计,并形成制度。档案统计年报内容主要包括档案工作机构、档案馆(室)藏、档案的业务建设、档案的提供利用、档案保管的设备设施等基本情况。

(三)档案统计台账

档案统计台账是根据档案工作情况而编写的学校档案基本情况的数据信息。建立档案统计台账,有利于档案工作部门掌握档案的收进、整理、利用、移出、销毁和馆(室)内各种基本数据,在需要的时候能够按照相关要求及时向上级报送各种报表。常用的档案统计台账有两种:一是档案借出登记簿,主要是针对档案借出馆(室)外使用时建立的登记手续;二是档案管理基本情况统计表。

表 8-4　室藏档案情况统计表

年度	类别												特殊载体档案		
	文书档案(件)				业务档案(卷/件)				会计档案(卷)				照片(件)	录音录像(件)	实物(件)
	全部	永久	30年	10年	全部	永久	30年	10年	全部	永久	30年	10年			
2019															
2020															
合计															

说明:档案门类可根据各单位实际情况进行调整,如科技档案等。

二、档案统计的要求

档案统计工作是一项严谨、细致的工作,为了有成效地完成档案统计任务,应注意做好平时的相关工作。

(一)重视平时的基础工作

主要是指在加强档案管理的基础上,建立健全档案工作的原始记录和统计台账。这是做好统计工作的重要一环,是准确、及时报送统计报表和开展统计分析工作的基本保证。做好基础工作,才能做到有内容可填,提高工作效率。

（二）坚持实事求是

填写报表时，如实反映情况，保证统计数字的真实可靠。统计资料的准确性是统计工作的生命线。统计人员要敬畏统计法规，做到统计内容全面、数据准确、情况明了，保证保管与统计数据的统一，准确真实。统计数据应相互对应，不能随意更改和重复使用已登记在册的档案编号。档案与台账账物相符，数量一致。

（三）保证上报及时

统计有数字采集的时间要求，只有及时填报才能保证报表的时效。

三、建立档案利用统计制度

档案利用统计是对日常档案利用的情况进行汇总分析的工作。常用的档案利用统计有两种。

（一）档案利用效果登记簿

这是档案部门通过表格的形式对档案利用者利用档案所产生的社会效益和经济效益的调查方式。档案利用效果一般可以是对某次或某个项目工作利用档案的登记或统计。档案利用者也有义务将有关信息和成果及时报送给档案部门。档案部门对档案利用效果要定期分析、汇总，或编制成综合材料。

【示例】

<h1 style="text-align:center">档案利用效果登记簿</h1>

日期	2018年3月12日	单位	腾讯公司	姓名	叶超伟	案卷或文件题名	2008年校庆《弦歌声里》光盘等
利用目的	制作萧山中学80周年校庆宣传片						
利用效果	因要制作萧山中学80周年校庆宣传片，腾讯公司叶超伟来档案室寻求帮助。档案员调出了2008年校庆制作的《弦歌声里》校庆宣传光盘，校庆当天录像光盘、校庆现场照片光盘等，以及近几年拍摄的学校宣传片光盘，为拍摄、制作萧山中学80周年校庆宣传片提供素材和思路。						

图 8-2　档案利用效果登记簿

（二）档案利用登记簿

用来统计档案利用人次及调阅档案数量情况的记录册。登记是提供利用的必要环节。档案利用登记具有以下作用：

1. 方便检索

根据登记的项目准确地检索和调卷。

2.借阅依据

档案工作人员对出库的档案资料有清晰的把握，防止丢失档案。同时，利用者对所借阅档案的安全签名负责。

3.统计基础

登记也是档案统计的基础工作，便于催办工作和统计分析档案利用情况，防止在统计时拍脑袋填数字，从而保证统计数据的真实准确。在进行档案交接时可以用作核对与交接文件的凭据。

做好登记工作可以有效地管理档案、资料。因此，学校档案部门应注意认真做好平时的利用登记工作，并为档案统计提供基础的数据。

对档案借阅登记簿要定期检查，以及时催还档案。一般情况下，档案借出时间不要超过两周，如果超期使用，应补办续借手续加以确认，防止丢失。

四、档案安全检查登记制度

为了确保档案实体的安全，应该定期对档案进行检查，以便及时发现和处理有关问题。检查内容包括：

（一）档案数量情况

检查所保管的档案数量是否有缺失、是否有被盗等意外情况。尤其在发生某些灾害或档案移交之后，都必须进行检查。

（二）档案实体状况

主要针对档案的物理情况、质量、保管条件等进行检查，以便采取相应的处理和防护措施。

(三)档案归还状况

对因需要经批准借出馆(室)外的档案,或经查阅后的档案,归还时应该按照档案借阅管理要求当面进行清点,确认无漏页、损毁。

档案安全检查是档案管理中不可忽视的一项重要工作。永久或长期保存的档案至少每5年要检查一次。遇到特殊情况时,要随时进行检查。对检查时发现的不正常情况应及时登记、报告。

表 8-5 档案安全检查记录表

检查时间	
检查人员	
检查内容	
检查情况	

表 8-6 档案风险点消除情况记录表

风险点发现时间		风险点地点	
风险点主要情况			
风险点消除时间		记录人员	
风险点消除情况			

表 8-7 库房温湿度登记表

年　　月

日期	温度	湿度	调控措施	日期	温度	湿度	调控措施
1	℃	％		17	℃	％	
2	℃	％		18	℃	％	
3	℃	％		19	℃	％	
4	℃	％		20	℃	％	
5	℃	％		21	℃	％	
6	℃	％		22	℃	％	
7	℃	％		23	℃	％	
8	℃	％		24	℃	％	
9	℃	％		25	℃	％	
10	℃	％		26	℃	％	
11	℃	％		27	℃	％	
12	℃	％		28	℃	％	
13	℃	％		29	℃	％	
14	℃	％		30	℃	％	
15	℃	％		31	℃	％	
16	℃	％		记录人：			

注:库房温度范围 14～24℃,相对湿度 45％～60％,温湿度昼夜波动幅度分别为±2℃和±5％。

表 8-8 档案设施设备情况登记表

设施设备名称	型号	数量	所在位置	启用时间	生产厂商	维保单位

第九章　学校档案编研

编研是档案工作中的一项重要工作,是建立在学校完成各类档案收集整理归档和科学管理的基础上,开展的以室藏档案为主要对象,以主动提供或报道档案信息内容,满足社会利用的需要为主要目的的一种档案编辑和研究工作。

第一节　学校常用的编研材料

档案编研是档案工作人员围绕一定主题,主动把具有研究价值和实用价值的档案信息进行集中、研究、编辑、加工,使之成为更适合用户利用的形式,并将其成果公开出版或推荐、分发给有关人员使用的一种档案信息资源开发利用方法。档案编研的本质是一种基于档案内容的知识生产、传播和服务工作。

一、档案编研工作的作用

档案编研工作是利用服务的重要手段之一。档案利用有借阅、展览等不同的形式,而档案编研是主动服务的重要措施,也是利用工作的延伸。档案资料是一种很重要的信息资源,通过编制系统的优良的档案编研资料,能够集中地提供档案文献资料,实现档案信息的有机联系。既可以使档案部门的服务由被动转变为主动,又可以使档案利用由低层次向高层次飞跃。

档案编研工作能促进学校档案业务建设。档案编研工作是建立在学校档案科学管理的基础上的。档案文件只有收集齐全完整,才有内容可编;也只有当档案工作整理科学,才能保证编研材料的准确、系统。因此,档案编研对学校档案部门的基础工作起着检验和促进作用。

二、学校档案编研类型和内容

（一）学校档案编研类型

学校档案的编研应体现学校自己的特色。

1.综合编研

即反映综合性情况的编研材料。综合编研是在全部档案的范围内进行科学的挑选、考订,对档案的内容进行缩编加工的工作过程。主要包括反映学校办学条件、学生规模、重要会议等方面的基本数据、组织面貌情况。常用的学校档案综合编研入编内容主要有:校名、校址、隶属关系的更迭、变动情况;专业设置与教学体制的状况;校级领导和组织机构的重大变化情况;党政工团的重要会议;规章制度、教学、科研、外事、后勤生产等方面的重要内容。如学校年鉴、大事记、组织沿革、专题概要、基础数据汇集等。

2.专题编研

专题编研是按照专题要求有针对性地选材并对档案资料进行汇编。专题编研选材是在一定的范围内进行的,主要介绍某单项或专门工作的基本情况,包括就某专题上级或本校两方面下发或制定的法令、法规或政策、规范性文件,某专项统计资料、某方面的工作介绍等。如文件汇编,包括法规文件、重要文件、发文、会议记录、专题文件等。学校档案专题编研可以根据利用的需要来确定,如教师构成情况、学生情况、重要的表彰先进情况、科研成果情况及其他需要查考的事项。此外,在学校工作中有不少特色活动,如德育教育、艺术教育、体育教育、红色教育等专题,学校可以围绕这些特色创建活动,编制专题档案编研。

（二）学校档案编研工作的主要内容

1.档案史料和现行单位文件汇编

这项工作通常称为档案文献编纂，即按照一定的作者、专题、时间或文种等特征，把档案文件选编成册，在一定的范围使用或公开出版。如，各种专题的档案史料汇编、现行学校的重要文件汇编、政策法规汇编等。

2.编辑档案文摘汇编

档案文摘是对档案原文的缩写，它以简练的文字概要地揭示档案文件的主要内容，是一种档案二次文献。按照一定的专题或采用定期的方式将档案文摘汇集起来加以公布。

3.编写档案参考资料

档案参考资料是根据档案内容加工编写的一种书面材料，如大事记、组织沿革、专题概要、会议简介、统计数字汇集等。它所提供给利用者的不是档案原件或复制件，而是对档案内容经过研究、综合而加工编写成的作品（即三次文献）。

4.编史修志

以室藏档案为基础，参加历史研究和编史修志。如协助或参与史志编修工作，进行与室藏内容相关题目的历史研究，撰写专门文章和著作等。

以下是萧山区中小学、幼儿园档案室根据学校特色，结合实际开展的一些档案编研材料，供参考。

【示例】

表 9-1 萧山区中小学、幼儿园档案编研参考目录

序号	编研名称
1	××学校管理制度汇编(教工手册、学生手册等)
2	××年度学校教育教学论文汇编
3	××年度~××年度优秀(获奖)教育教学科研成果集
4	××课题专项研究报告编研(方案、研究成果、依附材料等)
5	学校××专题活动材料编研(重大节庆日活动、师生作品集、教案集、案例集、演讲稿、说课稿、汇报课教案等)
6	申报××省××市××区××等级学校汇报评估材料编研(绿色学校、文明学校、档案上等、健康促进学校、幼儿园星级等)
7	学校校本课程系列
8	学校特色编研(德育教育、艺术教育、体育教育、红十字、围垦精神传承、沙地文化、红色教育、孝敬文化、礼仪文化、家长学校、名校集团化、城乡结对互助共同体活动、一镇一品特色等)
9	学校年鉴
10	学校综合性刊物(校刊、校报、学刊等)
11	近年来学校各类节庆日活动编研
12	近年来各类媒体报道本校信息的编研
13	历年来学校大事记汇编
14	历年来学校综合性荣誉汇编
15	历年来学校教师、学生区级以上各类单项荣誉汇编
16	历年来各类名册汇编(行政管理人员、教职工、毕业生、三好学生、优秀学生干部、区级以上荣誉获得者等)
17	历年来学校具有重大影响活动照片汇编(重要领导视察、重大活动、历任校长、历届毕业班合影等)
18	历年来学校各类学科期中、期末试卷汇编
19	历年来学校运动会名册与比赛结果的编研

序号	编研名称
20	××届学生毕业纪念册
21	学校建校××周年校庆纪念册
22	校庆专题宣传片、校史宣传片
23	学生成长记录册(幼儿园)

三、档案编研工作的主要环节

档案编研有选题、选材、提炼、编制、审核等环节。

1.选题

选题要了解利用需要,关注学校教学和教研等动态,紧紧围绕本校教育教学实际,服务学校的教学、管理和服务工作,有较强的查考和实用价值。如,按年度编制《学校办学条件基础数据汇编》,汇集学校最基础的数据,其利用频率高,是最常用的编研材料。在此基础上,还可以开发数据库基础数据汇编。

2.选材

选材要求保证材料的真实性、典型性、新颖性、适用性和完整性。

3.提炼

提炼是在发掘大量史料的基础上,将编研所需要的信息遴选出来,提取编研所需要的元素。遴选出的信息一定要准确、全面,具有代表性,能够反映出问题的关键所在。

4.编制

可由学校档案部门自行组织编写,也可以与校内其他职能部门合作,联合编写,如与教科处一起编写教育科研成果、论文选编等。

5. 审核

编写者在对初稿进行核实后，还要交领导加以审查和把关。

四、从"小编研"到"大编研"

目前，中小学幼儿园档案编研大多是传统的档案编研，且停留在浅层次的基础上，主要就是学校档案室以书刊为载体汇编档案，在一定范围内加以公布。它的编纂者基本是档案人员，载体基本是书籍、刊物等印刷物，形式基本是文件汇编，材料基本是室藏档案，发行范围一般也比较小，仅在校内或校际。这里有人力、精力方面的不足，也有管理甚至是思想观念方面的问题。

但是，随着学校各项事业的发展和档案工作为学校工作服务的深化，档案编研工作也出现了新趋势，档案编研的主体和客体不断拓展，范围不断扩大，形式不断更新，影响不断增强。这一切，可以概括为从"狭义编研"向"广义编研"的转变，亦可称从"小编研"到"大编研"。所谓"大编研"，是相对于传统的档案编研而言的，是对传统档案编研的扩展和延伸。传统的档案编研，我们可称为"小编研"。"大编研"是对以往那种"小编研"的全面扩展和纵向延伸，它的编撰者除了档案室自身，还有由档案室广泛地联合社会上的各单位，包括其他档案馆（室）、学术单位、科研单位、企事业单位，经济建设部门、其他专业主管部门，甚至有关专家、学者和个人；它的载体除了书刊等印刷物以外，还有录音、录像、光盘等；它的形式除了文件汇编外，还有对档案资料经过研究加工而编写的有关资料或撰写的研究论著以及各种文学艺术作品、视频、网页等；它的材料除了档案，还有图书、报纸、刊物、机关出版物、书画、碑拓、印章等各种资料；它的材料来源，除了本校收藏的，还有学校以外收藏的；它的发行范围一般也比以前大。这种"大编研"，包括了对档案以及档案部门收藏的其他资料的原始文献公布、文献信息报道和文献深层加工三个开发层次,是对档案部门各种信息资源的全方位和立体式开发,能够更有效地为学校各项事业和校园文化交流服务,它正在成为今后学校档案编研工作的方向和出路。学校档案工作者应该自觉地树立这种"大编研"的观念,加强这方面的研究,努力编研出有影响的成果。

　　学校档案的编研开发应结合学校工作需要进行。一般常用的编研材料主要有学校年鉴、大事记、组织机构沿革、基础数字汇集、名人简介等。以下章节将介绍几种学校使用率较高的编研材料的编写。

第二节　学校年鉴编写规范

学校年鉴,是以年度为时限,分栏目叙述该年度本校基本情况的综合性著述型的编研成果。

一本质量上乘的年鉴,可以为学校领导科学决策提供依据,为广大师生工作与学习提供资料,为学校加强宣传、扩大交流提供素材,从而为促进学校改革与发展发挥独特的作用。编写学校年鉴,也是学校文化建设的重要内容。

萧山区中小学、幼儿园根据区教育局印发的《萧山区学校年鉴编写的建议性要求》,结合学校实际进行如下编写。

一、总体结构

学校年鉴的总体结构一般可分为五个部分:封面、前言、目录、正文、后记。

（一）封面

封面一般呈现标题（含年份）、学校名称、编写时间等内容。

（二）前言

前言也称编写说明,一般应写清楚年鉴的定位、年鉴正文的内容安排和年鉴编写的变化等内容。

（三）目录

目录主要是把年鉴的内容揭示清楚。

（四）正文

正文一般可分为图片插页、学校概况、特载文献、大事记、组织人事、制度文件、各项工作和办学成果 8 个部分。各校在编写年鉴时，可根据学校实际进行调整，特别是结构安排上应突出自己的特色。

1. 图片插页

图片插页可放在目录前，主要内容为领导班子（新任校长）和全体教职员工的照片，重要领导来校视察的照片，有特殊价值的校际交流合作活动的照片，有开创性意义和具有学校特色的重大活动的照片，学校、教师、学生特别重大的荣誉和成就的照片等。

2. 学校概况

学校概况要对学校整体发展情况作概括性的表达，一般分为两个部分，一是学校简介，二是党政总结。学校简介主要介绍学校的发展历程、基本情况与主要成就，学校当年的发展与变化情况。

3. 特载文献

特载文献主要包括特载和文献两个方面。特载指图片插页中需要详细介绍的学校办学成果、重大事件和优秀师生情况等，也可选载各种媒体对学校和师生的有重大影响和价值的宣传报道。文献指学校整体办学水平和某项特色工作（该年通过评估验收的工作）的自评总结。

4. 大事记

大事记是指按时间顺序记录的学校发展和变化的重大事件。事情只区分大小，不区分好坏，凡是对学校发展有重大促进或促退作用的事件均应载入。

5.组织人事

组织人事主要是指学校现任领导、机构设置、人事任免、教职员工及变动、教职员工职称评聘等内容。

6.制度文件

制度文件包括制度和文件两方面内容。制度指当年修订和出台的制度。文件指当年印发的相对重要的文件,其他文件只需列出文件标题即可。

7.各项工作

各项工作可分为学校德育、教育科研、教学研究、教师培养、办学条件改善、学籍管理。其中前五项内容以工作过程为重,对工作总结中的相关内容进行适当的具体化;学籍管理主要包括学校招生、学生毕业、学生转(退)学与插班等内容。

8.办学成果

办学成果也可以称学校荣誉,分学校集体荣誉、教师个人荣誉和学生个人荣誉等三个方面,其中学生个人的校内荣誉只载入三好学生和优秀学生干部等荣誉为宜。

(五)后记

后记主要表述编写本册年鉴的有关情况和致谢。

二、年鉴编写的注意事项

编写年鉴时,应注意以下事项。

(一)确定总体结构

学校可根据实际,确定学校年鉴的总体结构。

（二）确定选载标准

学校可根据本校的实际发展水平，确定年鉴的内容和选载的标准，做到不芜杂，不遗漏。年鉴的内容重在"发展"和"变化"，选载标准的确定一般宜三到五年不变。

（三）确定编写人员

年鉴是综合性的编研材料，如果仅由档案管理员来编写，就会有先天的不足，难以充分反映学校整体发展水平和变化情况，因此，需要学校中层以上领导的全员参与，建议成立年鉴编委会，可将总体结构中的具体内容落实到人，实行在校长领导下的分工合作制。同时，指定一名文字功底好、熟悉学校整体情况的学校领导或办公室主任进行协调和统稿。档案管理员做好各块材料的催交、验收、付印等工作。

【示例】

《萧山中学年鉴》的编写始于 2001 年，开萧山区学校年鉴编写之先河。多年来得到学校领导和各处室的大力支持，曾在 2006 年、2010 年、2013 年、2016 年萧山区学校年鉴评比中四次荣获一等奖。

图 9-1　萧山中学历年年鉴

年鉴

2022

总　编　周　斌

副总编　方飞燕

主　编　谢忆静

编　委　朱立刚　杨国平　翁利帅　金伟国　孟小玲　李金兴

　　　　杨华明　张雪芳　徐阜玛　葛建红　张建波　关思琦

萧山中学年鉴编写组

2023 年 5 月

图 9-2　《萧山中学年鉴(2022)》扉页

前　言

一、《萧山中学年鉴》是综合性工具书，较全面系统地逐年记载萧山中学各方面的主要情况，为读者了解萧山中学提供丰富、翔实的信息资料。

二、《萧山中学年鉴（2022）》记载了 2022 年学校概况、特载文献、大事记、组织人事、制度文件、各线工作、办学成果等几方面内容，摄要选萃，反映学校一年来的教育改革和事业发展之概貌。

三、本年鉴所涉及的文字内容和数据，来源于综合档案室的相关档案和资料。选用时本着实事求是的原则，力求准确和真实，客观地展示学校历史，以方便工作查考利用，为领导制订各项政策和工作规划提供依据，为今后编史修志提供可靠资料。

四、为形象地反映本校各项工作成绩，达到图文并茂，本年鉴特列校领导班子、领导视察、重大活动、先进荣誉等多幅照片。

五、《萧山中学年鉴》的编写始于 2001 年，开创了全区学校《年鉴》编写的先例。多年来得到学校领导和各处室的大力支持，曾在 2006 年、2010 年、2013 年、2016 年四次萧山区学校年鉴评比中荣获一等奖。为不断提高《萧山中学年鉴》的质量，与时俱进，恳请领导和师生们提出改进意见。

萧山中学年鉴编写组

2023 年 5 月

图 9-3　《萧山中学年鉴（2022）》前言

目　录

图 9-4　《萧山中学年鉴(2022)》目录页

第三节　学校大事记、组织沿革等编写规范

大事记是一种按照时间顺序记载本校发生的重大事件和重要活动的参考资料。大事记能够为总结工作经验与教训提供可靠的线索和准确的依据,并为研究历史提供事件梗概与描述。

一、大事记的内容与编撰

大事记编撰一般采取以时为序的编写方法,即以事为纲,用编年体与纪事本末体相结合的方法记叙,按照时间的顺序,用简洁的文字讲清事件的来龙去脉。在年鉴中,大事记一般占有一个栏目,用条目的形式分别记叙。大事记是每个档案部门最基本的编研材料。

(一)大事记的种类和组成

按照大事记记事范围,可以分为综合大事记、专题大事记两种。前者如:"萧山区××学校大事记";后者如:"萧山区××学校××特色工作大事记""萧山区××学校课程改革大事记""萧山区××学校实验楼改造大事记"等(根据学校自身需要编写)。

按照大事记编写体例,可以分为编年体、纪事本末体和编年纪事本末体三种。一般多采用编年体。

一份完整的《大事记》,一般由四个部分组成:封面、编写说明、目录、正文。

1.封面

(1)标题

包括大事记的总标题、记述事件的时间范围。如:《萧山区××学校大事记 2016 年》《萧山区××学校教改工作大事记 2015—2016 年》《萧山区××学校 1950—1978 年大事记》。

(2)编制单位

编制单位需写全称或通用简称。

(3)编印年月日

可用中文书写全称。例:二〇一六年十二月三十日。

(4)其他需注明事项

凡属"内部印发""秘密"等,应在封面左上角处标明。

2.编写说明

向读者说明编写目的、本大事记的性质和记述范围、选事标准、材料来源(档案室藏档案或走访、回忆等)、体例编排、参加编写人员及分工,以及其他需要说明的问题。

3.目录

按时间顺序或专题顺序,由顺序号、题名、页号组成。

4.正文

正文一般由时间和事件两部分组成。时间:按年、月、日的顺序依次排列,每件大事年、月、日齐备(可靠、可考)。编写大事时间,必须注意以下几个问题。

第一,大事时间必须考证、换算准确,标示清晰,避免错误及含混不清。为了保证大事时间的准确、明晰,不能用笼统含混的时间概念,如"近来""不久以前"等。

第二,大事记中确实无法考证、无法描述具体时间的(有的是事后补写无法回忆,有的是时间横跨数日乃至更久),对应大事条目的具体排列方式如下:日无考,附于月末,标"是月";月无考,附于年末,标"是年",或者"×年×月×日至×年×月×日"。

第三,大事时间,一般以公元纪年为准。

(二)大事记的编写要点

第一,大事记记录的事件,是指重要工作(活动)和重大事件。大事记的选事原则:紧紧围绕学校工作(专题工作),大事要事必载,小事琐事不取。

第二,内容要真实,观点正确。所记述的内容要符合客观实际,不得随意加进编者的主观见解,更不准歪曲事实。

第三,文字要简明、扼要。对所记载的内容一定要做到"大事突出、要事不漏";一般一条一事,一个条目中着重记述一件事情,而不能把几件事糅合在一起。

【示例】

表 9-2 萧山区××小学 20××年度大事记

序号	时间	大事内容
1	2月18日	义蓬片督学沈××来我校检查开学工作,南阳镇中心辅导学校主任洪××陪同。沈××督学在听取钱×校长的工作汇报后,对我校开学工作表示肯定,认为学校开学准备工作落实到位,教育收费按规操作。此外还和在座学校领导就新学期教育教学工作如何开展进行了讨论。钱×校长表示,在本年度将重点抓学校的教学质量
2	3月5日	下午,××小学分工会召开教工代表大会,共有10名教工代表参加。会议由分工会主席王××主持,重点是对《××小学教师工作考核办法(2003)》提出修改意见。与会教工代表对《办法》提出了修改意见后决定,《××小学教师工作考核办法(2003)》将递交××小学教工大会审议通过后在新学期试行

续　表

序号	时间	大事内容
3	3月21日	我校五、六年级362名学生在教导主任冯××老师的带领下,来到学校德育基地——南阳经济开发区参加社会实践活动。学生们首先听取了开发区管委会副主任倪××对近几年开发区发展情况的介绍,随后参观了阳城热电厂、精细化工厂,亲身感受到家乡前进的步伐
4	4月3日	萧山区教育局教研室小学教研员贾××、朱××两位老师来我校参加课堂教学研讨活动。两位老师与我校21位语文教师首先观摩了杨××和胡××两位老师的语文阅读教学课及周××老师的作文指导课。评课中,贾老师指出阅读教学应当讲求灵活开放;朱老师强调小学生的写作应当贴近学生的生活
5	4月21日	中午11:30,举行了全校教职工会议,校长钱×传达了上级防控"××"会议的主要精神,全面布置了学校"××"防控的具体措施:(1)加大宣传力度;(2)加强消毒;(3)控制外来人员的出入;(4)每天到校对学生测量体温并及时上报局教育科;(5)发现疑似病例,及时采取相应措施并上报

二、组织沿革

组织沿革是系统记载一所学校的组织机构、人员编制、体制变革情况的编研成果。

组织沿革是一种最基本、最常用的编研材料,也是利用频率、信度都比较高的一种编研材料。不论是领导还是部门工作,不论是校内工作还是校外公关,开会撰写文件材料或者是学校的评估等许多工作,都涉及学校的沿革、教职工变动和办学、培训情况,以及基本建设等方面的数据和资料。

(一)组织沿革的编写格式

一份完整的组织沿革由四个部分组成:封面、编写说明、目录、正文。组织沿革的封面、编写说明、目录的编写,可参考大事记的写法。

组织沿革的正文可采用编年法、系列法、阶段法编写。主要内容大致包括：①本单位机构建立、撤销或合并（时间、原因等）、隶属关系、性质任务和职权范围；②机构名称演变；③领导人员（一般写到中层以上领导）的变动；④编制扩大或缩小；⑤内部机构设置；⑥地址迁移等。

（二）组织沿革的编写体例

建议采用编年法，就是按年代顺序，逐年列出该机关的机构设置与人员任免等情况。这种方法的优点是能比较清楚地反映出组织机构产生、发展变化的脉络，符合组织沿革的时间性要求。

（三）组织沿革的表述方法

1. 文章法

用文章形式记述组织及人员情况，分章节做文字叙述。

2. 表格法

用表格列出组织机构序列、名称、负责人姓名、编制人数及分工。

3. 图示法

用示意图反映组织机构设置及演变。

【示例】

组织机构沿革

（1938年—2022年）

浙江省萧山中学

2022年11月

浙江省萧山中学组织机构沿革

一、校名沿革

年　代	校　名
1938—1943年	萧山县立战时初中学生补习学校，简称"战中"
1944—1953年	萧山县立初级中学
1954—1955年	萧山县第一初级中学
1956年—	浙江省萧山中学

二、校址迁移情况

年　代	迁移情况
1938—1939年	坎山周氏宗祠
1943—1945年	河上镇大坞朱村朱氏家庙
1944—1945年	河上镇桥头黄村太平庙（分部）
1945—1949年	城厢镇城隍庙（今朝晖初中校址）
1952—1954年	临浦峙山庙（分部）
1949—1995年	城厢镇市心下街南货会馆和富家祠堂（今文化路）
1995年—	城厢镇拱秀路538号

图9-5　萧山中学组织机构沿革（图示法）

三、基础数字汇集

基础数字汇集是以数字的形式反映学校基本情况的一种参考资料。基础数字汇集具有信息集中、内容广泛、简明直观、使用率高等特点。基础数字不仅是各项工作不可或缺的佐证材料，也是宝贵的历史记录。基础数字汇集的形式、种类多种多样，可以根据学校的实际需要来编写。

基础数字汇集主要分为两种类型：一是综合性基础数字汇集，即系统地记载学校全面情况的基础数字汇集；二是专题性基础数字汇集，即系统记载和反映某一方面或某一专题基本情况的基础数字汇集。不管编写哪种基础数字汇集，都要有严谨认真的态度，保证数据的真实准确。

四、名人简介

名人简介是将学校的典型教师、毕业生或其他具有代表性的人物的基本情况、先进事迹、突出成绩或贡献用文字概括地表述出来的一种编研资料。名人简介的编写有利于后人编史修志,也有利于学校精神文明与物质文明建设。人物简介的收录一般以学校的典型人物、典型事例为主,撰写人物要准确真实,力戒不实之词。如,萧山中学建有知名校友简介集,目前已收集了近 300 位在各行各业颇有建树的校友。

【示例】

萧山中学1953届校友汪忠镐

汪忠镐,男,1937年9月生,萧山中学1953届初中毕业生,血管外科专家,中国科学院院士。首都医科大学教授,博士生导师,主任医师,航空总医院名誉院长,我国血管外科的重要奠基人之一。中华医学会外科分会血管学组主任委员;国际血管外科学会副主席;国际脉管学院副主席;中华医学会科技奖和青年奖评委;纽约科学院院士,美国血管外科学会杰出会员和印度血管外科学会名誉会员;前亚洲血管外科学会主席;前国际脉管杂志副主编、前国际血管联盟副主席和顾问;国际布加综合征学会创始主席。

图 9-6　萧山中学 1953 届校友汪忠镐

五、教科研成果简介

教科研成果简介是针对学校教师在教育教学和科学研究中所取得的成果的内容、性质、效用等情况所做的一种简要介绍。

教科研成果简介是学校一种应用效率较高的编研资料。编写好教科研成果简介对于宣传、推介教科研工作者的科研成果起着积极有效的作用。

随着中小学幼儿园对教科研工作的重视及科研能力的提升,教科研成果逐步增多。因此,可以编写系列的材料,例如,《历年重大教科研成果选编》《论文集出版统计》等。编研形式可以用文字,也可以用表格的形式,以方便查阅为准。

六、档案利用效果简介

档案利用效果简介是学校档案部门根据档案利用情况编撰的工作资料。

【示例】

档案还原办学历史

萧山中学创建于1938年春,其创办目的是挽救沦陷区青年,击破日伪推行奴化教育的罪恶企图。在时局动荡不安,经费严重不足的情况下,萧山中学曾辗转于萧山多地,1943年至1945年曾以河上镇大坞朱村朱氏家庙玉泉堂为校舍。

萧山区河上镇为打造红色乡村,计划筹建萧中河上旧址纪念馆。2016年4月,河上镇周寅副镇长专程来到萧山中学档案室,翻查萧中民国时期档案,拍摄当年的毕业证书、学生名册、学籍卡、教师名册、试卷等相关的档案资料照片,为玉泉堂的修缮布展提供了丰富的内容。

2016 年 11 月 13 日,萧中河上旧址纪念馆正式开馆。站在玉泉堂中,我们仿佛看到了当年萧中师生克服困难,发奋读书,弦歌不辍的场景:"虚堂四敞,一灯如豆,讽诵之声,不绝于耳","供奉俭约,箪食瓢饮,不改其乐"。

第四节　学校特色编研工作

　　档案编研的形式多样,学校档案部门除了做好基础的常规编研外,还应根据本校档案内容和工作的实际需要,选编出实用的、具有校本特色的档案编研成果。

一、学校特色编研的编制

　　学校特色编研属于专题编研。在学校工作中有不少特色创建活动,有德育教育、艺术教育、体育教育、红色教育等专题,学校可以围绕这些特色创建活动,编制专题档案编研。在编写过程中应分阶段写清特色创建过程,全方位展示特色创建成果和多角度呈现特色创建影响。特色编研的形式,也不局限于传统的纸质编研,可以是制作专题画册、举办专题展览和拍摄专题片等,随着信息技术的发展,声像档案在满足社会需求方面发挥了生动直观的优势,"读图时代"的大众传媒的需要使档案编研的新形式不断出现。

二、学校数字档案编研工作

　　在信息时代,传统编研工作已越来越不能满足学校和社会的利用需要,我们需要利用信息技术创新手段,拓展编研工作的思路,采用新的技术和模式开展学校编研工作。近年来,萧山区中小学、幼儿园广泛开展了数字档案室的创建工作,已建成了一批省、市、区数字档案室,建立了全文档案数据库,为学校档案编研工作从传统模式转向现代的数字编研模式创造了条件。笔者学校开展了基于数据库的学校数字档案编研工作的探索。

(一)建设规范集成的数据库是数字档案编研的基础

发挥数字档案编研优势的前提是建设好档案数据库,没有规范完善的数据库以及完整、准确的数据,数字档案编研将是"无源之水"。而建设规范完善的数据库的关键是统一元数据模板。数据库的建设一般可分为基础数据库建设和专题数据库建设,以萧山中学为例,在基础数据库建设中,将原先按分类方案建立的党群工作、行政管理、教学管理、教师业务、学籍管理、基建、设备、会计、照片、录音录像、光盘等多个档案数据库,进行了合并集成,根据不同的元数据设计了3类基础数据库模板(见表9-3至表9-5),分别为文件库、案卷库和媒体库(含照片、录音录像、磁性载体),方便检索。其中在文件库和照片、声像等库中特别设计了"专题"这个字段,将有助于我们在进行编研选材、检索资料时关联不同类的数据库,从中找到所需的各类相关信息。

【示例】

表 9-3　基础库元数据模板案例 1

文件库元数据模板	案卷库元数据模板
档号	档号
参见号	年度
年度	案卷题名
保管期限	责任者
件号	起始时间
题名	终止时间
文号	载体数量

续　表

文件库元数据模板	案卷库元数据模板
责任者	总件数
成文日期	保管期限
载体数量	存放地点
存放地点	备注
机构或问题	控制符
主题词	载体类型
专题	载体规格
附件	密级
备注	主题词
载体规格	提要
密级	
控制符	
稿本	
全文标识	

表 9-4　基础库元数据模板案例 2

照片档案元数据模板	声像档案元数据模板	磁性载体档案元数据模板
照片号	档号	档号
底片号	参见号	分类号
参见号	年度	年度
相册编号	分类号	参见号
组内张数	卷号	卷号
年度	盘号	盘号
题名	盘内序号	内容提要
拍摄日期	题名	责任者
摄影者	摄制者	载体数量

续　表

照片档案元数据模板	声像档案元数据模板	磁性载体档案元数据模板
专题	摄制日期	载体类型
机构或问题	专题	载体格式
类型规格	载体长度	存储介质
文字说明	载体容量	制作者
存放地点	载体格式	制作日期
归档人	存储介质	专题
归档时间	存放地点	保管期限
立册人	责任者	备注
立册时间	保管期限	归档者
立册情况说明	密级	归档日期
检查人	控制符	归档说明
检查时间	全文标识	检查人
备注	备注	检查日期
		存放地点
		全文标识

　　档案专题库是档案数据库的一个重要形式，它是以各类档案基础数据库为主要来源，通过档案信息管理系统，按照某一专门题材内容编制而成的各类档案数据集合。档案专题数据库是跨全宗、多类别的档案数据链接组合，是系统性的档案数字化综合开发成果，在提供利用方面具有很强的针对性、实用性。专题数据库的建设可根据学校的实际情况和利用需求设计，分为以下几类：

　　第一类为教师信息专题数据库，如职称评定、职务任免、论文、课件、荣誉等专题库，可与基础数据库（教师内容的条目）关联，这样一个教师的所有信息均能非常方便地管理和检索；

　　第二类为学生信息专题数据库，如在校生、高考录取、毕业生等专题库；

第三类为教学资源专题数据库,如教学试卷、教学案例等专题库;

第四类为校级信息专题数据库,如学校荣誉、媒体报道等专题库。萧山中学建立了教师职称评定、教工职务任免、教师论文、高考录取库、学校荣誉库等多个专题库(案例3),具有较强的实用性。更多专题库元数据模板详见本书第十二章第二节"学校数字档案室的创建"。

【示例】

表 9-5　专题库元数据模板案例 3

职称评定专题库模板	职务任免专题库模板	荣誉专题库模板	高考录取专题库模板
姓名	姓名	获奖者	报名序号
专业技术职务	任免机关	荣誉名称	准考证号
评审时间	任免日期	荣誉时间	姓名
评审文号	文号	级别	总分
发文单位	内容摘要	授奖单位	录取学校
聘任时间	档号	档号	录取专业
档号	存放地点	种类	批次
存放地点	备注		届次

建立统一规范的数据库,能极大地提高编研选材和检索资料的查全率和查准率,能更快捷地检索和挖掘出编研所需的各类有效信息。建库后进一步对录入数据进行清洗、集成、转换,使之有序化,将会使数据检索和数据挖掘发挥出更大的效力。

(二)数字档案编研工作的流程

1.互动式选题

在选题环节上,编研人员可以利用数字档案室网络平台的交互功能,通过论坛、留言簿、在线调查等方式,根据利用者提出档案编研题目与具体要求,最大限度地获得学校和社会各层次的档案需求信息,由此来决定编研的课题。例如,几位网友在萧山中学档案网站上留言"我想知道近几届毕业生的去向(被录取的学校)……""我是刚毕业的,现在在西安上学,帮忙问一下,萧中有多少人在西安,前几届的也可以……"档案员看到这些留言后,了解到利用者对学校高考录取情况的急切需求,及时确定以学校每届高考录取生为专题开展编研工作,建立高考录取专题数据库,筛选出所需信息制作成萧山中学高考录取汇编。这样开发的档案编研更能及时、准确地提供社会各界急需的档案信息,满足师生、学校、教育事业的发展需要。当然我们也不能完全否定传统编研的选题方式,如开展利用反馈调查、分析查档日志中倾向性需要,也有助于我们很好地确定编研选题。

2. 数据仓库选材

在建立了完善的数据仓库后,就拥有了经过整理、集成的数据进行编研选材。首先,根据编研的课题,输入相关专题词从数据库中筛选出所需数据,数据库的检索效率要比手工检索的高很多,所以材料收集速度就比较快,并且也比较全面,不会造成重大遗漏;其次,我们将检索结果保存到专题库中,在编研时对档案资料不需要重新输入就可以随时调用,为摘抄档案提供了方便;最后,通过专题词的关联,我们不仅可以对某一类档案库进行检索,也可以对其他各类档案库进行跨库检索,如对照片档案、声像档案等进行检索。

此外,在选题和选材这两个环节上,利用者可以通过网络及时向编者提出要求或提供材料线索,这将保证档案汇编选题精确,材料齐全。例如,学校制作的优秀教师风采集,发布到网络上一段时间后,优秀班主任张老师主动向编者发来邮件,提供新增论文内容及最新个人照片,要求更新形象。利用者和编研人员之间的互动,使原有的编研人员与利用者之间的身份界限弱化,利用者既是读者同时也是编者,这种互动模式更有利于档案编研工作的开展。

3.计算机编辑与加工

在进行数据仓库选材后,就要利用计算机技术,通过各种编辑软件对档案信息进行数字化加工和处理,使编辑、排版、校对等工作同步进行或者混合进行。通过计算机编辑技术,使编辑、排版、校对等工作得到简化,汇编的内容和表现形式能够做到更好的统一,档案的编研加工手段也得到了极大丰富,档案汇编形式实现了历史性转变。如结合多媒体技术,可以将形成于不同载体的照片、录音、录像、图纸、表格与文字合成一体,使档案汇编做到了文字、声音、影像、图片等多种形式并用,实现了良好的艺术效果,提高了档案汇编的质量,吸引了更多的浏览者。

4.网络发布

数字档案编研的发布以网页(htm)、电子书籍(chm)等形式为主,简化了档案汇编的出版流程,甚至可以达到即编即发,编研活动即出版活动的地步。同时,借助网络我们可以无限拓展档案汇编的传播范围。汇编一在网上发布,就可以被所有的浏览者(在获得相应权力的情况下)利用。档案汇编的作用不再受发行数量的影响,无论在何时何地,只要利用者浏览本网页,就可利用汇编。

数字档案编研立足于规范集成的数字档案仓库,运用数据库技术、网络技术等手段,依托档案编研工作的理论和实践,及时、有效地实施开发,缩短加工时间与传递时差,提高了利用的时效性。与此同时,充分运用网络等通信技术,加强与利用者之间的交流,互相提供编研工作思路,群策群力、集思广益,改变"关门编研"的工作局面,走出了一条档案信息资源共享,锐意开拓编研工作的新路。

【示例】

　　萧山中学编制开发了学校档案编研网站，由新闻快报、萧中年鉴、名师风采、知名校友、优秀学生、领导题词、高考信息、视频档案、留言、论坛等十个栏目组成。该网站具有随时发布、随时更新内容和易于维护管理的优点，真正体现编研成果时效性强、受众面广的特点。

图 9-7　萧山中学档案编研网站首页

第十章　学校校史馆建设

校史档案是学校档案的一部分,反映学校建立、发展和变迁的过程,也是校园文化建设的重要组成部分,具有存史资政、育人、宣传的作用。为了更好地发挥校史档案的作用,学校档案管理部门应认真开展校史档案的收集、归档与利用工作,保证校史档案收集完整、管理良好、利用充分。

第一节 校史档案的收集与利用

一、校史档案的收集

（一）收集范围

校史档案在收集过程中，应该注重以下文献资料和实物档案的收集：一是学校重大历史事件、对外交流合作等重大活动相关的文献。二是学校各个时期发展变迁过程中产生的实物档案，包括学校变革、发展产生的牌匾、碑铭、印章、徽章、印刷品、纪念册等。三是学校师生在生活工作中创造的成果资料，如师生的科研论文、发明专利、文艺创作，有关教学、科研、文体活动等的照片、视频，富有特色的教具等实物资料。四是与知名校友、历任领导相关的文献资料和实物，如知名校友的论著、信函、手稿，领导回忆录等。五是近些年越来越受到重视的口述校史档案，主要是采集学校领导、专家、教授的口述校史，并加以系统地整理和编辑，以此对学校的校史档案进行补充和完善。

（二）收集渠道

校史档案的收集渠道主要为学校自主保存，校友、师生、社会人士捐赠。另外，也可以采取购买、代管、复制等方法收集。在日常工作中，学校档案部门和相关职能部门应有意识地保存各类实物档案,定期收集师生的教研成果、活动照片;学校发生重大事件后,重点收集事件相关的文件资料和实物档案。不定期面向校友、师生、社会人士征集校史资料和实物;对于一些珍贵的校史资料或实物,在持有者自愿、共同协商的基础上,学校可以以一定的价格购买,或者经协商后签订代管合同代为管理。遇到难以征集的情况时,可在征得持有者同意的前提下,对校史资料和实物进行复制。对于口述校史档案,学校应有意识、有重点地组织开展校史采集工作,面向学校老领导、专家、教授,围绕办学过程中的重要工作、重大事件、重要决策进行采访,并以文字、声像的形式整理编辑,更好地挖掘、收集校史资源,弘扬学校精神。

二、校史档案的开发

校史档案不仅要妥善保管,还应在保证档案安全完整的前提下进行开发。合理地开发更加利于对档案的保护,也能更快捷地为使用者提供档案信息资源,更好地发挥校史档案的作用。学校档案部门应转变被动服务于师生查档需求的工作模式,明确自身在校史档案开发工作中的主导责任。可通过跨界融合创新校史档案开发形式,通过多种形式建成具有本校特色的校史档案开发成果,弘扬学校的优良传统。

开发的途径之一是利用校史档案资源建设线上线下校史馆,在建设实体校史馆时,学校同时可以开展校史档案征集工作,有效补充档案室藏资源。建设线上数字校史馆,数字校史馆可以扩大传统的档案服务范围,实现共享信息资源,使档案信息检索更加方便迅速,提高校史档案的利用效率。线上线下实体和数字校史馆的建设详见本章第三节介绍。

开发的途径之二是对校史档案进行各种类型的编研,可按各种专题搜集资料进行加工和编辑,使校史档案通过图书、教材、课程、影像等多种形式,更集中、更具体地呈现给利用者。

具体可有以下几种方式。

(一)成立教育基地

利用校史档案进行不同主题的展览、汇编、报告等,可以对学生进行人生观、价值观教育和爱国主义教育,传承学校优秀的历史文化,促进学生全面健康成长。如浙江省萧山中学建有两个旧址纪念馆,分别为河上旧址纪念馆和坎山旧址纪念馆,都是市级文保单位,同时也是学生教育基地。又如,萧山区第三高级中学建有红色教育馆——凤凰馆,包括红色革命展馆和校史馆,是该校传承红色基因,赓续学校精神的重要基地。

图 10-1　萧山中学河上旧址纪念馆(朱氏家庙)

图 10-2　萧山中学坎山旧址纪念馆(周家祠堂)

图 10-3　组织学生开展寻根之旅——毅行寻访萧中旧址纪念馆

图 10-4　萧山三中红色教育馆——凤凰馆

（二）开发校史选修课程

校史档案是思政教育的资源库。学校档案部门可结合学校思政教育工作，开发校史思政课程。如浙江省萧山中学于 2021 年 5 月开发了校史特色选修课程"忆校史　学四史——校史馆里的思政课"，获评萧山区中小学精品选修课程。课程的实施结合校史馆参观学习、寒暑假学生校史研究性学习、校友寻访社团活动，穿插进行萧中旧址参观、校友寻访、追根溯源等社会实践活动，充分发挥学生的能动性和创造性，希望发掘出更多有关于萧中史和萧中人的资源。

图 10-5　校本教材《忆校史　学四史——校史馆里的思政课》封面与目录

关于公布萧山区 2021 年中小学精品选修课程评比结果的通知

各学校：

　　为丰富中小学选修课程资源，进一步加快推进我区多样化、特色化课程建设的进程，我室组织了萧山区 2021 年中小学精品选修课程的评比活动。本次评比，收到课程 119 个，经专家组评审，共评出中小学精品课程 78 个，其中 20 个课程被推荐参加杭州市第十七批普通高中精品课程、杭州市第十四届义务教育精品课程的评比。

　　现将评比结果公布如下：

序号	学　校	课程名称	负责人	课程组成员	奖　级
1	萧山中学	忆校史　学四史——校史馆里的思政课	周斌	李海霞、谢忆静、陈昀、王晓鹏	区级精品课程，送杭参评

图 10-6　校史特色选修课程"忆校史　学四史——校史馆里的思政课"获评萧山区中小学精品选修课程

（三）制作校史纪录片

因举办校庆等需要,许多学校拍摄过校史纪录片,这是学校传承优秀传统,赓续学校精神的重要载体。这些纪录片将成为学校重要的史料和精神财富,也将是人才培养中生动的思政教材。这也是学校档案部门深度挖掘馆藏校史档案,创新开发利用形式,打造优质影视作品,以档案文化惠及公众,提高社会档案意识。

【示例】

2022 年 9 月和 10 月,学校纪录片《萧然竞潮 中流击水》视频分别获得浙江省档案学会全省优秀档案编研成果评比三等奖、杭州市优秀档案编研成果二等奖。

图 10-7 学校纪录片《萧然竞潮 中流击水》视频截图

（四）多方合作开发校史档案

学校档案部门应拓宽工作视野，树立起外向思维，主动联合当地综合档案馆、其他学校图书馆等多主体共同探索合作开发校史档案的新模式，实现档案资源共享。

（五）编研校史，走一条集校史研究、教育、宣传之路

校史档案的开发，不要停留在校史馆完成以后就了事的观点，要走出一条学习型的路子来。学校的档案工作者，不仅要做好平时的整理、利用等工作，更重要的是利用馆藏档案丰富的内容搞一些编研，走一条研究校史的学习型的路子，拓宽工作的途径，使得档案工作的路子走得更广阔些。努力实现前文所述之"大编研"路子，广泛地联合社会上的各单位，创新载体和形式，对校史档案信息资源进行全方位和立体式开发，更有效地为学校各项事业和校史文化交流服务。

（六）基于数字档案资源的校史开发利用

浙江省萧山中学于2022年5月立项了浙江省档案科技项目"基于数字档案资源的高中校史开发及利用研究"，该项目针对中小学对校史资源开发利用的意识薄弱、校史资源开发利用途径单一、校史档案资源数据库建设、数字化校史工作相对落后的现象，研究在结合校史馆建设、校史校本课程开发的基础上，进行以下探索。

1.构建校史档案资源数据库

基于萧山中学智慧校园系统（即校园大数据平台），重新组合校史档案资源，集成校园各类资源和数据，利用大数据技术实现多个数据库之间的联通，实现资源共享。设计校史档案资源数据库的元数据模板，建立统一规范

的数据库,对录入数据进行集成、转换,使之有序化,充分发挥校史档案的数据检索和数据挖掘功能。

【示例】

萧山中学建立了校史档案专题数据库(见表 10-1、10-2),设计了相关字段如物品名称、归档时间、归档说明、归档人、存放地点、专题等,将相应编号的物品逐一录入数据库。其中在各类数据库中特别设计了"校史"这个专题字段,将有助于我们在进行校史馆建设选材检索资料时关联不同类的数据库,从中找到所需的各类相关信息。

表 10-1 萧山中学校史档案数据库元数据模板案例 1

文书类		实物类	
档号	174-WS·XS·1948·Y-001	档号	174-SW·XS·1938·Y-003
参见号		参见号	
年度	1948	年度	1938
保管期限	永久	保管期限	永久
件号	001	件号	003
题名	萧山县立初级中学五周年纪念刊	物品名称	萧山中学旧址坎山周家祠堂房屋雀替
责任者	萧山县立初级中学	责任者	萧山区瓜沥镇凤升村坎山周家祠堂
归档人(提供者)	不详	归档人(提供者)	孙戎
载体数量	1 册,82 页	载体数量	1 件
载体类型	16K 油印文稿	载体类型	木质构件
存储位置	萧山中学校史馆展厅 1944—1945 河上复校处	存储位置	萧山中学校史馆展厅 1938 坎山初创处
归档时间	不详	归档时间	20180824

续　表

	文书类		实物类
档号	174-WS·XS·1948·Y-001	档号	174-SW·XS·1938·Y-003
归档说明	"萧山县立初级中学"为萧山中学前身，五周年是指1943年在河上大坞复校到1948年，若从1938年坎山建立"萧山县立战时初中学生补习学校"算起，则为十周年。本刊由校舍平面图、校歌、校片（照片）、发刊词、校史、大事记、规章制度、学生习作、校友录等部分组成，是不可多得的珍贵史料	归档说明	2018年8月24日，萧山中学旧址坎山周家祠堂修缮，时任校长孙戎从旧址现场选取了一个替换下来的雕刻着精美人物故事的雀替，作为校史室的藏品，以兹纪念和展出
文号	无	专题	校史（坎山旧址）
成文日期	19480101	备注	
专题	校史（纪念册）		
备注			
密级			
稿本	正本		
全文标识			

表10-2　萧山中学校史档案数据库元数据模板案例2

	照片类		视频类
照片号	174-ZP·XS·2018·Y-019-053	档号	174-LX·XS·2021·Y-011
底片号		参见号	
参见号		年度	2021
年度	2018	盘号	011
题名	萧山中学2018届毕业生合照	内容提要	萧山中学校史纪录片
拍摄者	丽晶照相	拍摄者	萧山中学
载体数量	1张	载体数量	1段，5分34秒
载体格式	JPG	载体格式	MP4
载体形态	数码照片打印喷绘	存储介质	光盘

续　表

照片类		视频类	
照片号	174-ZP·XS·2018·Y-019-053	档号	174-LX·XS·2021·Y-011
照片说明	2018年5月17日,在萧山中学校园进行2018届毕业照片拍摄活动。本届高三年级共18个班,共有毕业生859名	制作者	萧山中学
拍摄日期	20180517	制作日期	202110
专题	校史(毕业照)	专题	校史(纪录片)
归档人(提供者)	谢忆静	归档人(提供者)	谢忆静
保管期限	永久	保管期限	永久
归档说明	萧山中学校史馆展厅选取了部分学生毕业照,组成了历届学生毕业照展墙。	归档说明	该视频是萧山中学办学历史、教学水平、软硬件设施、教育管理等各方面情况的综合性校史纪录。该片由"建智校、育英才、传精神"三个篇章组成,讲述了萧山中学自1938年建校至今的发展史,展现了学校筚路蓝缕、四易校址、不断壮大腾飞的发展历程,以及弦歌不辍、薪火相传而今桃李芬芳的人文积淀。
存储位置	萧山中学校史馆展厅历届毕业照处	存储位置	萧山中学校史馆展厅
备注		备注	

2.建立数字校史馆

基于校史档案资源库、校史馆和校本课程等资源,建立线上数字校史馆(网页和手机端)。通过实践和应用,研究线上数字校史馆的目标人群、功能定位、校内外"萧中人"的互动研究、资源提供、活动设计、成效指标、统计分析、社会影响力分析等。

3.依托校史馆和校史校本课程,助力校园思政教育

　　将校史馆参观学习列入学校思政课实践教学环节,通过校史馆的"实地看",一件件史料,一个个校史故事,一位位优秀校友,给学生以深刻的教育与启发。通过校史校本课程的"课中讲",以讲故事的方式润物细无声地开展思政教育,让"心存薪胆、奔竞不息"的萧中精神代代相传,使学生汲取开拓前进的勇气和力量,在人生成长的道路上把握正确的思想政治方向。

图 10-8　学生在校史馆参观学习

第二节　校史馆藏品的收集登记与管理

校史馆的藏品属于实物,可归在实物档案类,分类编目,以方便查找。但区别于普通实物,校史馆的藏品更多的是集中反映和见证一个时期、阶段学校成长和发展的过程、特征,是学校办学发展进程的典型浓缩,每件物品都具有很强的历史代表性。

一、校史馆藏品的收集

校史馆收藏的实物藏品,作为一种历史记录,一种有纪念价值的史料,不论是何种形式的实物档案,都是学校办学成果的综合反映,也是记录学校师生辛勤耕耘及教学成绩的有力凭证,保管和利用好这些实物具有深远的教育意义。校史馆藏品主要有以下几类。

1. 学校不同发展时期的教学用具、课本作业本、生活用具等

如浙江省萧山中学在 2018 年举行 80 周年校庆时,向师生、校友征集了一批教学用具和生活用具,有物理教具、光学组合仪器、生物标本、植物标本、老式放映机、试卷油印机、老式打字机,各年代的课本、作业本、试卷、备课本,煤油灯、搪瓷碗、饭票(卡)等。

2. 学校不同发展时期的标志物

学校不同发展时期的校徽(标)、校庆纪念刊(册)、学生毕业照等,校友捐赠的入学通知书、学生证、成绩单、获奖证书、毕业证书等,都属此列。

如浙江省萧山中学的校史馆里有一本 1948 年印制的《萧山县立初级中学五周年纪念刊》孤本,尤其珍贵。

3. 学校、师生获得的荣誉证书、奖杯、奖牌等

荣誉实物是学校的一笔精神财富,是树典型、扬正气,进行爱校教育的重要手段。

4. 公务活动、友好学校交流中获赠的礼品、纪念品

对价值较高的物品,还要按照学校有关管理制度,到学校的总务部门办理固定资产入库手续。

二、校史馆藏品的登记编号

藏品档案的整理编号可参照前面实物档案的整理方法。

（一）制定归档方案

萧山中学历年来收集的校史文献资料和实物档案均保存在校史馆中,尤其是 2018 年学校 80 周年校庆期间,学校面向社会进行了大规模的校史资料、校史馆藏品征集工作,收集到了一大批校友及社会各界的捐赠物品,目前萧山中学校史馆内有近千幅照片和上百件实物。因此学校首先制定了《萧山中学校史馆归档方案》。凡学校校史馆馆藏的物品都属于归档范围。具体包括:各种文稿、书籍、杂志、照片、视频、音频、实物(老校徽、教学用具、生活用品、老证件等)、奖杯、奖状、证书、标本、模型等。应组织专人对校史馆馆藏物品进行清点、分类、编号、归档。

（二）采集校史档案数据信息

在已有学校各类档案数据库的基础上,进一步对校史馆内各类校史资料进行清点、归档,采集校史档案数据信息,设计校史档案资源数据库的元

数据模板,建立统一规范的数据库,对录入数据进行集成、转换,使之有序化,充分发挥校史档案的数据检索和数据挖掘功能。

三、校史馆藏品数字化

当校史藏品达到一定数量和规模后,建议把校史藏品数字化,建立校史藏品数据库。通过扫描和拍摄等手段,以图片、视频、照片等形式把校史藏品进行数字化,并按藏品分类建立起相应的数据库,这是网络环境下档案资源整合共享的有效途径,既利于保护藏品原件,又利于开展数字藏品动态展览。

藏品数字化后,可建立校史藏品档案专题数据库,将相应编号的物品逐一录入数据库。

根据《实物档案数字化规范》(DA/T 89—2022)标准,采用拍摄、扫描等方式对校史实物档案进行数字化加工,将其转化为存储在光盘等载体上的数字文件,并按照校史实物档案的内在联系,建立目录数据与数字文件的关联。具体方式有以下几种。

1. 文稿平面扫描

文书类的藏品,如文件、手稿、杂志等通过平面扫描进行数字化。

2. 模型三维扫描

实物类的藏品,如教具模型、实验器具、校友赠送的礼品摆件等通过三维扫描进行数字化。

3. 奖牌数码拍照

实物类的藏品,如奖牌、奖杯、锦旗等通过拍摄数码照片进行数字化。

4. 环物摄影

如大事记幕墙、萧中新旧教室时空并置、新萧中建设历程 3D 白膜投影秀等,通过环物摄影进行数字化。

5.孤件仿本

如萧中校史馆有一本镇馆之宝《萧山县立初级中学五周年纪念刊》(孤本),该刊由校舍平面图、校歌、校片(照片)、发刊词、校史、大事记、规章制度、学生习作、校友录等部分组成。内容丰富翔实,文辞古朴典雅,印制精美大方,展现了当时萧中较高的办学水平和师生艰苦奋斗发愤图强的精神风貌,是不可多得的珍贵史料。学校进行了全文扫描,制作了仿本。

四、设计校史藏品数据库元数据

规范完善的校史数据库以及完整、准确的校史数据,是开始后续各项校史开发利用的基础,如创建数字校史馆,没有规范集成的校史档案数据库,数字校史馆将是"无源之水"。而建设规范完善的数据库的关键是统一元数据模板。萧山中学建立了校史藏品档案专题数据库,设计了相关字段如物品名称、归档时间、归档说明、归档人、存放地点、专题等,将相应编号的物品逐一录入数据库。其中在各类数据库中特别设计了"专题"这个字段,将有助于我们在进行校史馆建设选材检索资料时关联不同类的数据库,从中找到所需的各类相关信息。

【示例】

表 10-3 萧山中学校史馆藏品档案数据库元数据模板案例

文献实物藏品	捐赠藏品	书画藏品
档号	档号	档号
参见号	参见号	参见号
年度	年度	年度
件号	件号	件号
物品名称	物品名称	物品名称

文献实物藏品	捐赠藏品	书画藏品
责任者	捐赠者	作者
归档人（提供者）	物品数量	书画数量
载体数量	物品类型	书画类型
载体类型	物品规格	书画规格
存储位置	存放地点	存放地点
归档说明	归档说明	归档说明
归档时间	归档时间	归档时间
保管期限	保管期限	保管期限
专题	专题	专题
备注	备注	备注

第三节　线上、线下校史馆的开发建设

校史馆,即学校历史展览馆,是校史档案功能的进一步延伸,是由有价值的文字、图表和声像等学校历史与现代的丰富资料建设而成。可分为线下实体校史馆和线上数字校史馆。

线下实体校史馆是师生进行"知校、爱校、荣校"教育的固定场所,通过参观校史馆对新生进行入学教育和对新进教工进行岗前教育,十分有益于引导师生增强对学校的归属感和荣誉感,有益于师生形成严谨求实的治学精神和认真负责的工作态度。对于外来参观者来说,校史馆也是能够让他们在短时间内读懂、读好一个学校历史的重要场所。

一、实体校史馆的建设

校史馆首先是学校的编年史,是展列学校发展历史、展示学校办学过程和不同时代学校面貌的场馆;其次是学校传统与校园文化的集中表现的舞台,即以一定的平台和形式,将学校的优良传统与校园文化精粹充分展示的场所;再次是学校博物馆,能把学校的文博全景陈列;然后是学校的荣誉室,是学校教育教学成果的荣誉展览室;最后是学生德育教育基地,即通过校史馆的陈列与展示,成为学生德育教育和人文教育的基地。校史馆建设的注意事项如下。

（一）要建校史馆，首要的是校史的编写

在编写校史的过程中，要建立一个写作班子，设计好写作的主线，规划写作的框架，突出重点和亮点，每所学校在发展过程中要注意对学校有特色的地方加以宣传。主线确定后，在写作的过程中，要注意不要面面俱到，不分重点什么都包括进去。在写作的过程中，要建立一个审稿的机制，请学校退休的老领导来做顾问，同时征求有关职能部门的意见，最后请学校现任主要领导终审，这样几上几下，保证展出校史的满意度。

（二）校史馆选址要慎重，展板设计要留白

校史馆的建设是学校的文化工程之一，学校在选择校史馆地址时，要有前瞻性的考虑。要显得大气、庄重，便于参观，要彰显学校的文化氛围，不要临时安排一个地方建设校史馆，过几年又换位置，这样装修的开销非常大，同时也浪费人的精力。安排校史馆展板、展间的时候，要为以后续写校史留下空间。

（三）做好校史馆史料的征集工作

要使校史馆能吸引人，除了要做好相关的工作外，史料及实物档案的征集尤为重要，它能弥补文字本身的不足，鲜活再现当年的事情。很多时候一个实物，就牵涉一些校友的故事，这些故事很能打动观众的心，借助于这些生动的史料及实物，宣传学校，很有说服力。

（四）充分运用现代化的手段，多维展示校史馆

现代技术的运用，给校史馆带来视觉上的冲击力，多媒体的图像、声音、视频等的加入，使得展出更加生动、有趣，不枯燥。在校史馆的展出中，有条件的学校，要充分运用多媒体的手段，穿插于展览中，以此达到提高办馆质量的目的。同时，声光电在校史馆中的应用，能够从一般的校史叙述中凸显

亮点,增加高科技含量。此外,在编写校史时,要全部做成电子版,对于征集到的照片、文字等史料性的资料全部扫描数字化,为以后校史馆后期的制作打下基础。

(五)校史馆建设要纳入学校的整体建设,完善相应的规章制度

校史馆的工作不是一时一事的,学校在校史馆建成后,就要考虑校史馆建成后的管理,要建章立制,规范校史馆的管理,不要认为校史馆工程完成后,就可以放松管理,应该把它看成一个工作的开始,要规划好,不要虎头蛇尾。校史馆是学校精神的再现,要维护就需要学校从人、财、物等方面给予支持,在机构、人员、经费上要落实,为下一步校史馆的完善打下基础。

(六)重视校史馆的讲解工作

在校史馆建设完成后,要准备几套解说方案,有针对上级领导、专家来校检查的解说,有针对新生、员工的解说,这样效果更理想。同时学校要培养负责解说和接待的人员,这是一个长期的工作,要逐步加以完善。

【示例】

图 10-9　2018 年萧山中学校史馆新馆落成剪彩

光辉的校园历史给每个心声都带去指引

图 10-10　学生参观校史馆,聆听解说

　　浙江省萧山中学是首批省一级档案目标管理达标学校,历来重视档案工作,重视校史编撰,为充分展现学校办学历史,多次挖掘利用室藏档案,不断建设和丰富校史馆。萧山中学校史馆的建设随着历次校庆的举行,进行了数次重修扩建,最近一次是在 2018 年学校 80 周年校庆时落成新馆,学校档案部门全程参与了新馆设计和布展。重修后的校史馆详细记录了萧山中学自 1938 年在战火中建校至今的发展史。展览分"萧中史"和"萧中人"两大篇章,"萧中史"篇章以建校的时间为轴,展现了学校筚路蓝缕、四易校址、不断壮大腾飞的发展历程;"萧中人"篇章由"旧日印记""名师垂范""莘莘学子""多样活动"等组成,展示了学校弦歌不辍、薪火相传而今桃李芬芳的人文积淀。根据馆藏 1948 年《萧山县立初级中学五周年纪念刊》中的《本校史略》记载:学校创设于 1938 年春,为了适应抗战的需要,萧山县抗日自卫委员会决定拨款设立"萧山县立战时初中学生补习学校"(简称"战中",萧山中学前身),学校借龛山(今写作"坎山")周氏宗祠为校舍,春秋两季,先后各招一个班。当时虽虚堂四敞,一灯如豆,但学生讽诵之声,彻宵不绝。该纪念刊是学校档案人员收集挖掘的珍贵校史资料,也是目前萧山中学校史馆的镇馆之宝。校史馆建筑面积达 700 平方米,展出照片千余幅,实物百余件。通过旧物、照片、音频声像和文本描述相合,共同见证学校 80 余载历史,采取现

代电子技术、VR 多媒体、全时空三维呈现,兼具科技感和厚重感。自 2018 开馆以来,萧中校史馆已累计接待全国各地参观者上万人次。

二、线上数字校史馆的建设

目前多数初中、小学还没有开始数字校史馆的建设工作,仅把极其有限的校史信息挂靠在学校门户网站上。部分普、职高中虽然设立了网上数字校史馆,但也只是做一些简单的校史介绍,且信息更新不及时,还有很大的提高空间。

(一)数字校史馆建设的必要性

1.建设数字校史馆是时代发展的必然要求

数字化校史馆是基于网络的虚拟校史馆,具有"海量存储"和"动态展示"的功能,能够把实体校史馆受空间和时间限制无法展出的档案资料和校史编研成果以图片、视频、照片等形式进行虚拟展示,既避免了实物原件的磨损,又节约了管理费用,是绿色环保的典范,也是网络环境下档案资源整合共享的动态展览方式;建设数字校史馆凸显学校辉煌历程,弘扬校园文化传统,悄然之中教化师生,提高学校知名度,是学校发展的必要选择,也是学校档案事业发展和信息化社会的时代产物。

2.扎实推进档案管理工作是基础

"巧妇难为无米之炊",数字校史馆建设的好坏很大程度上取决于学校档案管理工作的规范与否。科学规范的档案管理体系不仅能够确保归档材料的完整和准确,提供"质优量足"的史料、图片、视频、实物,而且能够最大程度地整合档案资源,为数字校史馆的建设提供丰富的素材。

3.建设学习创新型团队是关键

数字校史馆的建设和日常管理需要一支档案业务水平高,管理经验丰富,责任心强,同时又善于探索创新的学习型创新团队。因此,档案工作者必须加强基本业务建设,提高信息化技术水平,才能提升整体服务质量和校史研究水平,为数字校史馆的良性运转和逐步发展完善奠定人力资源基础。

(二)数字校史馆的建设内容

1.建设校史资源数据库

数据库建设是建设数字校史馆的基础,将实体校史馆的多媒体、文字、实物等史料数字化,并构建各类校史资源数据库,如校史实物数据库、校史照片数据库、校史视频数据库、校友信息数据库、校友书画档案数据库,才能通过网页展出馆藏资源。笔者所在高中新近建成萧山中学智慧校园系统,即校园大数据平台,集成校园各类资源和数据,利用大数据技术可以实现多个数据库之间的联通,实现资源共享。构建校史资源数据库,建设数字校史馆,是打造数字校园的必然要求,也是校园数字资源建设的切入点。

2.数字校史馆网站建设

通过网络访问数字校史馆,主要有网页浏览和虚拟校史馆两种形式。

(1)网页浏览形式

即将数字化的馆藏信息以网页方式系统地呈现给访问者。参观者通过访问数字校史馆的网站浏览馆藏资源。在网页设计上,网站板块要结构科学合理,主要构成应有:导航板块,主要介绍网站布局,校史馆概况,藏品介绍,学校发展概况,学校地图,校史馆联系方式等;资源展示板块,以学校发展脉络为线索陈列馆藏展品,与时俱进,根据学校发展动态与办学特色灵活布展;互动板块,可以通过论坛、留言、微信等在线方式与参观者互动,进行校史解答与咨询,以及参观者可以发表评价、分享观后感、指出不足之处与建议等,让校友、师生、关注学校发展历史与未来的各界参观者之间、参观者与管理者之间进行信息交流与沟通,促进数字校史馆的良性发展。

(2)VR 虚拟形式

即三维实景漫游系统,虚拟校史馆由此产生。它是数字技术、网络技术、计算机技术、多媒体技术等多种现代化技术综合运用的产物。它给数字校史馆带来巨大的感观冲击。三维漫游系统可为用户创设一个逼真的视觉、听觉、触觉立体化的特定范围的虚拟环境,它是一个真实空间或假想空间的实时仿真虚拟空间,用户借助一定的设备以自然的方式在该虚拟空间中漫游,从任意角度对环境中的虚拟对象进行观察和操作,从而产生身临其境的真实感觉。

3.数字校史馆硬件建设

数字校史馆不仅是在网络上呈现,还应与实体校史馆结合,在现场通过自动化、网络化设备访问数字校史馆。因此数字校史馆应配备相应的硬件设施设备,如:触摸屏落地展示电脑、大型液晶显示屏、服务器、计算机、扫描仪、打印机等,保障数字校史馆系统的正常运行。

因此,加强数字化校史馆的建设,不断优化服务流程,提升整体服务质量,为档案用户提供贴心服务,才能吸引更多潜在的参观者,最大限度地共享校史资源,实现校史的文化价值。

第四节　校友档案的收集与利用

今日学生以母校为荣,明日学校以校友为荣。学校是学生的家,毕业生是学校的骄傲。校友是学校的宝贵资源,各个学校应充分利用校友资源,广泛发动校友的力量,尤其是一些知名校友,引进校友智力和资力,为学校各方面发展助力。为突出的校友建立校友档案是传承校园文化和学校精神的重要方式。

一、校友档案的收集方式和内容

中小学应重视对学生档案的遴选,从中建立校友档案。在毕业生档案中尤其注重著名校友的历史材料的收集。校友档案的收集建档范围主要有:优秀毕业生、校友中的著名科学家、院士、学者、高级将领、企业家,在国际上社会上取得显著成就的知名人士、英雄模范代表等。

(一)收集、建立校友档案的重要节点

1.校庆时

每所学校都会适时举办校庆活动。在筹建校庆阶段,一般要对校友的成就、事迹等档案材料进行广泛的征集;校庆过程中会与返校的校友或校友代表进行座谈,举办一些捐赠活动;校庆时期学校常常会邀请著名的校友回校举办报告会或讲座。这几个阶段,应由接待部门专人对其赠送的资料加以收集。

2.主动征集

为满足建档的需要,档案工作人员可以主动上门进行收集。如浙江省萧山中学就主动上门收集了1953届校友、中科院院士汪忠镐先生的专著、奖状、奖杯和工作手稿。

3.学生社会实践时

如浙江省萧山中学成立有专门的学生社团——校友寻访社团,每周有固定的活动时间,并在寒暑假期间开展校友寻访、追根溯源等社会实践活动,开展对校友的走访,收集校友个人资料,发掘学校历史和校友的资源。

(二)校友档案收集的范围

1.个人基本情况材料

包括个人基本情况相关表格、简历、自述材料等。

2.学业、学历材料

包括成长记录材料,就读学校的学习成绩、典型作业、笔记等。

3.职务工作材料

包括专业人员登记表、相关的资格证书、聘书等。

4.学术研究材料

主要有个人著作、论文、成果、教案、教材等,如著名校友的手稿、工作日记、书信等等。

5.其他材料

包括获奖证书,参加相关活动、会议的证书、照片,报刊电台的宣传报道材料、录音录像材料,捐赠的书画、物品等。

校友档案由反映其个体成长、工作、成就、业绩的各类载体材料组成。校友档案可以存放在档案室也可以存放在校史展览馆,单独编目,以方便查找。

二、校友档案的整理

校友档案的分类整理可参照前面教师业务档案的编号方法或学生学籍档案的编号方法,可以划入学校人事档案或专业档案。如按全宗号—档案门类代码·二级类别号·校友档案号编写,如 X001-ZY·XY-001234。其中校友档案号可以使用姓氏笔画的顺序或姓氏拼音的首字母的顺序编排,还可以用毕业届次加姓氏笔画的顺序或姓氏拼音的首字母的顺序编排,即按照校友所属届次进行编号排列,可以区分同名同姓的情况。编目宜一人一档号,一人一案卷(册)。当某校友的卷盒装满后,可以再立一盒或数盒。由于校友资料的收集是一个长期的过程,其档案也处于不断充实的动态过程中,随时有新材料补充进去。

三、建立校友档案数据库

目前很多中小学已建有校友会,一些高中学校更是设有校友总会和各地校友分会,校友数量庞大,因此,在做好校友实物档案收集整理的同时,还应建立起各种校友档案数据库。当下,网络技术的发展、社交媒体的普及为校友信息数据库建设提供了极大的便利。除了建立校友基本信息数据库外,笔者所在学校还积极创建校友视频数据库、校友捐赠数据库、校友书画作品数据库等各类校友特色专题数据库,更有利于整合利用校友的各类资源。以萧山中学为例,根据不同的元数据设计了不同的校友档案数据库(见案例1、案例2)。

【示例】

表 10-3　萧山中学校友基本信息数据库案例

档号	174-ZY・XY-0052
姓名	黄××
性别	男
入学时间	1989-09
毕业时间	1992-06
班级	5 班
单位职务	×大学副校长
手机	13900000000
邮箱	h××@blcu.edu.cn
QQ 或微信号	13900000000
通信地址	×大学××
邮政编码	100083
最高学历	博士
行业	教育
个人简介	1992 年毕业于萧山中学。19××年至 19××年在×大学学习,获×学士学位。20××年获得×大学×硕士学位,20××年获得×大学×博士学位。工作后曾先后担任××,现任××。主要荣誉有:××。

表 10-4　萧山中学校友特色专题数据库案例

校友视频数据库	
档号	174-LX・XY・2018・Y-023
参见号	
年度	2018
盘号	001

续　表

内容提要	就读于复旦大学的 2017 届潘××、黄××、何××、俞××4 位校友祝福母校视频
拍摄者	潘××
载体数量	1 段，32 秒
载体类型	视频文件
载体格式	MP3
存储介质	光盘
制作者	潘××
制作日期	20180925

校友视频数据库

专题	校友(视频)
保管期限	永久
归档说明	就读于复旦大学的 2017 届 4 名校友为萧中 80 周年校庆拍摄的祝福视频
存放地点	萧中校史馆萧中人展厅星汉灿烂校友照片墙处
备注	

校友捐赠数据库

档号	174-SW・XY・2023・Y-121
参见号	
年度	2023
件号	121
物品名称	恐龙蛋化石(白垩纪晚期)
捐赠者	楼××
物品数量	1 窝 38 枚
物品类型	化石标本
物品规格	98×96 cm

存放地点	萧山中学地理学科教室
归档说明	2023 年 5 月 1 日，从事地质工作几十年的 1981 届校友楼××，为给母校地质科普，捐献一块非常难得的恐龙蛋化石标本，以感谢母校的培养。
归档时间	20230501
保管期限	永久
专题	校友（捐赠）
备注	

校友书画数据库

档号	174-SW・SH・2018・Y-008
参见号	
年度	2018
件号	001
物品名称	育才鼎图　书法条幅
作者	袁××
书画数量	1 件
书画类型	书法
书画规格	96×46 cm
存放地点	萧中行政楼一楼校友书画展厅
归档说明	1959 届校友袁××为庆祝萧山中学 80 周年校庆所书
归档时间	20180918
保管期限	永久
专题	校友（书画）
备注	画芯尺寸

四、创建校友微信公众号

目前,微信等网络媒体对人们的社交生活产生了颠覆性影响,学校应重视社交网媒的作用,主动将其应用到校友工作中来。以萧山中学为例,学校专门创建了萧山中学校友总会微信公众号,利用微信公众号的形式,搭建校友与母校间交流沟通的平台,很好地提升在校学生和广大校友的参与度,既促进资源共享,又降低工作成本。校友总会微信公众号是萧山中学校友会对外的一个新媒体门户,是校友信息资源的总汇,是宣传学校和校友的窗口,是整合社会资源的平台。目前主要内容有四部分:一是校友资源,包括校友数据库、电子校友卡、学校宣传、校友宣传、活动宣传;二是校友活动,包括每年的校友返校日、校友春季毅行踏青活动、学校元旦会演活动、年底聚会活动、校友组织的特色活动、与学校互动的活动等;三是校友捐赠,如校友的各种旧物捐赠,学校的基金会捐赠,专项奖学金、专项捐助项目(包括实物和现金);四是组织结构,如校友会理事会、章程、秘书处、工作小组、校友文创产品推介等。具体设置了三个栏目:①芳华今昔(下设校友文稿、学校简史、历史存照、校庆回眸、历届毕业照);②活动资讯(下设母校新闻、校友风采、校友会资讯、活动报名、加入校友会、校友文创产品);③关于我们(下设本会章程、本会介绍、我要捐赠、联系我们)。同时,萧山中学校友总会微信公众号平台嵌入了两个小程序系统,一是校友数据库系统,从注册认证到申领电子校友卡,为校友提供电子化身份认证;二是校友活动系统,可以发起各种类型的校友活动,校友可以在网上进行搜索和报名。后续计划将学校数字校史馆、校友书画展等资源一起整合进来,并积极开发校友文创产品,让校友有更多的学校记忆,加强学校与校友的互动。

五、多途径开发利用校友档案

广大校友特别是优秀校友的学习经历、奋斗历程、成功之道，对于在校学生来说，往往是一部鲜活、励志、接地气的好教材，能够起到很好的示范和引领作用。具体做法如下。

1.宣传优秀校友事迹

将优秀校友的事迹通过校友展廊、校友简介墙、校史馆陈列厅、校友刊物等载体进行推广展示，对校友典型进行宣传，发挥榜样作用，将正能量励志教育传播到在校学生中去。如笔者所在的萧山中学已收集有 200 多位博士校友档案，在学校科学馆内建有实时更新的电子校友博士廊展示区；在教学楼一楼展厅建有触摸式的知名校友简介电子屏；在校史馆内设有优秀校友照片墙；校刊《萧中报》第四版设为校友专版，每期介绍优秀校友。

【示例】

图 10-11　萧山中学电子校友博士廊展示区

图 10-12　萧山中学知名校友简介电子屏

图 10-13　萧山中学校史馆优秀校友照片墙

图 10-14　萧山中学校报《萧中报》第四版校友专版

2.开展知名校友讲座、访谈等活动

如笔者学校设有萧中大讲堂,经常性地邀请知名校友回校开展个人讲座和访谈活动,并邀请优秀校友在开学典礼、毕业典礼等仪式上发言,与同学们面对面交流,帮助高中学生拓宽视野,树立正确的三观。

【示例】

图 10-15　上海交通大学致远学院副院长、生物医学工程学院党委副书记、

教授,萧山中学 1998 届校友夏伟梁博士回母校做讲座

图 10-16 同济大学教授、博导、中德学院副院长，萧山中学 2002 届校友汤奇荣
回母校做讲座

3.鼓励学生开展校友寻访活动

如笔者学校专门建有学生校友寻访社，是个社会实践性社团。社团在
管理上以学生为主体，放手让学生自主组织寻访、自主管理、自主发展，同时
又有指导老师担任辅导员指导社团的整体寻访工作。社团定期举行活动，
已多次成功请回了就读于清华大学、北京大学、浙江大学的校友，向在校学
生介绍学习和高考的经验。通过校友寻访社的活动，把寻访到的卓越校友
介绍给师生，同时发动更多的学生积极寻访到更多的校友，从中获得宝贵的
经验、有益的启发，更好地展示学校的人文风采，持续助力教育的薪火相传。

【示例】

图 10-17　校友寻访社活动现场

　　总之，校友档案中有丰富的育人资源可供挖掘，是一种独特的思政教育载体，是学校落实"三全育人"的重要力量。利用数字化方法开发利用校友档案资源，在高中思政工作中充分发挥校友榜样作用，将校友的成功经验传递给学生，可激励在校生们不断进取，提升教育效果。

第十一章　学校数字档案室建设

第一节　概　述

一、学校数字档案室的定义和建设原则

随着信息技术的深入发展和广泛应用,建设学校数字档案室已成为学校档案工作提质增效与创新发展的必由之路。建设符合学校发展要求的数字档案室,有利于整合学校信息资源,增强档案信息管理与服务能力,提高学校管理水平。

数字档案室是信息化条件下档案室的"升级版",是管理档案信息、联结办公自动化与单位信息化建设的关键一环。建设符合单位信息化发展要求的数字档案室,有利于提高档案工作水平,维护档案信息的真实、完整、可用和安全,提升行政效率和公共服务能力;有利于促进单位核心信息资源建设,实现信息资源总量增加、质量提高和结构优化,为数字档案馆的最终实现奠定基础,以推动全国档案信息化工作全面、健康、均衡发展。

学校数字档案室是指学校在履行职能过程中,运用现代信息技术对电子档案和传统载体档案数字副本等数字档案信息进行采集、整理、存储、管理,并通过不同类型网络提供共享利用和有限公共档案信息服务的档案信息集成管理平台。

（一）学校数字档案室的基本特征

与传统档案室相比较，数字档案室具有独有的特点和功能。

1. 档案资源"数字"化

数字档案室以统一的数字形式存储各种信息，包括文本、图像、声音、视频等，压缩了存储空间，改进了组织形式。信息记录形式的"数字"化，是数字档案室的基本特征。

2. 档案实体"虚拟化"

通过对纸质档案、照片、录音、录像等传统载体档案进行数字化加工，实现档案实体"虚拟化"，使之能够与其他数字档案资源一并进行管理和规范。

3. 档案管理系统化

将档案业务流程、标准规范固化在数字档案室应用系统中，实现数字档案资源系统、规范管理。

4. 信息传递网络化

数字档案室依附于网络而存在，通过不同类型的网络实现档案收集、管理和移交，用户不必亲自"登门造访"，就可以利用所需的信息，从而加快信息交流与反馈的速度。

5. 档案利用知识化

数字档案室将文书、照片、录音、录像等各类信息载体与信息来源在知识单元的基础上有机组织并连接起来，以动态分布的方式为用户提供服务，实现由档案的提供向知识的提供转变。

（二）学校数字档案室的建设原则

数字档案室建设应当遵循"资源为先、标准规范、整体推进、确保安全"的原则，统筹规划，积极实施，务求实效。

1.资源为先

资源建设是数字档案室建设的根本。数字档案室应坚持"资源为王"，着眼于数字档案资源建设，着重于非数字档案的数字化和数字档案的及时、完整、有效归档，规划设计以最大限度保证数字档案资源建设质量为根本出发点。数字档案室的建设应该有助于保障数字档案资源的齐全、完整，有利于数字档案资源的有效管理和方便利用。

2.标准规范

数字档案室建设应统筹协调文件管理与档案管理、业务工作与档案工作、档案室与综合档案馆之间关系，严格遵循既有标准和规范进行系统设计、建设，实现文档一体、馆室一体。

3.整体推进

应将数字档案室建设与单位电子政务和信息化建设密切结合起来，统筹考虑数字档案室系统功能、文件格式要求等因素，整体推进数字档案室实施方案。

4.确保安全

数字档案室建设应建立健全安全管理制度，按照信息安全等级保护和分级保护要求采取安全保障技术方法，配备必要的软硬件设施，完善灾难恢复应急机制，确保数字档案室建设和运行的安全。

二、学校数字档案室的建设架构

笔者曾主持过浙江省档案局科研项目"基层数字档案室规范化模型暨管理模式研究"（后获国家档案局科技进步奖三等奖），创造性地提出了基层数字档案室规范化的五层管控模型。该成果成功应用于数字档案室软件的开发、各级各类数字档案室建设和安全保障体系，并与目前国家档案局和浙江省档案局的规范性文件相吻合,有些方面甚至更为系统和深入。因此,笔者结合该研究成果和多年的实践来撰写学校数字档案室资源的收、管、存、用。

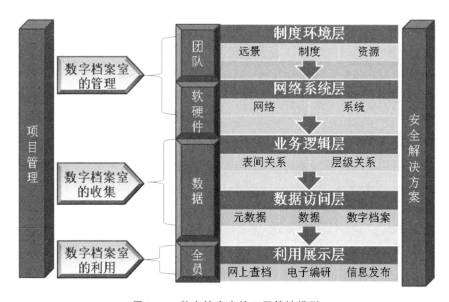

图 11-1 数字档案室的五层管控模型

学校数字档案室是学校档案室的重要组成部分。一个地方的学校档案工作,尤其是学校数字档案室建设的成功与否,与一个地方的教育主管部门的管理体制有很大的关系。以萧山区为例,学校档案工作,包括学校数字档案室能全面启动、可持续发展,走在杭州市甚至浙江省前列,萧山区教育局很好地发挥了领导、组织、督导、考核的作用。萧山区教育局就是五层管控模型中的制度环境层。

(一)五层管控模型的主要管理载体

1.档案达标评价

前几年引导学校创建萧山区级、杭州市级、省一级、省二级档案室,2022年开始引导学校申报省档案室业务建设评价优秀、良好和合格级,建设、规范了一批学校档案室,数字档案室建设是其中的一个重要部分。

2.档案年检、复评

对全区学校分协作组进行年度档案工作检查,连续二年优秀的学校可免检三年,保证了学校档案工作的正常开展。

3.档案评优考核

将幼儿园、小学、初中档案工作纳入对学校的考核,有一定的指标分。对学校档案工作是一种很好的激励。

4.统一标准规范

会同萧山区档案局对学校的公文和其他文件材料形成、学校全宗号编制、档案分类方案、归档范围和保管期限表等进行了统一的规范,并在每年的年检和平时督导中进行检查、落实、整改。保证了学校档案业务建设的相对规范,也有利于学校数字档案室的建设。

(二)学校数字档案室建设

从项目实施的角度来说,学校数字档案室建设主要是抓好保障体系、基础设施、应用系统和数字档案资源四大建设。

图 11-2　学校数字档案室四大建设

1.保障体系建设

主要从学校层面建章立制,并保障必要的人、财、物。首先要建立学校数字档案室的领导网络和管理网络。领导网络一般由学校分管领导、办公室主任、各处室(组)负责人组成;管理网络一般由分管领导、办公室主任、综合档案室档案员、各处室(组)兼职档案员组成,这是学校数字档案室建设的领导和组织保障。

其次要建立相关制度。如将学校数字档案室建设纳入学校年度工作计划和总结。纳入学校班子会议议题,每年在领导班子会议上讨论研究学校数字档案室的创建、发展规划、目标要求,对省规范或示范申报、省档案室业务建设评价申报等工作进行决策、部署,形成会议记录或会议纪要。纳入学校内部考核。就是将纸质档案和电子档案的同步收集、归档、利用、安全保密等纳入对学校各部室(组)和教师的内部考核,并在年终与教师的奖金、评优、职务职称晋升挂钩,这是比较管用的实招,某高中曾经档案收不起来,收不齐全,采用纸质档案和电子档案同步移交并与教师年终考核成绩挂钩后工作就正常起来了。建立学校数字档案室管理制度(详见本书附录四"学校数字档案室管理制度样例"),对包括数字档案和电子档案的采集、管理、统计、开发、利用、安全、保密、队伍等方面进行规范。

再次要落实好档案员,并给予相应的待遇。现状是:大部分学校的档案员是兼职,极少数是专职;档案员大多是从教师岗位上转兼职到档案岗位,因年龄或身体原因转到档案岗位;专职档案员的待遇在学校里是偏低的;档案员除了职称晋升,没有相应的职业发展规划。因此学校选择档案员时,要选择能适应未来3—5年甚至更长时间的学校档案事业发展的人员担任档案员,制定档案员的档案岗位培训、职称晋升培训、专题专业档案培训、考核奖励制度,要给档案员合适的待遇、职称晋升的空间、科学的职业规划等等,让学校档案员岗位有一定的吸引力。

最后要落实好经费。数字档案室建设需要一定的经费支撑,包括档案宣传、档案培训(专兼职档案员、全员)、档案库房、档案设备设施、档案专用设备、档案软件、档案数字化建设等方面的经费,详见表11-1。

表 11-1　学校数字档案室的四大体系建设及涉及经费清单

序号	类目	项目	内容和形式	对象	经费	备注
1	保障体系	档案宣传	档案法律法规宣传、业务规范宣传、全宗介绍、查档指南、数字档案室介绍、档案开发利用成果介绍等	教职员工、学生、毕业生	√	
		档案培训	全员档案意识培训,专兼职档案员岗位培训、专题培训;档案员专业培训和职称晋升培训、继续教育培训等	全体教职员工、专兼职档案员	√	
2	基础设施建设	档案库房、整理室、查阅室三分开	密集架、档案铁箱、特种载体陈列柜、防磁柜、保密柜、九防措施等	档案存放点	√	扫描仪有国产和进口之分
		网络基础设施	校园网、交换机、路由器等	查阅室	√	
		系统硬件、终端及专业设备	电脑(当时流行 CPU、16GB 内存、1TB 硬盘)、打印机、复印机、数码相机;扫描仪(高扫及平扫)	档案室—查阅室	√	
		基础软件	电脑操作系统需更新到最新版本,不建议安装 Windows XP 系统,建议安装 Windows 7 或 Windows 10、Windows 11 以上版本、MS Office 2013 以上版本(建议安装 ACCESS 组件)或 WPS	档案室—查阅室	√	
		安全保障系统	杀毒软件(火绒安全软件),不建议安装 360 安全卫士	档案室—查阅室	√	
3	应用系统建设	数字档案室软件平台	综合档案室管理系统:包括档案采集、存储、备份、统计、利用、门类管理等环节	档案室—档案员	√	第三方专业档案软件公司采购为主
			网上查档系统:教师、兼职档案员、档案员甚至特定学生的权限设置、登录日志、利用日志	档案员主导、教师为主体、兼顾学生	√	
			档案信息发布网站	全员、社会人士	√	
		数字档案专业扫描软件	集扫描、处理、格式转换、上传、挂接、备份等功能于一体的专业软件	档案室—档案员	√	锐尔、兰台等专业扫描加工软件

续　表

序号	类目	项目	内容和形式	对象	经费	备注
4	数字档案资源建设	全文数据库—纸质档案数字化加工	永久、30年以上学校档案数字化加工	档案室—纸质档案	√	可请第三方专业档案公司外包加工或协助制作
		目录数据库—各类档案电子目录制作	学校各类档案如文书、专业、科技、会计、特种载体档案的案卷库和文件库制作	档案室—档案员	√	
		多媒体和新媒体数据库	照片、录音、录像等多媒体和数据、网页等新媒体档案	档案室—档案员	√	
		档案专题数据建设	职称评定、职务任免、各类荣誉、疫情防控、迎亚运专题等	档案室—档案员	√	
		档案电子编研	大事记、年鉴、基础数据汇编、专题文件汇编等,论文集、优秀教师成果汇编、优秀学生成果汇编、优秀毕业生成果汇编	档案室—档案员	√	
		网上档案展陈	专题活动照片和视频;专题荣誉照片和视频、校史室(馆)二维和三维展陈	档案室、学校	√	

2.基础设施建设

数字档案室建设所需的基础设施建设包括网络、硬件、软件和安全保障系统。

(1)网络

网络包括校园网和因特网,档案查询室的电脑根据需要联通校园网或因特网,档案数字化加工的电脑可不通任何网络,单机操作为宜。

(2)硬件

硬件包括通用型和专业型,前者如电脑、打印机、复印机、数码照相机;专业型主要指扫描仪,扫描仪有高速扫描仪(可扫描 A4 或 A3 幅面)和平板扫描仪(A3)。还有国产和进口之分,应根据采购要求和实际需要购置。

(3)软件

基础软件包括电脑操作系统、办公软件,大部分采用微软的 Windows 操作系统和 MS Office 系统,建议使用较新的版本如 Windows 7 以上和 Office

2013 版本以上，不建议使用 Windows XP 系统，一些档案软件和专业设备的驱动程序可能会不兼容，或者使用另一种国产的操作系统和 WPS 等国产办公软件。采用国产操作系统的要充分考虑数字档案室软件是否支持、专业设备是否支持等问题。

（4）安全保障系统

应将数字档案室安全纳入学校信息资源安全一体系统谋划。档案室电脑不建议安装 360 安全卫士，因为它会把正常的应用软件当作病毒隔离或"杀"了，导致系统故障或宕机。建议安装其他杀毒软件，如火绒安全软件等。一台电脑只需安装一种杀毒软件，不必安装多种，否则会耗费系统资源，导致系统速度越来越慢。

3. 应用系统建设

根据国家档案局《数字档案室建设指南》，数字档案室软件主要包括档案门类管理、接收采集、分类编目、检索利用、鉴定统计、系统管理等功能模块。根据实际应用和用户需求情况，数字档案室包括综合档案管理系统（收、管、存、用，主要使用对象为专兼职档案员）和网上查档（使用对象为教工全员、特定学生）和档案网站（校内外）。数字档案专业扫描软件有锐尔、兰台等，都是非常成熟的。但是学校很少使用此类软件，导致学校的数字档案加工质量普遍较差，应引起重视。

4. 数字档案资源建设

学校数字档案资源建设一般包括全文数据库、目录数据库、多媒体数据库、档案专题数据库、档案电子编研库和档案专题网上陈列等。

从学校层面来看，目前存在的主要问题是：档案队伍稳定性较差，全员档案意识培养不够、档案实践操作培训缺乏，激励考核机制不完善，导致档案收集有难度、档案员专业素养参差不齐，数字档案室建设的规范化和深度的档案电子编研成果不够。

三、学校数字档案室建设的法规依从

1.《国家档案局关于印发〈数字档案室建设指南〉的通知》（档发〔2014〕4号）

于2014年公布。该指南提出的数字档案室建设框架至今仍有很强的指导作用。本章学校数字档案室建设也沿用了此框架。

2.《浙江省档案局关于开展全省数字档案室建设测评的通知》（浙档发〔2015〕18号）

该测评标准包括组织制度保障、数字档案资源建设、数字档案数据管理、数字档案开发利用、数字档案移交备份五部分，并将数字档案资源建设界定为目录数据库建设、档案数字化工作、档案数据库建设（全文、多媒体、专题三类）和电子文件归档四项内容，是学校数字档案室建设的操作性文件。

3.《浙江省档案局关于印发〈浙江省档案室业务建设评价办法〉的通知》（浙档发〔2022〕10号）

评价清单第四部分为档案信息化建设，要求是加强档案信息化建设，并采取措施保障档案信息安全。涉及30—34项共5个项目。分别从数字档案管理系统、电子文件归档、室藏各类档案电子目录编制、室藏永久和30年的传统载体档案（除会计凭证）数字化率等五个维度提出了数字档案室的要求，这个文件也像指挥棒一样指挥着学校数字档案室的建设工作。

4.《档案著录规则》（DA/T 18—2022）

这个最新的标准对电子目录数据库建设提出了新的要求。

5.《档号编制规则》（DA/T 13—2022）

这个最新的标准对档号的编制提出了新的规范。

6.《纸质档案数字化技术规范》(DA/T 31—2017)

这个标准是目前最新的档案全文数据库建设即传统纸质档案数字化加工的技术规范。

7.学校自行编制的档案分类方案、文件材料归档范围和档案保管期限表三合一制度

学校应根据上级部门有关要求编制本单位的三合一归档制度,从而使档案工作、数字档案室建设更加有规可循。因为分类方案、档号编制、保管期限划定、归档范围与数字档案的门类管理、目录数据库、全文数据库等密切相关。

第二节　学校数字档案室资源的采集

在浙江省档案局科研项目"基层数字档案室规范化模型暨管理模式研究"中,笔者还提出档案数据分类体系、档案元数据设计编制规则和各类档案之间的逻辑关系规范。

一、数字档案资源的管理和控制规范模型

从上述数字档案室的五层管控模型看,学校数字档案资源的收集涉及数据访问层和业务逻辑层。

数据访问层包括档案元数据设计编制的规范和数据输入的控制,直接关系到学校数字档案资源管理的科学性和准确性,如数据录入、数据统计。

业务逻辑层主要揭示和管理数据之间的逻辑关系,如数据之间的内在联系、历史联系、管理联系和流程联系,分为数据的表间关系和层级关系。它直接影响数据检索的查全率、查准率和速度。

数据访问层和业务逻辑层面向数据架构、设计,可以而且应该固化于软件平台之中。学校数字档案资源的加工、利用和规范、管理对应于单位的档案团队建设。前者需要单位专兼职档案员的协同配合,才能将实体档案数字化为规范的数据,将档案数据加工为有用的信息,甚至将信息提炼为单位的知识,进行知识管理,并公之于众。后者需要领导层和管理层具备档案信息化意识,推行全员意识,适时提供数字档案室所需人、财、物的资源,保证数字档案室项目的顺利运转。

二、数字档案资源的"四库建设"分类体系规范

"四库建设"分类体系即综合库、分类库、载体库、专题库（见图 11-3）。

综合库包括文件库和案卷库两种。凡以件形式整理的档案，统统进入文件库，不区分文书档案、科技档案、会计档案、人事档案等。凡以卷形式整理的档案，建立案卷库，包括卷、盒、册等。便于数据的统计和规范。

分类库，基于每个单位的分类方案（表），软件自动从文件库和案卷库中提取数据并呈现在导航树中。

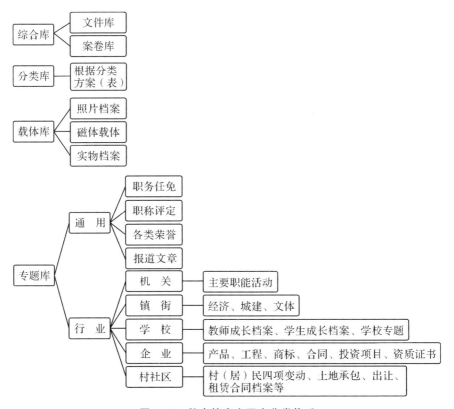

图 11-3　数字档案室四库分类体系

分类库可以随着档案行业标准的变化而做出相应的改变。

表 11-2　幼儿园分类方案示例

2016 年前 (2000 年归档文件整理规则实施后)			2016—2022 年 (2015 版归档文件整理规则实施后)	
分类号	分类名称	档号编制规则	分类代码	档号编制规则
1	党群工作类		DQ	
2	行政管理类		XZ	
3	教学管理类		JX	
4	学生学籍类		XJ	
5	卫生保健类		BJ	
6	教师业务类		JS	
7	基本建设类	全宗号-分类号-年度保管期限代码-件号。如 1006-1-2015Y-001,1006-2-2015C-003, 1006-3-2015D-005,其中 Y 表示永久、C 表示 30 年、D 表示 10 年	KJ·JJ	全宗号-分类代码·年度-保管期限代码-件号。如 1008-DQ·2016-Y-0001,1008-XZ·2017-D30-0002,1008-JX·2018-D10-0003,其中 Y 表示永久,D30 表示定期 30 年,D10 表示定期 10 年
8	设备仪器类		KJ·SB	
9	会计档案		KU	
9.1	行政会计类		KU1	
9.2	食堂会计类		KU2	
10	特种载体类			
10.1	照片档案		ZP	
10.1.1	活动照片		ZP1	
10.1.2	毕业生照片		ZP2	
10.1.3	荣誉照片		ZP3	
10.2	光盘档案		GP	
10.3	实物档案		SW	

2023 年开始("三合一"制度实施后)

一级门类		二级门类		档号编制规则
名称	编码	编码	名称	
文书档案	WS	DQ	党群工作类	全宗号-档案门类代码·二级类别号·年度·保管期限代码-件号。如 1008-WS·DQ·2023·Y-001 1008-ZY·JX·2023·Y-001
		XZ	行政管理类	

续　表

一级门类		二级门类		档号编制规则
名称	编码	编码	名称	
专业档案	ZY	JX	教学管理类	
		XJ	学生学籍类	
		BJ	卫生保健类	
人事档案	RS	YW	教师业务类	全宗号-档案门类代码·二级类别号-案卷号。如 1008-RS·YW-270839(教师人事编号)
科技档案	KJ	JJ	基本建设类	全宗号-档案门类代码·二级类别号·基建项目号-案卷号。如 1008-KJ·JJ·01-001
		SB	设备仪器类	
会计档案	KU	1	行政会计类	全宗号-档案门类代码·二级类别号·年度-案卷号。如 1008-KU·1·2023-001
		2	食堂会计类	
照片档案	ZP	1	活动照片	全宗号-档案门类代码·二级类别号·年度·保管期限代码-组号-件号。如 1008-ZP·1·2023·Y-01-001
		2	毕业生照片	
		3	荣誉照片	
业务数据	SJ			全宗号-档案门类代码·年度·保管期限-件号。如 1008-SW·2023·Y-001
实物	SW			
录音录像	LYLX			
网页	WY			

表 11-3　中小学分类方案示例

2016 年前			2016—2022 年	
分类号	分类名称	档号编制规则	分类代码	档号编制规则
1	党群工作类	全宗号-分类号-年度保管期限代码-件号。如 1006-1-2015Y-001,1006-2-2015C-003,1006-3-2015D-005,其中 Y 表示永久,C 表示 30 年、D 表示 10 年	DQ	全宗号-分类代码·年度-保管期限代码-件号。如 1008-DQ·2016-Y-0001,1008-XZ·2017-D30-0002,1008-JX·2018-D10-0003,其中 Y 表示永久,D30 表示定期 30 年,D10 表示定期 10 年
2	行政管理类		XZ	
3	教学管理类		JX	
4	学生学籍类		XJ	
5	教师业务类		JS	
6	基本建设类		KJ·JJ	

续　表

2016 年前			2016—2022 年	
分类号	分类名称	档号编制规则	分类代码	档号编制规则
7	设备仪器类		KJ·SB	
8	会计档案		KU	
8.1	行政会计类		KU1	
8.2	食堂会计类		KU2	
8.3	工会会计类		KU3	
9	特种载体类			
9.1	照片档案		ZP	
9.1.1	活动照片		ZP1	
9.1.2	毕业生照片		ZP2	
9.1.3	荣誉照片		ZP3	
9.2	光盘档案		GP	
9.3	实物档案		SW	

2023 年开始("三合一"制度实施后)

一级门类		二级门类		档号编制规则
名称	编码	编码	名称	
文书档案	WS	DQ	党群工作类	全宗号-档案门类代码·二级类别号·年度·保管期限代码-件号。如 1008-WS·DQ·2023·Y-001,1008-ZY·JX·2023·Y-001
		XZ	行政管理类	
专业档案	ZY	JX	教学管理类	
		XJ	学生学籍类	
人事档案	RS	YW	教师业务类	全宗号-档案门类代码·二级类别号-案卷号。如 1008-RS·YW·270839(教师人事编号)
科技档案	KJ	JJ	基本建设类	全宗号-档案门类代码·二级类别号·基建项目号-案卷号。如 1008-KJ·JJ·01-001
		SB	设备仪器类	

续　表

一级门类		二级门类		档号编制规则
名称	编码	编码	名称	
会计档案	KU	1	行政会计类	全宗号-档案门类代码·二级类别号·年度-案卷号。如 1008-KU·1·2023-001
		2	食堂会计类	
		3	工会会计类	
照片档案	ZP	1	活动照片	全宗号-档案门类代码·二级类别号·年度·保管期限代码-组号-件号。如 1008-ZP·1·2023·Y-01-001
		2	毕业生照片	
		3	荣誉照片	
业务数据	SJ			全宗号-档案门类代码·年度·保管期限-件号。如 1008-SW·2023·Y-001
实物	SW			
录音录像	LYLX			
网页	WY			

载体库包括照片档案、磁性载体、实物档案等。照片档案以册为单位著录于案卷库中,以组为单位著录于文件库中,以张为单位关联著录于照片档案库中。磁性载体以卷(盒)为单位著录于案卷库中,以张为单位著录于文件库中,其中声频视频档案著录于磁性载体库中。

专题库包括通用类和行业类。通用类如职务任免、职称评定、各类荣誉、媒体报道、编研成果等,行业类则根据不同行业选择,建立不同的专题库。学校可建立教师成长档案库,如优秀教师专题、论文集,学生成长档案库,如优秀学生专题、优秀毕业生专题,学校特色专题档案库,等等。

三、各类档案元数据编制与数据录入规范

各类档案元数据编制可根据国家和省、市档案局出台的规范。用户也可从数字档案室软件中导出各类档案库结构,作为模板,在 EXCEL 中录入(详见本书附录五"各类档案数据库录入模板")。

数据录入的控制主要体现在三个方面：一是保证数据的合规性，即输入的数据必须是合法数据和规范数据，同时要充分考虑是否允许空值。合法数据如成文日期为 8 位阿拉伯数字，20060518，如果输入 7 位或 9 位数字就会报错，提示用户输入合法的数据。规范的数据还要保证数据的一致性，如档号构成中的 4 位年度数字如果写成 2 位就是不规范数据。必填字段，如空值，就不允许用户继续录入。二是档号的唯一性。每个数据表都有一个主关键字，在档案数据库中一般将档号作为主关键字，是唯一值，要求软件在设计时严格控制档号不重复。三是引用完整性（表间）。案卷库与文件库的关联，文件库与专题库、载体库的关联，均标明了关联字段。

另外，数据质检要规范。包括双机录入校对、档号重复项、数量、内容、规范性等。用查找不匹配的项向导实现双机录入校对的功能；通过查找重复项自动识别档号是否唯一，通过数据透视图和数据透视表分析数据库的记录数与档案实体是否一致，通过人工干预随机抽查（设置百分比或记录数）档案的内容是否相符，通过程序检查数据是否规范，等等。

四、各类档案数据之间的逻辑关系规范

图 11-4 为数字档案室各类档案数据表之间的层级关系：全宗—分类—案卷库—文件库（分年度、期限或载体）—专题库，依次下钻的层次递进关系。对一个单位的数据，特别是有下属单位的数据，按图 11-4 所示来分层展示数据，可方便用户直观地把握数据之间的隶属关系和内在联系，也方便用户浏览数据的概貌与细节。

除了管理需要而建立的逻辑联系，如全宗—分类—案卷库之间的隶属关系外，主要详细剖析了文件库与载体库之间的关联，文件库与专题库之间的关联。

文件库与载体库之间的关联。照片以组为单位，磁性载体以张为单位，

图 11-4　表之间的层级关系

实物档案以件为单位在文件库中著录,载体类型分别选择照片、磁性载体或实物档案;而在文件库中,关联打开照片库则可著录每张照片的文字说明、像素、规格等信息;打开声频视频库则可著录每个多媒体的容量、格式、播放时间等信息。

文件库与专题库之间的关联。职务任免、职称评定、各类荣誉、媒体报道等通用专题库与行业专题库都与文件库相关联。因为所有这些专题库的素材都源于文件库中的文件或记录。职务任免、职称评定、各类荣誉应有正式归档的文件;有关本单位的媒体报道等有价值的资料也必须归档;行业专题库也都能从文件库中细化、整理而成。因此,必须将文件库与专题库之间的渊源关系提示出来,才能使用户查询、利用更为便捷。

五、学校全文数据库的采集规范

全文数据库建设包括对学校文书、专业、科技、教师业务类等永久和 30年以上保管期限的传统纸质档案进行数字化加工,形成档案数字化成果。

学校数字档案扫描加工大多由档案员完成,存在的问题如下:

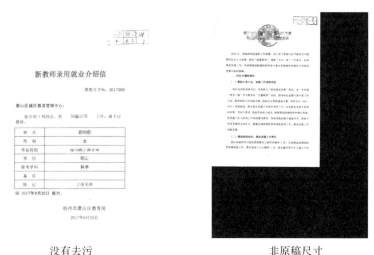

没有去污　　　　　　　　　　　　　非原稿尺寸

图 11-5　学校数字档案扫描加工中的常见问题

其他还有图片方向不正、没有 JPG 或 TIFF 格式、将多页扫描件粘贴到 WORD 中等问题。

1. 数字化加工的基本要求

①纸张扫描分辨率为 300DPI,工程图纸分辨率为 200DPI,扫描格式为 JPG 或 TIFF 格式。纸质照片扫描分辨率为 600DPI,扫描格式为 TIFF 格式,无损压缩,无须转换成 PDF。网上浏览格式可降低分辨率或压缩格式提供。

②扫描不能漏扫、重复扫描、跳扫,原则上保管期限 30 年以上的档案文件要全部扫描。

③扫描件的幅面大小保持原稿尺寸,裁切或留白边不大于 2 毫米。

④扫描颜色还原成纸张原始颜色。

⑤图像处理去污时装订孔不用去掉,只要去掉因扫描而引起的污点。

⑥图像旋转成符合正常阅读习惯的方向。

⑦图像顺序必须和纸质档案的顺序保持一致,不能前后颠倒。

⑧图像处理和格式转换时要求无损压缩 LZW。

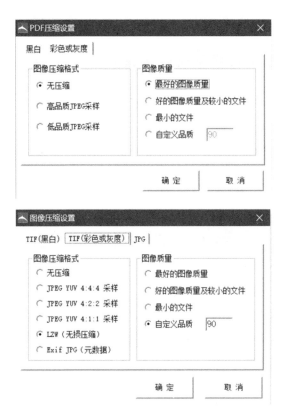

图 11-6　图像压缩与 PDF 压缩设置

2.档案数字化加工流程

主要包括前处理、扫描、处理、质检、存储、装订还原、装盒、上架等过程。

3.采用专业扫描软件

如锐尔和兰台等。这些软件集成了扫描、处理、批量格式转换、扫描数量统计、批量更名等功能，能提高扫描效率、规范扫描成果、提升扫描质量。不建议用扫描仪器自带的程序扫描，因为这些程序只有扫描功能，没有处理、格式转换和其他实用的功能。

六、学校多媒体和新媒体档案的采集规范

学校多媒体档案包括照片档案、录音录像档案(声频视频档案,又称声像档案)等。

学校特种载体档案包括照片档案、磁性载体及光盘档案、实物档案、书画档案、印章档案等。

新媒体档案包括业务数据、网页档案、电子邮件等。

上述档案的归档、数字化可参考表11-4中的专业规范和通用规范。国家档案局官网上均可检索到,这里不再展开详述。

表 11-4　档案归档与数字化相关标准规范

序号	档案类别	相关标准规范
1	照片档案	国家标准《照片档案管理规范》(GB/T 11821—2002)
		行业标准《数码照片归档与管理规范》(DA/T 50—2014)
2	录音录像档案	行业标准《录音录像档案管理规范》(DA/T 78—2019)
		行业标准《录音录像档案数字化规范》(DA/T 62—2017)
3	磁性载体	行业标准《磁性载体档案管理与保护规范》(DA/T 15—1995)
4	实物档案	行业标准《实物档案数字化规范》(DA/T 89—2022)
5	光盘标识	行业标准《档案数字化光盘标识规范》(DA/T 52—2014)
6	印章档案	行业标准《印章档案整理规则》(DA/T 40—2008)
7	公务类电子邮件	行业标准《公务电子邮件归档管理规则》(DA/T 32—2021)
8	网页归档	行业标准《政府网站网页归档指南》(DA/T 80—2019)

通用类采集规范有《档案著录规则》(DA/T 18—2022)、《档号编制规则》(DA/T 13—2022)、《纸质档案数字化规范》(DA/T 31—2017)。

第三节 学校数字档案室的管理、存储和利用

一、电子全宗卷

全宗卷是管理学校室藏档案的重要工具，是记录和说明全宗立档单位及档案历史和现状的有关文件材料组成的专门案卷。一般有全宗介绍、档案收集、整理、鉴定、保管、统计、利用、新技术应用和综合全宗卷等九大类。全宗卷有纸质和电子两种形式。电子全宗卷应集成到数字档案室软件中统一管理。如图 11-7：

图 11-7 电子全宗卷示例

电子全宗卷采用数据库的形式，由全宗号、全宗名称、分类号、档号、责任者、材料名称、编制日期、年度、类别和全文标识等字段。全文标识可关联扫描件。电子全宗卷的优势是直观、一目了然，方便检索。

规范的全宗卷卷内材料应包括封面、卷内目录和正文。示例如下：

图 11-8　全宗卷封面

全 宗 卷 卷 内 目 录

全宗号 058　　　　　　　　　　　　全宗名称：杭州市萧山区瓜沥镇人民政府

序号	作　者	材料名称	编制日期	件号	备注
1	瓜沥镇人民政府	全宗介绍（1955—1980）	19890801	1-1	
2	瓜沥镇人民政府	全宗介绍（1949—1990）	19910625	1-2	
3	瓜沥镇人民政府	全宗介绍（1981—1990）	19800428	1-3	
4	瓜沥镇人民政府	全宗介绍（1991—1998）	19991028	1-4	
5	瓜沥镇人民政府	全宗介绍（1999—2005）	20061218	1-5	
6	瓜沥镇人民政府	全宗介绍（2006）	20070528	1-6	
7	瓜沥镇人民政府	全宗介绍（2007）	20080808	1-7	
8	瓜沥镇人民政府	全宗介绍（2008）	20090808	1-8	
9	瓜沥镇人民政府	全宗介绍（2009）	20100810	1-9	
10	瓜沥镇人民政府	全宗介绍（1991-2000）	20101125	1-10	
11	瓜沥镇人民政府	全宗介绍（2010）	20111010	1-11	
12	瓜沥镇人民政府	全宗介绍（2011）	20120910	1-12	
13	瓜沥镇人民政府	全宗介绍（2012）	20131020	1-13	
14	瓜沥镇人民政府	全宗介绍（2001-2010）	20131110	1-14	
15	瓜沥镇人民政府	全宗介绍（2013）	20141020	1-15	
16	瓜沥镇人民政府	全宗介绍（2014）	201509	1-16	
17	瓜沥镇人民政府	全宗介绍（2015）	201609	1-17	
18	瓜沥镇人民政府	全宗介绍（2016）	201709	1-18	
19	瓜沥镇人民政府	全宗介绍（2017）	201809	1-19	
20	瓜沥镇人民政府	组织沿革（2017）	201809	1-20	

图 11-9　全卷宗卷内材料清单

二、数字档案的存储

学校档案数字化成果的存储的普遍问题是层层嵌套，如图 11-10：

图 11-10　错误的存储——层层嵌套

按照数字档案的存储规范，应包括全文数据、目录数据库和说明文档三部分。如图 11-11：

图 11-11　数字档案的存储结构

三、数字档案的开发利用

数字档案的开发利用处于管控模型中的利用展示层。其主要载体是网上查档和档案网站。档案网站既可以发布档案信息，更可以升级成电子编研成果展示网站。

萧山区学校数字档案室在开发利用方面有诸多成功的案例。中小学和幼儿园普遍看重数字档案室的利用价值，平时的档案查找均依托数字档案室，而且一个学校里不仅档案员，全校教师都在利用数字档案室查找自己的教师业务档案，有关该教师在学校里的所有档案均可随时查找。一些学校还有内容丰富、相对专业的电子档案编研成果网站。如萧山六中（http://122.237.101.152:82/1008/）、萧山第二职高（http://122.237.101.152:82/1014）等。

图 11-12　网上查档能智能显示该教师的所有数字档案

图 11-13　萧山六中数字档案网截图

1.数字档案的浏览展示和检索利用

数字档案的浏览展示一般采用导航树的方式,可分类、分年、分保管期限浏览和展示数据。

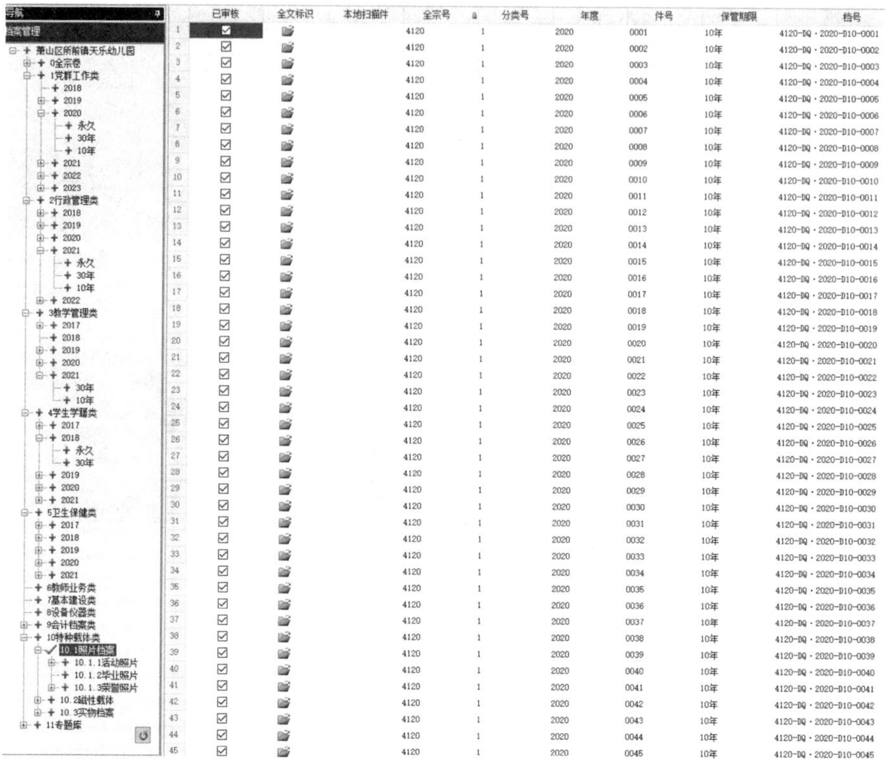

图 11-14　数字档案分类、分年、分保管期限展陈

数字档案室软件的检索功能一般有模糊检索、高级检索和跨库检索、关联检索等。模糊检索只要输入关键字就可检索。

图 11-15　模糊检索

高级检索可以输入多个条件检索，如图 11-16：

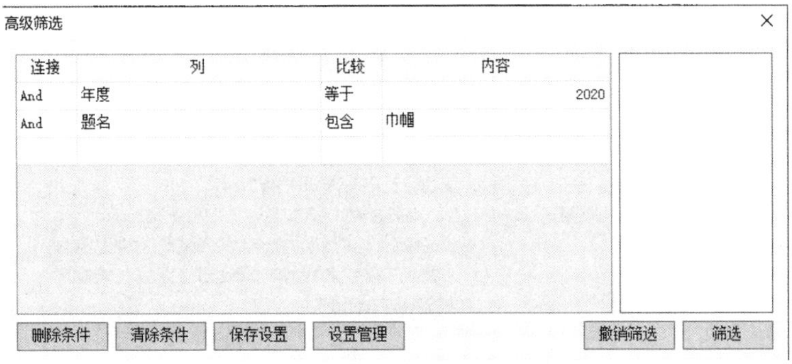

图 11-16　高级检索

跨库检索就是在一个单位所有类别的档案（不同门类、不同载体）中进行检索，如图 11-17：

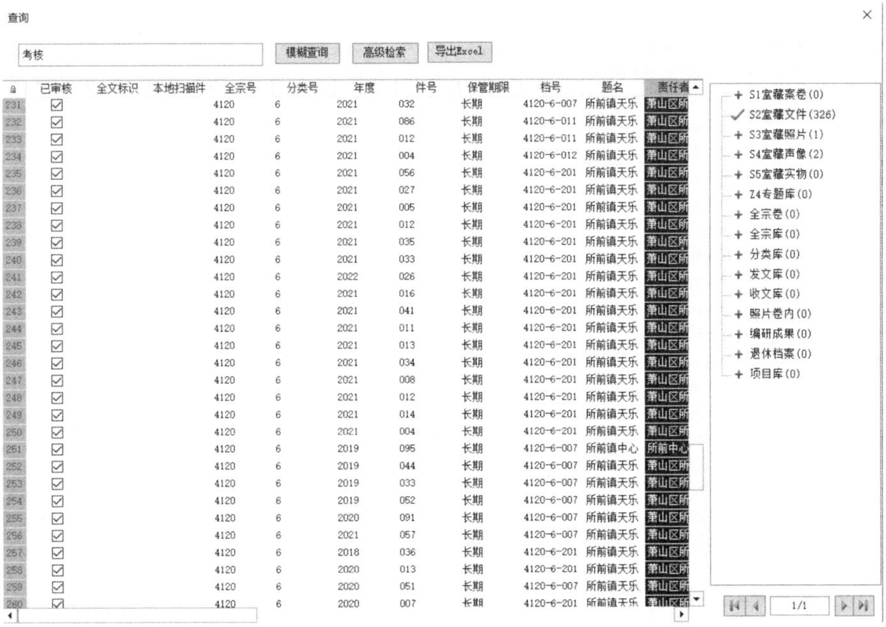

图 11-17　跨库检索

关联检索就是检索到某一案卷，关联的卷内目录自动显示，检索到某一归档文件，关联的档案专题数据自动显示，如图 11-18：

	责任者	文号	题名
826	杭州市公安局萧	证号：3390051	中华人民共和国居民身份证复印件
826	临海市教育局	证号：2020330	幼儿园教师资格证书复印件
826	台州学院	证号：1035012	普通高等学校毕业证书复印件
826	台州学院	证号：1035042	台州学院学士学位证书复印件
826	浙江省语言文字	证号：3317100	普通话水平测试等级证书复印件
826	浙江省教育厅	证号：1811412	浙江省高等学校计算机等级考试二级证书复印件
826	萧山区所前镇天		所前镇天乐幼儿园2020学年幼儿园教师工作考核记载卡
826	萧山区所前镇天		所前镇天乐幼儿园2022年度事业单位工作人员年度考核
826	杭州海容川人力		2022年劳动合同书

图 11-18 关联检索

2. 数字档案的利用日志

利用日志包括登录日志、原文查看日志等。

序号	登录账号	用户姓名	登录时间	登录IP	全宗号
1	4120		2023-06-23 15:29:54	117.147.31.66	4120
2	4120		2021-05-29 21:45:46	10.56.0.119	4120
3	4120		2021-05-29 21:31:41	192.168.0.115	4120
4	4120		2021-05-29 21:29:07	10.56.0.119	4120
5	4120		2021-05-29 07:31:46	10.56.0.254	4120
6	4120		2021-05-29 06:37:20	10.56.0.254	4120

图 11-19 数字档案的登录日志

序号	用户号码	用户姓名	档案库	档案类型	查看原文	档号	题名	查询时间	IP地址
1	4120		S2室藏文件	分类库：永久		4120-DQ-2022-Y-0005	关于公布萧山区教育系统2022年优秀党务工作者和优秀党建工作案例评选结果的通知天乐幼儿园三等奖	2023-06-23 15:30:38	117.147.31.66

图 11-20 数字档案的原文查看日志

3. 档案电子编研

档案网站是展示档案电子编研成果的有效载体,档案电子编研是档案编研成果的电子化。与纸质档案编研成果相比,具有不限载体的优势,如除了文字和图片,还可以将声频和视频编在一起。受众更多,且不受时间和空间的限制。可以将整个档案网站设计成档案电子编研成果网。首先要设计好一级和二级栏目。这里列举几种常见的档案电子编研成果网。以某职高档案网站为例,设计了名师风采、职教之星、网上展厅、档案编研等板块,每个一级栏目下面设置二级栏目,如名师风采下面设置高级教师、优秀教师、教坛新秀、园丁奖教师、优秀班主任、师德标兵等。

表 11-5　档案电子编研网栏目设置示例

一级栏目	名师风采	职教之星	网上展厅	档案编研
二级栏目	高级教师	创业之星	学校荣誉	大事记
	优秀教师	岗位之星	教师荣誉	年鉴
	教坛新秀	求学之星	学生荣誉	组织沿革
	园丁奖教师		活动视频	教师论文集
	优秀班主任			调研报告
	师德标兵			教工手册
				学生手册

以下是一些档案电子编研成果的截图(图 11-21—图 11-24)。

图 11-21　职教之星档案电子编研成果

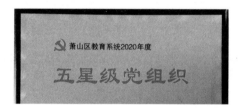

图 11-22　网上展厅档案电子编研成果

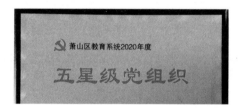

图 11-23　档案电子编研成果——调研报告

| 首页 | 新闻热点 | 学校简史 | 领导名录 | 文件制度 | 编研特色 | 知名校友 | 教师风采 | 优秀学生 | 在线视频 | 图库展厅 |

首页 > 教师风采

请输入关键词　搜索

领导班子　More>>

2021年总务处副主任蔡海波	2022-06-16 11:06:48.0
2021年总务处主任倪华明	2022-06-16 11:05:04.0
2021年副校长倪杨波	2022-06-16 11:03:16.0
2021年教技处副主任陈灿圻	2022-06-16 11:01:25.0
2021年教管处副主任郭开秀	2022-06-16 10:58:34.0
2020年教管处主任韩校良	2021-06-08 14:20:17.0

高级教师　More>>

2020年高级教师--施锋群	2021-06-08 11:02:16.0
2020年高级教师--胡亚丽	2021-06-08 10:58:39.0
2020年高级教师--侯春娟	2021-06-08 10:52:51.0
2019年高级教师--陈迪兴	2020-07-04 14:33:00.0
2019年高级教师--周身小军	2020-07-04 14:31:00.0
2019年高级教师--李雅娟	2020-07-04 14:28:00.0

教坛新秀　More>>

2021年萧山区第十九届教坛新秀——张建宁	2022-06-16 10:38:07.0
2021年萧山区第十九届教坛新秀——汤尧洪	2022-06-16 10:36:25.0
2021年萧山区第十九届教坛新秀——孔祥丽	2022-06-16 10:32:57.0
2021年萧山区第十九届教坛新秀——焦苗	2022-06-16 10:29:53.0
2021年杭州市第十八届教坛新秀——周杭敏	2022-06-15 15:36:35.0
2019年萧山区第十八届教坛新秀——周杭敏	2020-06-28 15:59:00.0

优秀教师　More>>

2022年杭州市优秀教师——葛秋娇	2023-04-24 09:17:30.0
2021年杭州市优秀教师——陈银燕	2022-06-16 09:43:39.0
2020年杭州市优秀教师——俞霞	2021-06-08 13:42:52.0
2019年杭州市优秀教师——卢华	2021-06-03 10:06:36.0
2015年杭州市优秀教师——郑玉涛	2016-01-20 10:08:00.0
2014年杭州市优秀德育课教师——顾玲亚	2015-04-14 14:44:00.0

先进个人　More>>

2022年萧山区教育系统先进个人——丁佳坚	2023-04-24 10:34:56.0
2022年萧山区教育系统先进个人——张华娟	2023-04-24 10:33:53.0
2022年萧山区教育系统先进个人——郭开秀	2023-04-24 10:32:32.0
2021年萧山区教育系统先进个人——李秀	2023-04-24 10:31:29.0
2021年萧山区教育系统先进个人——陈伟刚	2023-04-24 10:30:21.0

图 11-24　档案电子编研成果——教师风采

第四节 学校数字档案室的安全保障体系

学校数字档案室的安全保障体系涉及多个方面,重点要关注以下方面。

一、保密管理

1. 保密要求

学校数字档案室为非涉密系统,严禁涉密文件材料上传到学校数字档案室管理系统。必须做到涉密文件不扫描、不上网、不做电子目录。涉密文件严格按照国家保密要求和涉密信息系统分级保护的要求执行。

2. 工作秘密和敏感信息严格控制范围

工作秘密的范围主要是:①还处于讨论、研究或者审查过程中,公开后会影响决策过程或造成公众混乱的事项;②与行政执法有关,公开后会阻碍正当执法目的实现的事项;③与公众无关的单位内部事务。这些档案不上外网和校园网,只上电子目录,不上传、挂接扫描件。涉及教师、学生、家长个人隐私的档案电子目录和扫描件只上本地电脑或需要身份认证的数字档案室管理系统,严格控制访问权限。

3. 加工保密

采用外包方式开展档案数字化加工的,应与外包单位签订保密协议和保密承诺书。扫描前确定档案扫描和不扫描的范围,对涉密档案进行全面排查,对涉密档案进行单独登记。

二、数据安全

常有一些学校因操作不当，电脑故障，没有备份而导致数据丢失，扫描件找不回来。因此，数据安全切不可大意。

1. 删除、修改前备份

对档案电子目录需要批量修改、删除的，在操作前一定要备份数据。万一删错或改错了，还可以还原备份。

2. 定期备份

一般应在每年或每类数据录入、校对完毕或全文数据通过质检后，进行备份。备份方式有按类备份、按年备份、按保管期限备份和整库备份。全文数据一般采用按年备份的方式。备份介质根据容量可选择档案级 DVD 刻录光盘、U 盘、移动硬盘等离线备份，本地电脑磁盘备份，数据容量特别大的可选择磁带库在线备份。

3. 登记备份

将学校的所有档案数字化成果登记备份到当地的国家综合档案馆。备份前需按流程要求填写登记表，备份数据采用档案级光盘、U 盘或移动硬盘，加封套或盒子进行封存。

4. 异地备份

有条件的学校还可以将档案数字化成果备份到省内外友好的学校进行异地封存备份。

三、系统安全

1. 权限配置审核

权限审批：学校数字档案室的访问权限由单位档案责任科室报主要领导审核、批准，档案员负责权限设置、分配和管理。数字档案的访问范围与纸质档案的访问范围相一致，超出访问范围的须走审批流程。

权限细化：权限访问可以细化到记录级，即某一条记录。档案信息不失密，什么样的人只能访问什么样的档案。

角度控制：设置档案员、兼职档案员、查档者三种角色，根据不同角色赋予不同的功能。某类用户只能执行其指定的操作，从而保证档案信息内容访问的安全。

2. 身份认证要严密

登录密码须妥善保存，不得泄密。密码应定期更改，密码长度在八位以上，并符合复杂性要求，如密码由数字、字母与符号等组成。每位有数字档案查询权限的人员应妥善保管好自己的用户名和密码，定期更改自己的密码。

3. 全文数据要"三权分立"

全文数据（扫描件或电子档案）的查看、下载、打印实行"三权分立"，可分别设置权限。

4. 日志要定期备份分析

系统的登录日志、原文查看日志要定期导出备份，并进行统计分析。有无异常访问行为或异常的 IP 访问地址。一旦发现，立即采取措施。

四、制度安全

1.建立学校数字档案室应用系统的"三员"管理制度

明确系统管理员、安全管理员和安全审计员职责,并贯彻落实。

2.建立学校数字档案室管理制度

规范数字档案的形成、收集、管理、存储、利用和安全保障。

3.建立数字档案的网络存储访问制度

非涉密档案存储于校园网或外网,工作秘密和敏感档案存储于档案室电脑,涉密档案按保密要求处理。

第十二章　学校档案工作规范化、现代化建设

什么是规范化？就是将标准规定的条文具体化，使每项工作都能有具体要求和执行程序。学校档案工作规范化建设就是依据档案法律法规、规章制度构建学校档案室管理体系，使学校档案室各项工作能协调、高效运转。

衡量一个学校的档案工作，除了基础性的人、财、物的配备，对档案体系的建立，可从综合性档案工作的考核中体现，如档案室业务建设评价、规范化数字档案室创建、示范数字档案室评选等。

现代化是一个全球性课题，世界各个国家和地区都在向不同的现代化阶段过渡。具体到档案工作，现代化通常指从传统档案工作向现代档案工作转变的历史过程与结果状态。它既是一个动态的发展过程，也是一项系统性工程，包括档案治理体系与治理能力现代化、档案资源体系现代化、档案利用体系现代化、档案安全保障体系现代化、档案信息化水平现代化、档案人才队伍现代化等。

第一节　浙江省档案室业务建设评价

我们可以把学校的档案管理看作一个质量体系。在这个体系中，为促进各项工作良性循环，需要采取相应的措施，其中包括必要的检查、考核。

一、档案管理评价

档案管理评价是依据一定的管理标准，对档案工作过程或结果予以检验认证。对档案工作的评价，一般是由档案行政和业务主管部门组织的对学校档案管理状态和程度（价值）的判断。档案管理评价是在相应的标准指导下，建立了评价指标体系，评价内容涉及档案工作的领导、管理、业务建设、服务等各个方面。各单位通过加强档案基础建设，对照评价标准，以自我促进的方式进行评分和审核。以评价促档案基础建设，促进完善管理，找到努力方向。这个过程其实是一个很好的自我完善、自我发展的过程。2022 年 6 月 15 日，浙江省档案局新印发了《浙江省档案室业务建设评价办法》（详见本书附录一），该办法适用于全省各级机关、团体、国有企业事业单位、行政村和社区等单位档案室业务建设评价工作。

二、学校档案管理评价的产生和发展

20 世纪 80 年代，学校档案事业遇到了很好的发展机遇。1987 年，《中华人民共和国档案法》颁布，在推动全国档案事业迅猛发展的同时，也提出了档案发展规范的问题。为加强档案馆（室）的业务建设，提高其素质，促进档案事业的发展，该法对机关档案室提出了业务等级标准。在档案业务部门的指导下，各单位纷纷开展了档案馆、档案室定级升级活动。档案馆室定级升级最早是由湖南省档案局于1987年发起开展的，并在全国得到借鉴应用。档案馆室定级升级后来改为目标管理，是档案工作评价的最初模式。

20世纪80年代末90年代初，档案目标管理达标升级活动开展得如火如荼，各类学校档案室建设取得了可喜的成绩，很多学校档案部门通过开展这一活动提高了档案管理水平。

进入新世纪，随着时代的发展，档案工作也在进步。为适应新的发展要求，档案评价工作更加协调和完善。以杭州市萧山区为例，2002年，萧山区教育局发布的《关于在教育系统开展档案工作目标管理达标活动的通知》，将萧山区中小学、幼儿园档案管理的等级划分为省级（分一、二、三级）、市级（分一、二、三级）、区级。省级考核标准详见《浙江省学校系统档案工作省级达标考评标准》，按百分制计分，达95分及以上者为省一级；90分以上者为省二级；85分以上者为省三级。市、区级考核标准详见《杭州市中小学（单位）档案管理定级升级考核标准》，按百分制计分，达95分及以上者为市一级；90分以上者为市二级；85分以上者为市三级；80分以上者为区级。这期间，萧山区中小学的档案目标管理均以省、市这两个学校考评标准执行。2011年萧山区教育局转发了《杭州市教育系统档案工作目标管理认定标准》的通知，原《杭州市中小学（单位）档案管理定级升级考核标准》废止。此后，《杭州市教育系统档案工作目标管理认定标准》一直是萧山区各级各类学校评价考核的标准，直至2022年6月15日，浙江省档案局印发了《浙江省档案室业务建设评价办法》的通知，以"评价工作"取代了"目标管理"。

评价工作是各级档案主管部门对各单位贯彻实施国家和省有关档案法律法规和规章制度情况的检查和认定。评价工作分别以《浙江省机关、团体、企业事业单位档案室业务建设评价标准》（见表12-1）、《浙江省行政村、社区档案室业务建设评价标准》为依据开展，重点对评价对象近 3 年的档案室业务建设情况进行评价。评价结果分为优秀、良好、合格 3 个等次。

三、学校档案管理评价的内容与标准

了解档案评价标准，可以帮助我们有针对性地开展工作。目前，浙江省没有专门针对学校的档案评价规范，各类学校均参照 2022 年浙江省档案室业务建设评价办法。该业务建设评价标准分成 6 个方面、17 项评价内容、44 个评价项目。主要包括体制机制（共 5 个评价项目）、设施建设（共 5 个评价项目）、业务建设（共 19 个评价项目）、信息化建设（共 5 个评价项目）、违法违纪行为（共 1 个评价项目）和工作亮点（共 9 个评价项目）等六个方面。改变了以往按项目分值打分的方式，以评价项目风险等级高、中、低风险项多少和加分多少为评价标准，最后划分等级，详情见表 12-1。

表 12-1　浙江省机关、团体、企业事业单位档案室业务建设评价标准

评价清单		评价内容	评价项目	风险等级	操作方法和要领
一、体制机制	1 组织领导	建立档案工作责任制	1. 未明确档案工作分管领导和归口管理部门	高	查看分工文件或有关制度
			2. 未建立档案管理网络，落实各部门档案工作责任	低	
	2 机构人员	确定档案机构或档案工作人员负责管理本单位的档案	3. 未配备档案工作人员，高风险；档案工作人员为编外人员，中风险	中/高	了解档案工作人员配备情况
			4. 档案工作人员缺少档案专业知识，且未参加过档案业务培训	低	了解档案工作人员知识背景，查看参加培训的记录
	3 监督指导	对所属单位的档案工作实行监督和指导	5. 未对所属单位档案工作开展监督和指导	中	查看发文、培训、检查等监督指导记录

评价清单		评价内容	评价项目	风险等级	操作方法和要领
二、设施建设	4 档案用房	配置适宜档案保存的库房	6.无独立档案库房或档案库房选址、设计存在危及档案安全的情况	高	查看有无档案库房及其安全情况
			7.档案库房面积不足或不能满足未来5年档案保管需求	低	查看档案库房是否存在胀库风险
			8.档案库房存在混用现象并危及档案安全的情况,高风险;档案库房堆放与档案工作无关杂物,低风险	低/高	查看档案库房使用情况
	5 设施设备	配备必要的设施、设备	9.档案装具不符合规定要求	低	查看档案柜架等装具的质量性能
			10.未配备温湿度调控、消防、安防等设备或设备不能正常使用	高	结合楼宇场所实际,查看空调、除湿机、消防器材、防盗设施等设备的使用情况
三、业务建设	6 管理制度	依法健全档案管理制度	11.未建立包含档案工作体制机制、机构人员、职责分工以及档案业务基本要求的综合性档案管理制度	中	查看制度文件是否包含相关内容
			12.未编制文件材料归档范围和档案保管期限表或未报档案主管部门审查同意	中	查看归档范围保管期限表,并核查其报审情况
	7 统一管理	集中、统一管理档案	13.文书、科技、专业(业务)、声像、实物档案未按规定集中、统一管理,1—2类的为中风险,超过2类为高风险	中/高	允许因数量、场地、利用等原因,档案实体另行保管,但档案管理状态可控的情形;实际确无某类档案的,可不计入缺少数量
			14.到期会计档案未向档案部门实体移交或目录移交	低	查看移交的会计档案实体或目录

续　表

评价清单		评价内容	评价项目	风险等级	操作方法和要领
三、业务建设	8 形成收集	按规定形成符合要求的归档文件材料,并对各类档案进行收集	15.归档文件材料存在组件不齐全、内容不完整等情况	中	抽查发现超过20卷(盒)的
			16.党委政府领导批办文件材料、党组会议文件材料、重要会议文件材料、主要业务办理文件材料、重大行政决策文件材料,重大活动、突发事件文件材料等重要档案或大量其他档案未收集,高风险;部分其他档案未收集,中风险	中/高	抽查发现超过2类重要文件材料或超过2个档案门类未收集的为高风险
	9 整理归档	档案整理工作符合标准规范要求,归档及时,履行交接手续	17.档案未整理,高风险;档案整理不规范,存在系统性问题,对档案利用造成较大影响,中风险	中/高	查看档案整理情况
			18.归档不及时,无归档交接手续或手续不全	低	查看档案交接文据
	10 保管保护	对档案进行安全存储和保管,具备档案安全应急处置能力	19.档案库房温湿度严重超标,高风险;未监测和记录温湿度,低风险	低/高	查看档案库房防护情况
			20.大量档案存在霉蛀、污损、退变等情况,未采取抢救保护措施	高	抽查发现超过20卷(盒)的
			21.光盘、移动硬盘等档案数据存储载体不能正常读取	高	抽查发现多份载体或大量数据损坏
			22.未制定档案管理应急预案,中风险;未组织档案管理应急演练,低风险	低/中	查看应急预案和应急演练记录,档案管理应急演练可随单位整体应急演练进行
	11 鉴定销毁	档案鉴定和销毁工作履行必要的手续	23.销毁档案未履行鉴定手续,高风险;档案鉴定、销毁程序不规范,中风险	中/高	查看档案鉴定、销毁记录及销毁清册

评价清单		评价内容	评价项目	风险等级	操作方法和要领
三、业务建设	12 利用开发	开展档案利用工作,推进档案信息开发工作	24.未按规定履行利用审批手续或无档案查阅登记记录,档案开发利用成果出现严重错误或违反规定公布档案	高	查看档案查阅登记记录和开发利用成果
			25.未建立全宗卷或未编制全宗介绍、组织沿革、大事记,中风险;全宗卷不规范或未更新全宗介绍、组织沿革、大事记,低风险	低/中	查看全宗卷相关材料
	13 统计移交	定期统计并建立完备台账,按照国家有关规定移交档案	26.未进行档案统计或未按规定报送档案统计年报	低	查看档案统计材料,核查档案统计年报报送情况
			27.未按档案馆接收计划及时移交期限届满的档案	中	查看是否存在移交期限届满的档案以及档案移交接收凭据
			28.发生机构变动或者撤销、合并等,未按规定开展档案处置工作	高	了解是否存在应处置而未处置或不按规定处置的情形
	14 服务外包	规范开展档案服务外包工作	29.档案服务外包范围、服务供方信息安全保障能力及业务资质、服务现场管理不符合要求,高风险	高	查看机关档案业务社会化服务是否超出规定范围,档案服务外包合同是否规范,服务供方是否有相应信息安全保障能力及业务资质,服务外包现场是否落实安全管理措施

评价清单		评价内容	评价项目	风险等级	操作方法和要领
四、信息化建设	15	信息化建设	加强档案信息化建设，并采取措施保障档案信息安全	30.未使用数字档案管理系统或软件安全保密不符合国家有关规定	高	查看数字档案管理系统配备使用及安全管理情况
				31.主要业务系统如政务服务、电子公文系统等不具备归档功能或形成的电子文件未归档	中	查看主要业务系统是否具有归档模块或是否已与数字档案管理系统对接，电子文件是否已以在线（离线）方式归档
				32.室藏各类档案未建立完整的电子目录	中	查看各门类档案目录数据库建立情况
				33.室藏永久和30年的传统载体档案（除会计凭证）数字化率未达60％	低	查看应数字化的传统载体档案数字化情况
				34.未按规定开展档案登记备份工作	中	查看档案登记备份工作相关文据
五、违法违纪行为	16	违法违纪行为	未发生档案管理违法违纪行为	35.存在拒不归档以及丢失、篡改、损毁、藏匿、伪造档案和擅自销毁档案等情况	高	了解是否有档案管理违法违纪行为发生
六、工作亮点	17	工作亮点	在档案业务建设方面有显著成效	——	加分分值	——
				36.单位领导班子召开会议研究档案工作，解决实际问题，加1分；制定印发档案工作计划、规划，加1分；将档案工作纳入主要业务活动管理制度或考核制度，加1分	3	查看相关会议纪要、计划、规划、制度等文件
				37.组织或参与档案法治宣传、国际档案日等活动，加1分；组织开展所属单位、条线单位档案业务培训，加1分；建立档案工作协作组并开展活动，加1分；对建设项目、科研项目等开展档案验收或对有关业务活动档案进行审核把关，加1分	4	查看相关活动和工作记录

评价清单			评价内容	评价项目	风险等级	操作方法和要领
六、工作亮点	17	工作亮点	在档案业务建设方面有显著成效	38.档案管理制度和档案业务规范完备、修订及时,加1分;设置了档案整理用房、阅览用房,功能布局科学,加1分;档案设施设备齐全,自动化程度较高,加1分	3	查看制度和规范文件,查看档案用房和设施设备情况
				39.重大决策、重大活动、突发事件、重点项目等档案管理规范,建立了档案专题数据库,每一种加1分,最高3分	3	查看专题档案管理及数据库建设情况
				40.开展档案编研工作,专题性的每1种加1分,综合性的每1种加2分,最高5分;利用档案资料举办陈列展览或拍摄专题片,加3分	8	查看近5年档案编研材料、陈列展览、专题片制作情况
				41.通过省级示范数字档案室测评,加3分;通过国家级示范数字档案室测评,加6分	6	核查数字档案室测评情况
				42.参与市厅级以上(含)档案科研项目研究、档案标准制修订工作,加3分	3	核查近5年参与档案科研项目、档案标准制修订工作情况
				43.档案工作人员作为专家参与档案主管部门、国家综合档案馆组织开展的专项工作任务,加2分;档案工作受到档案主管部门、国家综合档案馆肯定或本单位的表彰,加3分	5	核查近5年相关工作任务记录和肯定表彰文件
				44.专家认为可以加分的其他工作亮点,加1~2分	2	查看相关工作成果

评价标准:

1.优秀:评价项目无高风险项,中风险项不多于1项且中、低风险项合计不多于3项,加分不低于20分;

2.良好:评价项目无高风险项,中风险项不多于2项且中、低风险项合计不多于6项,加分不低于15分;

3.合格:评价项目无高风险项,中风险项不多于4项且中、低风险项合计不多于10项;

4.未通过:评价项目存在高风险项,或中、低风险项合计多于10项。

附注:操作方法和要领中未专门注明查看(了解、抽查、核查)周期的,一般为近3年。

四、学校档案评价的组织实施

开展档案工作规范化管理评价是各级档案业务部门在宏观和微观上对学校档案工作进行指导、监督和检查的一种措施。接受档案管理评价，更重要的是促进和规范我们的管理，这也是评价最重要的功能。同时，作为一项系统工程，档案管理评价又与各部门甚至全体师生员工相关，靠各方面的配合和支持才能做好。鉴于档案工作在学校工作中的地位，申报开展评价是自我发展、自我完善，提高学校档案工作水平行之有效的方法。学校档案评价需要做好各项组织和准备工作。

（一）实施程序与方法

加强领导、周密计划、严格检查、总结提高是开展评价工作的有效途径。学校一旦确定了申报，就必须科学而严密地组织，努力做好评价工作。

1. 组织领导

首先，我们必须明确，档案评价工作不仅是档案部门的事，也是一项涉及全校的系统工程。凡计划进行档案室业务评价的学校，档案部门首先要对自身条件进行准确的估计，确定一个适当的通过努力可以实现的工作计划，并向学校领导汇报。当学校决定开展评价工作后，要成立相应的工作机构，明确领导，落实工作任务，以保证各项工作扎实开展和有序进行。在筹划工作时，档案部门的负责老师要将工作的目标、实施方案和存在的问题向主管领导汇报，明确需要重点解决的问题，争取得到支持。特别是在落实必要的硬件建设方面，争取到资金投入。

2.制定方案

明确和落实工作任务。学校档案部门要按照评价标准,结合本校的实际情况,认真做出申报规划。在了解现状,摸清家底的情况下,根据学校档案工作实际情况,制订档案室评价工作方案甚至实施细则。档案部门要根据计划认真组织实施。为了保证各项工作的完成,各校可根据档案工作的实际情况,分阶段地选择工作的目标和方向,循序渐进,由初级目标向高级目标迈进,扎实做好每一项工作。同时,划分职责,落实分项工作任务,最好要明确各项任务的相关责任人员,明确各岗位在目标中的具体工作职责和工作内容,把工作落到实处。

3.了解和熟悉考核评价标准

决定开展迎检的早期,应从学习评价标准开始介入。学校档案部门要组织对评价标准进行认真的学习、讨论,对评价指标体系的内涵加强理解,吃透精神。对本校档案工作的软、硬件情况进行摸底,明确重点工作的内容,然后对照要求制定工作方案。要采取相应的措施,将单纯的业务管理转换为全面的管理,努力保障各分项目标的实现,使各项建设工作达到相应的验收标准。

（二）申报程序

1.自我检查

学校对照评价标准,首先进行自检,认为已经达到某等级标准时向相应档案主管部门报送申报表,各级档案主管部门将在每年6月底前汇总申报情况,确定并公布本年度评价对象名单及评价工作安排,通知有关单位。在评价专家组正式评价之前,学校可以组织一次预评价。通过预评价找出工作中的不足,在正式评价前及时进行改正,以取得最佳的评价效果。

2.申报准备

在各项工作初步完成的基础上，学校应填写相应的申报表，以及申报（自查）报告，应根据申请的等级标准，逐条地写明对照检查后的结果。应以书面的形式，逐条逐项陈述完成情况和加分的情况。对所开展的工作进行必要的定性定量的分析，做出评价判断，提出申请评价的要求。

申报报告主要包括以下几方面的内容：

第一部分，学校基本情况。

第二部分，学校档案管理基本情况。

第三部分，学校档案工作的规划或设想。

第四部分，附件。主要是学校对照相关标准自查后做出的档案评价自评表。

申请评价的报告采取写实的方法撰写，应全面完整地体现学校档案管理的实际情况，切忌大话空话。

3.迎接评价

（1）做好接待准备

与上级业务部门联系，掌握评审工作进程，落实专家来校的时间安排，并对迎接评价进行总体部署。做好汇报会场、必要的资料陈列等准备工作，安排好档案库房、档案实体、数字档案管理系统和原始工作记录等相关的迎检事项。档案评价工作一般不用专门制作检查台账。

（2）做好工作衔接

学校档案部门应主动与职能部门进行协调沟通，要求相关人员在岗，随时接受检查。

4.接受评审

评价工作一般是采取看、查、问等方式。专家组开始评价前，先要听取学校的工作汇报。因此，需要准备好档案工作的汇报材料。评价结束后，专家组会向申请学校反馈意见,专家评价意见中有整改要求的,学校应及时向档案主管部门提交整改落实情况说明。

5.总结提高

评价工作结束,不等于所有工作都做到位了。评价工作结束或告一段落后,要对评价工作进行认真的总结。对评审过程中专家指出的问题,要进行认真的研究分析,并采取有效的措施加以整改。改进工作的过程,就是不断完善工作的过程,在这个过程中不断提高学校档案管理水平。

第二节　学校数字档案室的创建

一、数字档案室建设的内容和标准

2010 年,浙江省档案局为推进全省档案工作信息化,提出了一项新的工作任务(浙档发〔2010〕18 号),开展规范化数字档案室创建和示范数字档案室评选。为进一步引导和规范浙江省数字档案室建设,浙江省档案局又于2015 年 5 月印发了《关于开展全省数字档案室建设测评的通知》(见本书附录二),通知要求按照省委办公厅、省政府办公厅《关于加强和改进新形势下档案工作的实施意见》,到 2020 年全省县直机关以上档案室、国有企事业单位档案室全部建成数字档案室,并积极推进其他单位的数字档案室建设。

浙江省数字档案室创建分为数字档案室、规范化数字档案室和示范数字档案室三个等级。

(一)数字档案室创建的基本要求

(1)档案信息化纳入本单位信息化总体规划,明确分管领导和档案部门、电子文件形成部门、信息技术部门等相关部门工作职责,建立本单位档案信息化管理制度。

(2)落实经费,配备必要的档案信息化软硬件设施设备,保证档案信息化工作正常开展。

（3）室藏各类档案全部建立电子目录。

（4）对室藏档案数字化进行规划，制定实施方案，并按计划开展。

（5）档案室配备并使用档案管理软件，能实现档案收集、管理、存储、利用等基本功能。

（6）档案室近 3 年未发生过重大安全事故且无严重安全隐患。

（二）规范化数字档案室创建的基本要求

（1）达到数字档案室创建的基本要求。

（2）室藏永久、长期（或 30 年）保存的传统载体档案数字化率不低于 60%。

（3）档案室提供数字档案电子目录和相关全文的查阅。

（三）示范数字档案室创建的基本要求

（1）达到数字档案室创建的基本要求。

（2）室藏永久、长期（或 30 年）保存的传统载体档案数字化率不低于 80%。

（3）对具有保存价值的电子文件按国家、省有关规定及时归档并由档案室统一管理。

（4）数字档案开发利用实现网络化服务，支持用户在权限许可范围内在线查看，能为本单位部门和个人提供电子目录和相关全文的查阅。

（四）测评标准

规范化数字档案室和示范数字档案室的测评须依据《浙江省数字档案室建设测评标准》（见表 12-2）进行打分，采用百分制，80 分（含）至 90 分的为规范化数字档案室，90 分（含）以上的为示范数字档案室。

表 12-2　浙江省数字档案室建设测评标准

项目	测评标准	标准分	评分细则	得分
一、组织制度保障（20分）	1.将档案信息化纳入本单位信息化总体规划，明确分管领导和相关部门职责	5	档案信息化纳入本单位信息化总体规划，列入年度工作计划（2分） 明确分管领导；明确电子文件形成部门、信息技术部门等工作职责；各部门积极配合，解决数字档案室建设中出现的实际问题（3分）	
	2.建立健全本单位档案信息化管理制度，实现各种门类、载体电子档案集中统一管理	3	制定档案数据安全保密制度、电子文件归档制度、档案数据上网发布审查制度、档案数据移交管理制度等，并确保制度落实执行（2分） 单位实现各种门类、载体电子档案集中统一管理（1分）	
	3.配备责任心强，业务素质好，有一定计算机操作能力的档案管理人员	3	近2年档案人员参加过计算机专业培训或档案部门组织的档案信息化相关培训（3分）	
	4.配备必要的数字档案室需要的硬件设备	4	配备档案管理应用服务器、档案数据保管和备份设备（2分） 配备满足数字档案室系统必备的专用计算机、扫描仪、打印机等终端设备和刻录机、移动存储介质等辅助设备（2分）	
	5.配备数字档案室需要的软件系统	5	软件实现档案的收集、管理、存储、利用等基本功能（3分） 软件实现本单位档案管理各项工作网络化（1分） 软件与单位OA系统有效对接，实现文档一体化（1分）	
二、数字档案资源建设（45分）	（一）目录数据库建设			
	6.建立室藏各类档案目录数据库，实现计算机检索	14	100%的室藏档案建立电子目录，包括文书、业务、照片、声像、实物等（10分） 档案实体与电子目录一一对应，目录数据完整准确规范（3分） 对于暂未移交至档案室的业务档案，实现电子目录集中统一管理（1分）	

项目	测评标准	标准分	评分细则	得分
	（二）档案数字化工作			
	7.制定档案数字化规划和方案	2	对本单位档案数字化进行规划,并制定科学的档案数字化方案(2分)	
	8.室藏永久、长期(或30年)保存的纸质档案数字化工作	10	室藏纸质档案1000卷以下,数字化完成90%得满分,数字化完成90%以下按本项满分之比例得分;室藏纸质档案1000卷以上,数字化完成80%得满分,数字化完成80%以下按本项满分之比例得分(10分)	
	9.室藏永久、长期(或30年)保存的其他传统载体档案数字化工作	2	完成照片类、音视频类档案数字化(2分)	
	10.档案数字化质量符合国家和省有关数字化技术规范的要求	2	运用检测工具随机抽检图像数据,质量达到规定要求(2分)	
二、数字档案资源建设(45分)	11.履行档案数字化安全管理职能	2	制定档案数字化安全管理制度,数字化实施操作过程符合相关要求(2分)	
	（三）档案数据库建设			
	12.建立档案全文数据库	5	将档案数字副本纳入全文数据库集中统一管理(5分)	
	13.建立多媒体数据库	2	建立照片、音频视频等档案数据库(2分)	
	14.建立专题数据库	1	根据本单位业务工作内容和利用要求,建成可供查阅的专题数据库(1分)	
	（四)电子文件归档			
	15.明确电子文件归档范围和保管期限,加强对电子文件归档的日常监管	2	按要求制定电子文件归档范围和保管期限表(1分) 档案部门履行监管职责(1分)	
	16.对具有保存价值的电子文件及时归档,并由数字档案室负责统一管理	2	电子公文、数码照片、行政审批电子文件等及时归档,纳入数字档案室系统统一管理(2分)	
	17.归档电子文件符合国家和省相关标准	1	电子文件数据结构和格式符合标准(1分)	

续　表

项目	测评标准	标准分	评分细则	得分
三、数字档案数据管理(10分)	18.建立数字档案的安全保管和备份制度	3	建立数字档案安全保管制度;做好数据维护和备份管理(3分)	
	19.数字档案数据维护与安全管理	3	做好数字档案数据的日常管理与维护;定期对载体及其软硬件环境进行检测,建立日志台账;根据需要,做好相应的数据迁移、转换工作(3分)	
	20.严格做好涉密数字档案的管理	4	制定涉密档案数据管理制度(1分)严格区分密与非密,定人定岗进行涉密数字档案管理(2分)涉密档案数字化加工严格按照相关规定执行(1分)	
四、数字档案开发利用(15分)	21.实现档案室数字档案利用服务	5	在档案室提供目录和相关全文查阅服务(4分)实现数字档案的全文检索(1分)	
	22.实现本单位数字档案网络化利用服务	3	按权限为本单位部门和个人提供网络化档案目录和相关全文查阅服务(3分)	
	23.开展数字档案查阅利用效果登记及统计	5	开展查阅利用情况自动统计(3分)开展利用效果登记(2分)	
	24.利用数字档案开展信息加工,进行数字档案信息发布	2	编制实用的电子档案编研成果;有关室藏档案、档案工作和档案管理的信息与成果通过网络发布,并且更新及时(2分)	
五、数字档案移交备份(10分)	25.按照档案行政管理部门要求,做好档案登记备份工作	5	按照档案登记备份工作相关规定,及时向当地档案登记备份中心进行档案登记备份(5分)	
	26.按规定做好档案数字副本移交	4	按照同级国家综合档案馆要求,在移交传统载体档案的同时,移交相应的档案数字副本(4分)	
	27.按规定做好电子档案移交	1	按照同级国家综合档案馆要求按时移交电子档案且质量符合档案馆接收要求(1分)	

二、学校数字档案室建设测评的申报条件和测评方法

1. 申报条件

(1)单位领导重视档案工作

支持开展档案信息化建设,将数字档案室创建工作列入议事日程,将档案数字化纳入学校总体规划。

(2)能够解决数字档案室创建工作必需的软硬件、人员、经费问题

如档案室配置相应的计算机、扫描仪、数码相机、合适的人员及培训、档案数字化加工费用、购置必要的软件工具等。

(3)档案业务工作有一定基础

如建立了综合档案室,所有档案均按国家档案业务规范进行分类、整理,建立了规范的全宗管理等。

2. 测评方法

数字档案室测评采取统一标准、分级管理的原则,各单位根据自身实际情况,提出数字档案室等级测评申请,各级档案行政管理部门负责本行政区域内数字档案室建设的指导和管理工作,并对已通过测评的数字档案室进行定期抽查。数字档案室测评的组织程序和实施步骤与档案评价工作大体相同,不重复讲述。

三、学校数字档案室的创建历程

萧山区各基层单位的数字档案室创建工作起步较早,截至 2009 年 6 月,全区已有 86 家单位创建了区级数字档案室,有力提升了萧山区档案信息化水平。为进一步开展数字档案室的创建工作,推进全区基层单位数字档案

资源建设,促进各单位的档案信息化进程,更好地为经济建设和社会发展提供便捷、高效的档案信息服务,萧山区档案局在全区中小学幼儿园中也积极开展了数字档案室创建工作。具体的数字档案室建设内容已在前文第十一章中有详细介绍。

以浙江省萧山中学为例,学校于2005年6月申报了萧山区数字档案室试点单位,同年9月,经过萧山区档案局审查,被确定为萧山区第一批数字档案室试点单位;2006年4月率先通过区数字档案室试点单位验收,考评等级为优秀;2009年8月被评为萧山区数字档案室示范单位;2010年12月被评为浙江省规范化数字档案室;2012年12月被评为浙江省示范数字档案室。为萧山区各学校创建数字档案室工作,起到了很好的带头示范作用。

萧山区中小学幼儿园数字档案室的创建工作由萧山区档案局统一规划和部署、统一培训和提供技术支持、统一数字档案业务规范、统一数字档案室验收标准。并在存储空间、数据备份软件平台、标准规范、相关资源等方面为创建数字档案室的学校提供帮助。对所有数字档案室创建学校实行现代项目管理,动态跟踪全过程。截至2022年7月,萧山区共有26家学校被评为浙江省规范化数字档案室,9家学校被评为浙江省示范数字档案室。

以下介绍萧山区学校数字档案室框架,可供各类学校参考:

【示例】

萧山区学校数字档案室框架

一、数据库建设

(一)数据库的合并

通过实践,将各类文件库、案卷库、特种载体库、专题库分别合并汇总到相应的文件库、案卷库、载体库、专题库等四大种类的数据库中,既便于管理,又方便检索。这是数字档案室的基石。

表 12-3　数据库的整理与合并

序号	库别	类别	大类
1	文件库	党群类	文书档案
		行政类	
		教学管理类	行业档案
		教师业务类	
		学生学籍类	
		基建类	科技档案
		设备类	
2	案卷库	上述各类文件级的案卷库	
		基建类	
		设备类	
		会计类	会计档案
3	特种载体库	照片档案	
		磁性载体档案	
		声像档案	
		实物档案	
		其他	
4	专题库	荣誉档案	通用类
		职称评定	
		职务任免	
		其他	行业类

（二）专题库：围绕教师、学生、学校三个层面建立专题库

1. 以教师为主题建立的专题库

教师基本信息库	姓名	性别	党派	职称	籍贯	职务	民族	学历
	任教年级	任教学科	毕业学校及时间	档号	身份证号	联系电话	家庭住址	出生年月
教师职称评定库	姓名	专业技术职务	评审时间	评审文号	发文单位	聘任时间	档号	存放地点

续　表

教师基本 信息库	姓名	性别	党派	职称	籍贯	职务	民族	学历
	任教年级	任教学科	毕业学校 及时间	档号	身份证号	联系电话	家庭住址	出生年月
职务任免库	姓名	任免机关	任免日期	文号	内容摘要	档号	存放地点	备注
教师荣誉库	获奖者	荣誉名称	荣誉时间	级别	授奖单位	档号	种类	
教师论文库	序号	作者	论文题目	获奖内容	授奖单位	获奖时间	奖级	发表期刊
教师课件库	序号	档号	课题名称	制作时间	载体类型	备注		

2.以学生为中心建立的专题库

学生信息库	姓名	性别	出生年月	家庭住址	联系电话	班主任	班级编号	是否住校
	中考成绩							
学生荣誉库	获奖者	荣誉名称	荣誉时间	授奖单位	级别	所在届次 及班级	种类	
高考录取库	报名序号	准考证号	姓名	总分	录取学校	录取专业	批次	届次
优秀毕业生	姓名	工作单位	地址	邮政编码	联系电话	主要成就		

3.以学校为中心建立的专题库

视频档案库	视频名称	制作者	制作时间	格式大小	简介
学校荣誉库	荣誉名称	荣誉时间	授奖单位	级别	
教学案例库	案例名称	作者	时间	类型	简介
媒体报道库	题目	作者	发布时间	发布情况	纸媒/数媒

二、常用档案数字化

表 12-4　优秀数字档案室常用档案数字化扫描标准定量表

序号	类别	保管期限	年度	扫描百分比
1	党群类	永久、30 年		80％以上
2	行政类	永久、30 年		80％以上
3	教学管理类	永久、30 年		80％以上
4	教师业务类	永久、30 年		80％以上

续 表

序号	类别		保管期限	年度	扫描百分比
5	学生学籍类		永久、30年		80%以上
6	基建类		永久、30年		80%以上
7	设备类		永久、30年		80%以上
8	会计类				
9	特种载体类	照片档案(传统)	永久、30年		80%以上
		磁性载体档案			
		声像档案			
		实物档案			

三、档案电子编研成果

表 12-5 档案电子编研成果

(一)通用类

序号	档案电子编研成果名称
1	大事记
2	年鉴
3	组织沿革
4	各类基础数字统计
5	行业重要文件、法规汇编
6	单位荣誉汇编

(二)教学类

序号	档案电子编研成果名称
1	优秀教师简介
2	教师论文汇编
3	教师课件汇编
4	荣誉汇编(教师、学生、学校)
5	优秀毕业生(知名校友、优秀学子等)

第三节　学校档案工作年检和回访复查

为进一步加强中小学、幼儿园依法治档工作,使学校档案管理工作走上制度化、规范化、标准化轨道,更好地发挥学校档案的作用,开展学校档案工作年检是个有效的管理措施。因为档案管理是动态管理,档案靠逐年形成,管理工作需要经常去做,开展档案年检,形成一种制度,坚持常抓不懈,就能保证档案管理持之以恒地发展下去。

一、学校档案年检工作内容和程序

针对一些完成"达标升级"后档案工作出现消极现象的学校和长期不开展档案"达标升级"工作的学校,建议建立档案工作年检制度。如萧山区教育局于 2006 年 3 月发文出台了学校档案工作年检制度,对当时已完成和未开展档案"达标升级"的中学、小学、幼儿园、民办学校和成人学校分别开展档案年检工作。文件要求所有接受年检的学校填写《萧山区学校档案工作年检情况表》并写好简要的总结,准备好相应的备查资料。

接受年检的学校,如果是没有达标的,在对上一年(学年)的档案进行规范的整理后,对照《萧山区学校档案工作年检评分表(一)》的要求进行自评;如果是没有完成升级任务的,在对升级达标之后的几年(学年)档案进行全面规范的整理后,对照《萧山区学校档案工作年检评分表(一)》的要求进行自评；如果是完成升级任务的，即高中学校达到省一级标准，小学、幼儿园达到市一级标准的，在对通过验收之后的几年（学年）档案进行全面规范的整理后，对照《萧山区学校档案工作年检评分表（一）》和《萧山区学校档案工作年检评分表（二）》的要求进行自评。

萧山区学校档案年检采用自检与抽检相结合的方式进行，程序为：

①学校自查。一般在 8 月底前完成。

②组内互查。一般在 9 月中旬完成。

③全区抽查。抽查一般在 9 月下旬进行，抽查对象是组内互查为优秀级的学校和随机抽取的 20% 合格级的学校。抽查时，先听取学校领导关于档案工作的情况介绍，对照标准的自评说明；再到学校档案室实地查验档案工作；最后对学校档案工作做出评价并向学校反馈。

2023 年，为更好地开展下半年的省级档案室业务建设评价工作，萧山区学校档案年检工作改为上半年 6 月底前完成。

每所学校的年检结果将作为学校档案工作评优评先的重要依据，并作为年度考核对学校档案工作进行评定的重要依据。年检的评定结果分为优秀、合格、待合格三种，年检的结果将以通报的形式公布。

萧山区学校档案年检工作的重点是检查领导是否真重视、机制是否真运转、收集是否真全面、业务是否真熟悉、作用是否真发挥。

二、学校档案免检工作制度

建立了学校档案年检制度后，萧山区教育局经过检查又发现了有些学校的档案工作一直保持先进水平，因此产生了免检的想法。授予免检单位称号，既是一种荣誉，也是一种信任，并且能适当减少检查的压力。特别是对于档案工作做得特别好的学校而言，也可以少接受一次检查。检查的目的是促进工作，而有些学校的档案工作不需要促进就能做到先进水平。为简化学校档案工作管理，减轻基层学校接受工作检查的压力，萧山区教育局于 2007 年 8 月发文公布建立学校档案免检制度。

（一）免检标准

学校在完成档案目标管理任务（初中以下学校达到市一级标准、高中学校达到省一级标准）后，连续两年年检结果为优秀。

（二）确定程序

符合免检标准的学校在每年 10 月向区教育局提出申请。每年 11 月，教育局在发文公布次年起享受免检荣誉的学校的同时向申请学校反馈申请表。

（三）相关要求

第一，免检期为 5 年，免检期满后必须接受年检。如年检结果依然为优秀，则当年可继续申报免检学校；如年检结果为非优秀，则取消免检学校荣誉，此后每年须接受年检。

第二，免检期间，免检学校每年需上报档案工作计划和档案工作总结。上交工作计划时间为每学年第二学期开学后两周内，上交工作总结时间为每学年每一学期结束前两周内。逾期不交，视作自动放弃。

第三，免检期间，如果学校档案管理员进行调整，请及时报告，并接受当年的年检。如年检结果为优秀，则可继续享受免检学校荣誉；如年检结果为非优秀或没有及时提出年检申请要求，则取消免检学校荣誉，此后每年须接受年检。

当然档案"免检"也不能成为"护身符"，一些学校在 5 年免检期后，再次接受年检时发现工作质量严重下降，其间也有档案人员频繁更换的原因，故 2015 年 12 月，萧山区教育局又调整了免检期为 3 年，免检期满后次年必须接受回访复查。

三、学校档案回访复查工作制度

对于完成档案工作升级达标任务的学校,为进一步加强其档案管理工作,使学校档案管理工作走上系统化、规范化、标准化轨道,更好地发挥学校档案的作用,有必要对学校档案工作进行回访复查。萧山区教育局于2005年发文出台了学校档案回访复查工作制度。

(一)回访复查范围

凡完成档案工作升级达标任务的学校(高中及以上学校达浙江省一级,其他学校达杭州市一级)和三年内没有继续开展档案升级达标工作的学校均列入回访复查范围。

(二)回访复查内容和程序

分批对完成升级达标任务的学校以及三年内没有继续开展升级达标工作的学校进行回访复查。回访复查达到合格级及以上的学校,以后每三年接受一次回访复查。

接受回访复查的学校,必须对通过升级达标验收后的档案工作情况进行一次全面的总结,查一查通过验收时反馈意见的整改情况,理一理验收后档案工作的发展情况。根据《萧山区学校档案工作回访复查标准》对学校档案工作进行逐项如实评价,并填写好《萧山区学校档案工作回访复查情况表》。

回访复查一般安排在每年的6月份。回访复查程序为:①听取学校领导关于档案工作的情况介绍和对照标准的自评说明;②到学校档案室实地查验档案工作;③对学校档案工作做出评价并向学校反馈。

回访复查的结果将作为学校档案工作评优评先的重要依据,并作为年度考核对学校档案工作进行评定的重要依据。回访复查的评定结果分为优秀、合格、不合格三种。评定总分在 95 分及以上的为优秀,在 85 分及以上的为合格,85 分以下的为不合格。80 分以下的学校直接评定为不合格,80 分以上不合格的学校给予一次整改机会,时间为两个月。整改后,如达到 85 分及以上的,最后评定为合格;仍不能达到 85 分的,最后评定为不合格。回访复查评定为不合格的学校取消原来升级达标的等级或降级处理。回访复查的结果将以通报的形式公布。

　　总之,学校档案工作的规范化管理,是档案员的尽心尽职、全体师生和职能处室的理解配合、学校领导的重视支持三者有效结合产生的良性循环,也是学校档案工作持续稳定发展的保证。

第四节　学校档案工作的现代化

习近平同志在浙江工作期间对档案工作做出"三个走向"重要论述,强调档案工作要走向依法治理、走向开放、走向现代化。党的二十大报告指出:"从现在起,中国共产党的中心任务就是团结带领全国各族人民全面建成社会主义现代化强国、实现第二个百年奋斗目标,以中国式现代化全面推进中华民族伟大复兴。"2023年2月,全国档案局长馆长会议提出:"档案工作要紧紧跟上党和国家事业发展步伐,全面融入中国式现代化的历史进程,聚焦高质量发展,不断创新工作理念、方法和模式,加快推进档案工作现代化建设,以档案工作自身现代化服务推进中国式现代化。"档案工作是党和国家各项事业发展的重要基础,因此,在推进中国式现代化的新征程中,推进档案事业现代化势在必行。

随着学校档案管理和服务的不断完善,每个学校都要努力构建管理体制优、基础设施好、信息化程度高、服务功能全、与经济社会发展相适应的现代化档案事业体系。学校应以档案室业务建设评价为契机,在档案工作规范化的基础上,逐步走向档案工作现代化。

现代化是档案工作发展的一种状态,它既是一个动态的发展过程,也是一项系统性工程;既包括管理过程,也包括管理对象——档案资源,还包括设施设备、人员及人员所必须具备的理念技能等的现代化。

一、学校档案管理法治化

要运用法治手段保障学校档案工作的稳定发展。有了法治,学校档案工作发展就有了保障,就可以最大限度地使档案工作制度"不因领导人的改变而改变,不因领导人的看法和注意力的改变而改变",从而维护学校档案事业的发展和稳定。

(一)完备档案法规制度

制订更加完备的学校档案制度规范,确保业务,依法归档。收、管、存、用是档案工作的核心业务,也是学校档案工作发展的根本所在。档案接收征集、安全保存、高效利用和监督管理都离不开法律依据,都需要依托法治的手段,要以"办事依法、遇事找法、解决问题用法、化解矛盾靠法"的法治方式为档案核心业务提供治理运行轨道。

(二)制度的落实和执行

1.建立档案意识下的自觉行动

关键是树立全体师生员工的档案意识,取得教职工们的积极支持,获得各相关部门的积极配合。如,在项目组立卷方面,除了需要落实项目负责人的责任,还必须有具体的措施来保证项目资料的齐全完整归档,便于项目结题或鉴定验收。

2.形成坚持执行的良好秩序

把写在纸上的制度变成工作习惯,坚持执行,才能形成良好的工作秩序。尤其是档案收集、保护工作。对于档案收集工作来说,文件材料收集难,体现在收集对象是隐蔽的,而且可能稍纵即逝。因此,只有在制度良性运行的环境下,群策群力开展工作,尽可能地将应归档的文件材料收集齐全,才能为档案的提供利用打下坚实的基础。

3.形成有效的检查监督

检查是管理的一种形式。通过检查可以监督和考核档案工作,为总结和改进工作提供依据。检查一般有领导检查、自我检查、相互检查几种方式,不管采取哪种方式,都要本着促进工作的原则。由于学校基层档案工作人员有很多是兼职,有的甚至没有经过档案专业的培训,因此,日常检查重点是文件材料的收集归档工作。要把检查与指导相结合,对发现的问题及时提出改进的措施和建议,帮助相关人员不断总结和积累经验,改进工作,这样才能进一步调动被检查者的工作积极性。

二、学校档案工作开放化

(一)学校档案工作格局的开放

开放是原则,不仅指档案的开放、档案室的开放,更重要的是档案工作格局的开放。在很多人的观念里,档案工作是比较封闭的,是关起门来默默做事。因此,要改变学校档案工作在管理和利用上相对封闭的格局,走向开放,让档案从档案库房里"走出来",走进师生和大众的视野;要改变重藏轻用的管理方式,提高对外开放利用档案的能力,创建服务型、学习型、研究型的档案馆(室)。

(二)档案工作要主动融入学校教育教学工作

过去,档案利用都着重于凭证与考查功能,基本上面向历史。但在信息时代,人们应把档案看成一种直接来自社会实践活动的信息资源,作为预测的基础、决策的前提,成为研究现在与未来的依据。学校档案部门应根据学校教育教学的需求挖掘其所需档案资源，为其做好服务。强化档案交流合作，跨部门、跨校、跨行业联合开发档案资源，提升学校档案价值。

三、学校档案队伍现代化

现代化是以人的现代化为中心的，学校档案工作现代化对学校档案工作队伍提出了高要求。

（一）思想的现代化

"实现档案工作现代化的关键是管理思想的现代化，也就是用现代化的思想来加强管理档案工作。"档案工作者要不断强化适应档案事业现代化建设要求的思想观念和思维方式，特别是要牢固树立新发展理念，强化战略意识、法治意识、系统观念以及标准化思维、互联网思维、数字化思维等现代化理念。

（二）能力的现代化

要着眼档案事业长远发展，实施人才强档工程，在加强档案人才队伍建设、提升档案人才能力上下功夫，重点培育档案人才队伍的专业能力、治理能力、创新能力和数字化能力，不断提升推进档案事业现代化建设的能力。

（三）结构的现代化

推进档案事业现代化建设需要多方面的人才，需要不断优化学校档案人才队伍结构，建成一支梯次合理、素质过硬、青蓝相继的现代化档案人才队伍。

四、学校档案工作数智化

(一)学校档案数智升级

随着以大数据、人工智能、物联网等技术应用为核心的"数智"时代的来临,档案事业迎来了数据化转型和智慧化升级的全新挑战,档案工作正经历一个从档案实体管理到数字管理再到数据管理,从手工操作到自动操作再到智能操作,从档案分散利用到集成共享再到智慧服务的变革过程。

(二)探索学校智慧档案

学校档案工作者要积极推进档案工作的数字化转型,探索建设"档案大脑",推动档案工作数据和档案资源数据全量归集,构建数据仓、模型库、规则库等。强化安全保障和科学管理,积极探索智慧档案发展路径,有效对接智慧校园建设,努力打造学校档案工作新模式。

附　录

附录一　浙江省档案室业务建设评价办法

（浙档发〔2022〕10 号）

第一条　为加强机关、团体、企业事业单位和其他组织（以下简称"单位"）档案工作依法管理，提升档案室业务建设规范化水平，推动全省档案事业高质量发展，根据《中华人民共和国档案法》《机关档案管理规定》《乡镇档案工作办法》《档案检查工作办法》等法律法规及相关规范，结合我省实际，制定本办法。

第二条　本办法适用于全省各级机关、团体、国有企业事业单位、行政村和社区等单位档案室业务建设评价工作（以下简称"评价工作"）。中央在浙单位、非国有企业等可参照本办法执行。

第三条　评价工作是各级档案主管部门对各单位贯彻实施国家和省有关档案法律法规和规章制度情况的检查和认定。评价工作分别以《浙江省机关、团体、企业事业单位档案室业务建设评价标准》（见附件 1）、《浙江省行政村、社区档案室业务建设评价标准》（见附件 2）为依据开展，重点对评价对象近 3 年的档案室业务建设情况进行评价。评价结果分为优秀、良好、合格3 个等次。

第四条　省市县三级档案主管部门按照分级管理的原则，分别负责省、市、县（市、区）直单位（以下简称"直属单位"）的评价工作，并监督指导其组织开展所属单位的评价工作。

乡镇（街道）机关的评价工作由县级档案主管部门负责，行政村（社区）

的评价工作由县级档案主管部门监督指导乡镇（街道）组织开展；设区市直管的开发园区内乡镇（街道）机关的评价工作由设区市档案主管部门监督指导开发园区管委会组织开展，行政村（社区）的评价工作由开发园区管委会监督指导乡镇（街道）组织开展。

中央在浙单位的评价工作由省档案主管部门负责；非国有企业和其他组织的评价工作由其所在地县级档案主管部门负责。

第五条 评价工作采取自愿申报方式，以 5 年为一个周期。已通过评价的单位（包括本办法实施之前已取得省、市级各类档案工作目标管理和档案工作等级认定的单位）每满 5 年需进行复评。

第六条 评价工作程序：

（一）制定计划。申请评价的单位，应对照评价标准进行自评，并向相应档案主管部门报送《浙江省档案室业务建设评价申请表》（见附件 3）。各级档案主管部门在每年 6 月底前汇总申报情况，确定并公布本年度评价对象名单及评价工作安排，通知有关单位。

（二）组织评价。档案主管部门应组织有关专家，对照评价标准，通过问询、实勘、抽查、核对等形式对评价对象档案室业务建设情况进行评价，填写《浙江省档案室业务建设评价表》（见附件 4），并向评价对象反馈评价情况。评价专家一般不少于 3 人，对申报优秀、良好等次的，至少邀请 1 名省级专家库人员参与。

由各级直属单位、开发园区管委会、乡镇（街道）负责组织的评价，应在 15 个工作日内将评价结果报同级档案主管部门。

（三）公布结果。评价结果在每年 11 月底前公布。其中，优秀、良好等次经各级档案主管部门逐级审核上报后，由省档案主管部门统一审定并公布；合格等次由本级档案主管部门审定并公布。评价结果为优秀、良好等次的，分别命名为"省级优秀档案室""省级良好档案室"。

第七条 各级档案主管部门应不定期对本行政区域内评价工作进行抽

查，发现通过评价的单位不能保持评价标准要求的，应责令其限期整改，整改后仍未达到评价标准要求的，取消其原有等次并予以通报；发现评价组织单位存在违反评价工作程序、降低评价标准等情况的，应对相关单位予以通报批评，限期整改。

第八条　各级直属单位、乡镇（街道）机关和行政村（社区）的评价工作完成情况和通过情况，作为全省档案事业发展规划年度监测的重要内容，省档案主管部门每年通报全省评价工作情况。

第九条　各级档案主管部门应将评价工作与日常监督指导、档案登记管理、年检、行政执法等工作有机结合，统一标准、统筹开展。未通过评价的单位应按执法权限范围重点列入年度"双随机、一公开"抽查范围。

第十条　各省级行业主管部门应切实履行对所属单位、系统（行业）档案工作的业务指导职责，组织并推动所属单位及本系统（行业）单位的评价工作。

第十一条　评价工作坚持实事求是的原则，不专门制作台账。评价重点查看档案库房、档案实体、数字档案管理系统和原始工作记录等。

第十二条　各级档案主管部门应加快推进评价工作数字化运行，积极应用"互联网＋"等技术实施评价，建立完善评价工作信息数据库，实现评价工作量化闭环管理，为档案工作整体智治提供基础支撑。

第十三条　本办法由浙江省档案局负责解释。

本办法自印发之日起施行。《关于印发〈浙江省乡镇机关档案工作目标管理办法〉的通知》（浙档〔1998〕50 号）、《关于印发〈浙江省机关档案工作目标管理省级认定办法〉的通知》（浙档〔2001〕34 号）、《浙江省档案局关于印发〈企业档案工作等级评定办法〉的通知》（浙档〔2005〕46 号）、《浙江省档案局关于开展"浙江省行政村示范档案室"创建活动的通知》（浙档〔2006〕29 号）、《浙江省档案局关于开展创建社区规范化档案室和评选省级社区示范档案室活动的通知》（浙档〔2008〕48 号）、《浙江省档案局关于开展科技事业单位

档案工作目标管理等级认定活动的通知》(浙档发〔2010〕19 号)、《关于印发
〈浙江省省直机关规范化综合档案室认定办法(修订)〉的通知》(浙档发
〔2010〕24 号)、《浙江省档案局关于组织开展省直单位规范化档案室审核确
认工作的通知》(浙档发〔2015〕24 号)同时废止。

浙江省档案局

2022 年 6 月 15 日

附件(略)

附录二　浙江省档案局关于开展全省数字档案室建设测评的通知

（浙档发〔2015〕18 号）

各市、县（市、区）档案局，省直各单位：

　　为全面贯彻落实省委十三届四次全会决定和省"两办"《关于加强和改进新形势下档案工作的实施意见》，贯彻落实省直单位档案工作会议精神，进一步引导和规范全省数字档案室建设，根据《数字档案室建设指南》《浙江省机关数字档案室建设规范（试行）》等规范要求，现就开展全省数字档案室建设测评工作通知如下：

一、工作目标

　　按照省"两办"《关于加强和改进新形势下档案工作的实施意见》要求，到 2020 年全省县直机关以上档案室、国有企事业单位档案室全部建成数字档案室。积极推进其他单位的数字档案室建设。

二、测评范围

　　全省县直以上机关、国有企事业单位。对于系统（行业）已与省档案局联合制定系统（行业）数字档案室测评标准的，按其系统（行业）标准执行。其他单位可参照执行。

三、等级要求

分为数字档案室、规范化数字档案室和示范数字档案室三个等级。

1."数字档案室"应符合以下基本要求：

（1）档案信息化纳入本单位信息化总体规划，明确分管领导和档案部门、电子文件形成部门、信息技术部门等相关部门工作职责，建立本单位档案信息化管理制度；

（2）落实经费，配备必要的档案信息化软硬件设施设备，保证档案信息化工作正常开展；

（3）室藏各类档案全部建立电子目录；

（4）对室藏档案数字化进行规划，制定实施方案，并按计划开展；

（5）档案室配备并使用档案管理软件，能实现档案收集、管理、存储、利用等基本功能；

（6）档案室近 3 年未发生过重大安全事故且无严重安全隐患。

2."规范化数字档案室"在达到"数字档案室"基本要求的基础上，还应符合以下必备条件：

（1）室藏永久、长期（或 30 年）保存的传统载体档案数字化率不低于 60%；

（2）档案室提供数字档案电子目录和相关全文的查阅。

3."示范数字档案室"在达到"数字档案室"基本要求的基础上，还应符合以下必备条件：

（1）室藏永久、长期（或 30 年）保存的传统载体档案数字化率不低于 80%；

（2）对具有保存价值的电子文件按国家、省有关规定及时归档并由档案室统一管理；

（3）数字档案开发利用实现网络化服务，支持用户在权限许可范围内在线查看，能为本单位部门和个人提供电子目录和相关全文的查阅。

四、测评标准

"规范化数字档案室"和"示范数字档案室"须依据《浙江省数字档案室建设测评标准》(见附件 1)进行打分,采用百分制,测评结果 80 分(含)至 90 分命名为"规范化数字档案室",90 分(含)以上命名为"示范数字档案室"。

五、测评方法

数字档案室测评采取统一标准、分级管理的原则,各单位根据自身实际情况,提出数字档案室等级测评申请,各级档案行政管理部门负责本行政区域内数字档案室建设的指导和管理工作,并对已通过测评的数字档案室进行定期抽查。

1.数字档案室

县直以上单位"数字档案室"由同级档案局负责测评、公布,并报省档案局备案。

2.规范化数字档案室

省直单位"规范化数字档案室"由省档案局负责测评、公布。市、县(市、区)直属单位"规范化数字档案室"由同级档案局负责测评、推荐,市档案局负责审核、公布,并报省档案局备案。

3.示范数字档案室

省直单位"示范数字档案室"由省档案局负责测评、公布。市、县(市、区)直属单位"示范数字档案室"由市档案局负责测评、推荐,省档案局负责审核并统一公布。

各市档案局应根据总体目标,每年做好年度数字档案室测评计划。11

月底前将申报"示范数字档案室"的《浙江省数字档案室申报表》(见附件 2)一式三份、评分表、相关汇报材料及《年度"示范数字档案室"汇总表》(见附件 3)报省档案局登记管理处(联系电话:0571-85118298)。

浙江省档案局

2015 年 5 月 14 日

附件(略)

附录三 浙江省萧山中学档案分类方案、文件材料归档范围和档案保管期限表三合一制度

一、档案分类方案

(一)门类划分

浙江省萧山中学档案门类划分为文书档案(WS)、专业档案(ZY)、人事档案(RS)、科技档案(KJ)、会计档案(KU)、照片档案(ZP)、录音录像档案(LYLX)、业务数据(SJ)、实物档案(SW)、网页信息(WY)等 10 个一级档案门类。其中,文书档案分为党群工作(DQ)、行政管理(XZ)2 个二级门类;专业档案分为教学管理(JX)、学籍管理(XJ)2 个二级门类;人事档案分为教师业务(YW)1 个二级门类;科技档案分为基建(JJ)、设备(SB)2 个二级门类。

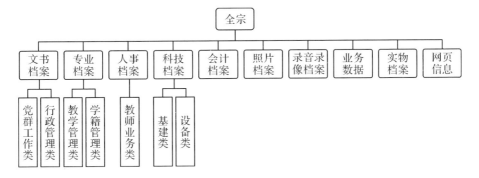

（二）分类方法及档号结构

学校档案的一、二级门类划分好后，我们还要根据《归档文件整理规则》（DA/T 22—2015）对归档文件实体进行再分类，即按归档文件的来源、时间、内容和形式等方面的不同情况，将文件分成若干层次和类别的体系的过程。在学校档案分类大纲的基础上，三级类目可按"年度—类别（问题）—保管期限—机构"分类法分类。

根据《档号编制规则》（DA/T 13—2022），按卷整理的档号结构应为：全宗号—类别号—案卷号/组号/册号—件号/页号；按件整理的档号结构应为：全宗号—类别号—件号。结构中左边为上位代码，右边为下位代码，连写时上、下位代码之间用连接号"—"（短横线）相隔。按卷整理的类别号的构成元素包括一级类别号（档案门类代码）、二级及三级类别号、目录号、项目号、年度、保管期限代码。如档案门类代码·二级类别号·年度·保管期限代码；按件整理的类别号的构成元素包括一级类别号（档案门类代码）、二级及三级类别号、年度、保管期限代码、机构/问题代码。如档案门类代码·二级类别号·年度·保管期限代码·机构/问题代码。其各元素均属类别号，为同级代码，同级代码之间用间隔号"·"相隔。连接号和间隔号各占半个字位置，上下居中。

按卷整理的档号中全宗号、一级类别号（档案门类代码）、案卷号/组号/册号为必选项，其他可根据实际需要选择使用；按件整理的档号中全宗号、一级类别号（档案门类代码）、年度、保管期限代码、件号为必选项，其他可根据实际需要选择使用。

档号结构及必选/可选元素表

说明	按卷整理的档号	按件整理的档号
档号结构	全宗号—类别号—案卷号/组号/册号—件号/页号	全宗号—类别号—件号
类别号构成元素	一级类别号(档案门类代码) 二级及三级类别号 目录号 项目号 年度 保管期限代码	一级类别号(档案门类代码) 二级及三级类别号 年度 保管期限代码 机构/问题代码
档号必选元素	全宗号 一级类别号(档案门类代码) 案卷号/组号/册号	全宗号 一级类别号(档案门类代码) 年度 保管期限代码 件号
档号可选元素	二级及三级类别号 目录号 项目号 年度 保管期限代码 件号/页号	二级及三级类别号 机构(问题)代码

档号按照以下要求编制:

全宗号:一般采用 4 位代码标识全宗号。其中第 1 位用大写汉语拼音字母标识全宗属性,后 3 位用阿拉伯数字标识顺序号。

档案门类代码:采用 2 位大写汉语拼音字母标识档案门类代码。

二级及三级类别号:采用大写汉语拼音字母、阿拉伯数字或二者的组合编制,不应有重号。

项目号:采用项目、课题、设备仪器等的代号或型号标识项目号。

年度:采用 4 位阿拉伯数字标识文件(档案)的形成年度。

保管期限:保管期限分为永久、定期 30 年、定期 10 年,分别以代码"Y""D30""D10"标识。

机构(问题)代码:采用大写汉语拼音字母、阿拉伯数字或汉字标识机构/问题。

案卷号/组号/册号:采用阿拉伯数字标识。按照实际数量确定案卷号/组号/册号的位数。

件号/页号:采用阿拉伯数字标识件号。按照实际数量确定件号的位数。

（三）编号规范

参照《档号编制规则》（DA/T 13—2022）和《高等学校档案管理办法》，结合我校档案工作实际，拟定萧山中学档案档号编制参考办法如下:

1.文书档案

（1）党群工作类

全宗号—档案门类代码·二级类别号·年度·保管期限代码—件号

174-WS·DQ·2023·Y(D30、D10)-001

（2）行政管理类

全宗号—档案门类代码·二级类别号·年度·保管期限代码—件号

174-WS·XZ·2023·Y(D30、D10)-001

2.专业档案

（1）教学管理类

全宗号—档案门类代码·二级类别号·年度·保管期限代码—件号

174-ZY·JX·2023·Y(D30、D10)-0001

（2）学籍管理类

全宗号—档案门类代码·二级类别号·年度·保管期限代码—件号

174-ZY·XJ·2023·Y(D30、D10)-0001

3.人事档案

（1）教师业务档案

全宗号—档案门类代码·二级类别号—案卷号（教师人事编号）

174-RS·YW-270839

4.科技档案

(1)基本建设类

全宗号—档案门类代码·二级类别号·基建项目号—案卷号

174-KJ·JJ·01-001

(2)设备仪器类

全宗号—档案门类代码·二级类别号·设备项目—案卷号

174-KJ·SB·01-001

5.会计档案

全宗号—档案门类代码·二级类别号·年度—案卷号

174-KU·1·2023-001

(1行政会计　2食堂会计　3工会会计)

6.照片档案

全宗号—档案门类代码·二级类别号·年度·保管期限代码—案卷号—件号

174-ZP·1·2023·Y-001-001

(1活动照片　2毕业照片　3荣誉照片)

7.录音录像档案

全宗号—档案门类代码·年度·保管期限代码—件号

174-LYLX·2023·Y-001

8.实物档案

全宗号—档案门类代码·年度·保管期限代码—件号

174-SW·2023·Y-001

9. 业务数据

全宗号—档案门类代码·年度·保管期限代码—件号

174-SJ·2023·Y-001

10. 网页信息

全宗号—档案门类代码·年度·保管期限代码—件号

174-WY·2023·Y-001

二、各门类文件材料归档范围和档案保管期限表

（一）文书档案

1. 党群工作类

上级党委下发的对本单位党务工作的指示、规定、意见和批复	永久
党支部（党委、总支）工作计划、总结，支委会、支部大会的会议材料	永久
党支部工作（会议）记录簿	永久
党员名册、年报表、党内干部任免文件	永久
组织史资料	永久
党员党内奖励材料	永久
党员党内处分材料	永久
组织关系介绍信	永久
离休干部更改任龄身份及上级机关的批复	永久
离休干部工作材料	30 年
离退休干部工作的工作计划、总结及有关活动材料	30 年
纪检工作的计划、总结、意见、规定等材料	30 年
信访材料：省市级领导批示的重要信件	永久

一般的有保存参考价值的信件	30 年
民主党派成员名册	永久
工会工作材料：工会会员名册	永久
工会工作计划、总结及有关活动材料	永久
工会工作台账	永久
教代会材料	永久
上级团委下发的关于本校团组织工作的指示、意见、规定等材料	30 年
团组织工作计划、总结、发展工作及有关活动材料	永久
团员名册、报表	永久
团组织会议记录本	30 年
上级党委召开的需要贯彻执行的会议的主要文件材料	10 年

上级党委普发的、非本单位主管业务但需要贯彻执行的法规性文件

10 年

学校师德、师风建设材料	10 年
教工政治学习材料、政治思想工作计划、总结	10 年
上级团委召开的需要贯彻执行的会议的主要文件材料	10 年

上级团委普发的、非本单位主管业务但需要贯彻执行的法规性文件材料

10 年

学生会干部名册	永久
学生会工作计划、总结	30 年
学生会有关活动材料	10 年
学校各种社团工作计划、总结及有关活动材料	10 年

2. 行政管理类

上级行政部门下发的对本校政务工作的指示、规定、制度、意见和批复

永久

学校行政会议记录本、教职工会议记录本	永久

校史、校庆纪念册、年鉴、大事记及学校发展规划	永久
学校工作计划、总结、行事历	永久
学校内部机构设置、撤并、名称更改等文件材料	永久
干部任免材料、学校领导、教职工名册、统计报表	永久
干部职工调资、晋级、定级材料	永久
学校荣誉记载材料	永久
教职工奖励材料	永久
学校章程	永久
学校各项规章制度	30 年
学校目标管理材料	30 年
学校综合性创建工作材料	永久
学校单项性创建工作材料	30 年
政府及上级行政部门下发的本校创建工作结果性文件	
省级以上	永久
市级及以下	30 年
政府、社会对学校的综合评价材料、重要的通讯报道	永久
一般的有参考价值的通讯报道	30 年
干部职工录用、调整、离退休、死亡等材料	永久
教职工职称评定、考核、专业技术职务聘任材料	永久
教职工调动行政介绍信、工资介绍信	永久
教职工退休住房补贴审批表	永久
合同制职工的合同协议书	永久
外籍教师聘用合同书	永久
事业单位法人年度报告书	永久
学校国际化合作协议、合作项目材料	永久
学校国际化合作交流材料	30 年

学校国内校际战略合作材料	永久
学校国内校际交流研讨材料	30 年
领衔学校集团化办学材料	
协议、章程、方案和重大活动材料	永久
其他活动材料	30 年
非领衔学校集团化办学材料	
协议	永久
承办教育集团交流研讨活动材料	10 年
财务管理办法、意见、规定、措施、财务工作计划、预算	30 年
学校签订的各种协议书	10 年
上级行政部门召开的需要贯彻执行的会议主要文件材料	10 年
上级行政部门普发的、非本单位主管业务但需要贯彻执行的法规性文件	
	10 年
安全保卫、依法治校的材料	10 年
学校医疗、卫生工作材料	10 年

（二）专业档案

1. 教学管理类

上级教育行政机关下达的关于本校教育工作的方针、政策、规定、办法	
	永久
各学科教育工作获奖材料	永久
学校运动会、体育工作有关材料	30 年
获区级以上奖、破纪录奖材料	永久
其他获奖材料	30 年
学校制定的教学常规、计划、总结	30 年
学校的各科教学制度、办法、规定、条例、守则	30 年

各学科教育工作的实施意见、方案、办法规定等有关材料　　30 年

教学统计报表、教师任课表　　永久

课程改革方案、计划、总结　　30 年

图书新增表、图书工作计划　　30 年

上级教育行政机关召开的需要贯彻执行的会议的主要文件材料　10 年

上级教育行政机关普发的、非本单位主管业务但需要贯彻执行的法规性文件　　10 年

教研工作计划、总结、教改计划、教学经验材料　　10 年

教师培训工作计划、总结、校本培训材料　　10 年

对外培训工作计划（方案）、小结及培训材料　　10 年

教育科研和教学研究立项课题材料与公布文件

　　区级以上立项　　永久

　　其他立项　　30 年

立项课题开题论证、中期论证、结题论证材料

　　区级以上立项课题　　30 年

　　其他立项课题　　10 年

立项课题研究过程材料

　　区级以上立项课题　　30 年

　　其他立项课题　　10 年

课题成果、教研论文、教学案例、教育随笔等教师业务性获奖文件

　　区级以上获奖文件　　永久

　　其他获奖文件　　30 年

学校德育、艺术、科技、劳技等教育工作计划、总结及有关活动材料　10 年

学生各科考试成绩　　30 年

学生奖惩材料

　　区级以上获奖材料　　永久

其他获奖材料	30 年
学生体质测试达标材料	30 年
行为规范达标材料	10 年
学生社会实践活动、实习有关材料	10 年
课程表、作息时间表、课外活动安排表	10 年
班主任工作手册、计划、总结及有关活动材料	10 年
试卷、参考答案、计分标准、试卷分析	10 年
学校各类高中、高校招生、考生花名册、上线名单等材料	10 年
医疗保健卫生教学计划	10 年

2. 学籍管理类

学生学籍卡、思想品德表等材料	永久
学生成绩册	永久
学生毕业名册、毕业证存根	永久

(三)人事档案

1. 教师业务类(定期 30 年)

教师教学基本情况登记表、教学鉴定、教学成绩、业务考核成绩、业务进修材料

教学业务交流、观摩课、公开课、研究课等材料

教研成果、学术论文、个人奖励等材料

省级以上获奖材料

各学科兴趣小组活动获奖材料

教案评议记录、教研手册、教研活动有关材料

教师在教育改革方面的成绩、经验、总结材料

（四）科技档案

1.基建类

基建项目前期形成的文字、图纸、计算材料	永久
预、决算书	永久
竣工验收材料	永久
建筑设计图、施工图、竣工图	永久
优质工程申报材料、验收材料	30 年
维修计划、方案、记录材料	30 年

说明：教育用房与辅用房分别立卷

2.设备类

1 万元以上教学仪器使用说明书	10 年
1 万元以上设备装修单、保修卡、安装使用调试记录单	10 年
报废设备申请、批复有关材料	30 年
固定资产明细表	30 年
设备维修计划、记录材料	10 年

（五）会计档案

年度财务报告（决算）（包括文字分析）	永久
会计档案保管清册	永久
会计档案销毁清册	永久
固定资产卡片（固定资产报废清理后保管 5 年）	30 年
原始凭证	30 年
记账凭证	30 年
汇总凭证	30 年

总账（包括日记总账）　　　　　　　　　　　　　　　　　30 年

明细账　　　　　　　　　　　　　　　　　　　　　　　　30 年

日记账（现金和银行存款日记账 25 年）　　　　　　　　　30 年

辅助账簿　　　　　　　　　　　　　　　　　　　　　　　30 年

会计移交清册　　　　　　　　　　　　　　　　　　　　　30 年

银行余额调节表　　　　　　　　　　　　　　　　　　　　10 年

银行对账单　　　　　　　　　　　　　　　　　　　　　　10 年

月、季度财务报告（包括文字分析）　　　　　　　　　　　10 年

（六）照片档案

学校各项重大活动、工作成果的照片、底片　　　　　　　　永久

每届毕业生照片、底片　　　　　　　　　　　　　　　　　永久

（七）录音录像档案

学校各项重大活动的录音、录像　　　　　　　　　　　　　永久

（八）业务数据

文书档案电子稿的光盘　　　　　　　　　　　　　　　　　永久

照片档案电子稿的光盘　　　　　　　　　　　　　　　　　永久

年鉴电子稿的光盘　　　　　　　　　　　　　　　　　　　永久

特色编研电子稿的光盘　　　　　　　　　　　　　　　　　永久

其他编研电子稿的光盘　　　　　　　　　　　　　　　　　30 年

校庆纪念册电子稿的光盘　　　　　　　　　　　　　　　　永久

制度汇编电子稿的光盘　　　　　　　　　　　　　　　　　永久

档案管理软件数据的光盘　　　　　　　　　　　　　　　　永久

学校年报数据的光盘　　　　　　　　　　　　　　　　　　永久

学校财务管理数据的光盘	永久
学籍管理软件数据的光盘	永久
图书管理软件数据的光盘	永久
财产管理软件数据的光盘	永久
重要领导指导工作的光盘	永久
重要专家指导工作的光盘	永久
重要活动的光盘	永久
重要会议的光盘	永久
课堂教学实录的光盘	
区级以上课堂教学实录	永久
其他课堂教学实录	30 年

注:除光盘,还含 U 盘、移动硬盘等存储载体

（九）实物档案

各类证书、领导题词、奖杯、奖牌、锦旗	永久
各类校史藏品	永久
校报、校刊、校本教材、教师论文集等出版物	永久

（十）网页信息

校园网数据的光盘	永久
微信公众号数据的光盘	永久
网络媒体新闻（信息）的光盘	永久
网上档案室数据的光盘	永久

注:除光盘,还含 U 盘、移动硬盘等存储载体

（十一）不归档范围

①重份文件

②校内各部门互相抄送的文件

③本校与有关单位一般性的往来文书

④无查考利用价值的事务性、临时性文件

⑤一般性文件的历次修改稿

⑥上级机关下发的供工作参考的文件及一般性通知

⑦非隶属同级机关抄送的不需要办理的文件材料

⑧与本单位没有直接关系的简报，不必备案的文件材料

浙江省萧山中学

2022 年 10 月 25 日

附录四　学校数字档案室管理制度样例

×××(文号)

关于印发《×××数字档案室
管理制度》的通知

各有关科室:

　　本单位数字档案室已建立,为了保证数字档案的有序、规范、安全的采集、管理和利用,充分发挥数字档案室的作用,经研究,特制定《×××数字档案室管理制度》,请认真贯彻执行。

　　附件:×××数字档案室管理制度

×××(单位)

×××(日期)

抄送:杭州市萧山区教育局。

×××　　　　　　　　　　　　　　　　　　　　×× 年 ×× 月 ×× 日印发

×××数字档案室管理制度

1.目的

保证本单位数字档案室的有序、规范、安全的采集、管理和利用。

2.范围

2.1 本制度规定了数字档案室归口管理部门及采集、管理、利用、安全等程序。

2.2 本制度适用于本单位数字档案的建立、归档及查询工作。

3.职责

3.1 本单位××科室负责单位数字档案室的归口管理工作。

3.2 各科室及下属单位负责本部门业务相关的数字档案处理工作。

4.数字档案的采集

4.1 各类档案的元数据编制和数据库建设。综合档案室应统一采用《档案著录规则》(DA/T 18—2022)进行档案数据库的著录。建立起档案目录数据库(文件库、案卷库、类别库、全宗库、重要档案专题库),努力实现由传统手工管理向以计算机管理为主的现代化管理转变。

4.2 各类档案的元数据著录应根据档案实体中的每一份文件来录入。著录注意事项:会议记录应按每次会议逐次录入,并根据议题提炼文件标题;无标题的文件应自拟标题,并加"[]";简报、统计年报等成册的报刊类档案可按期或册录入;在档案著录中遇到生僻的姓名应查词典考证,并用中文Windows 的 GBK 字库进行录入,如在 GBK 字库中也无此字,可用造字程序进行造字。校对工作是档案数据库建设必不可少的环节,是保证数据库质量和有效检索的重要环节。应安排专门人员进行校对,校对以档案原件为准。校对时应将著录人员与校对人员分开。

4.3 数字档案的内容。根据浙江省档案局数字档案室有关要求,结合本单位实际情况,采用有效方式将永久和30年(长期)档案进行数字化,然后逐步提高各类常用电子文件档案化的比率;并创造条件尝试接收重要的业务类电子文件。

4.4 各类档案的数字化方法与要求。综合档案室在室藏档案数字化时,对于传统的档案主要采用外包加工的方式;特种载体(照片档案、声像档案、荣誉档案、证书档案)一律采用数码方式(数码相机、数码摄像机、数码录音笔)形成和转换;档案数字化要求按《纸质档案数字化技术规范(中华人民共和国档案行业标准,DA/T 31—2017)》执行。涉密档案不扫描、不上传,按保密要求管理。各类电子文件(电子公文、财务数据等)逐步进行档案化,并归档入室。

4.5 电子文件的归档、接收。各科室向档案室移交纸质档案的同时,凡有数字档案或电子档案的应同时向档案员移交。档案数据移交时应填写档案交接文据,经交接方签字,各执一份。

5. 数字档案的管理

5.1 数据库录入和档案数字化工作定期接受上级主管部门的业务指导和技术支持,内容包括年度档案数据库(电子目录与数字档案)、电子全宗卷、档案实体整理情况等,及时做好相应的工作。

5.2 数字档案的统计。按年度—分类、年度—期限、年度—密级等进行不同层次和级别的统计并打印。

5.3 数字档案室档案员对到期的数字档案进行鉴定销毁。销毁鉴定分销毁申请、销毁鉴定、销毁审批三个环节;如审批成功,这些数据将转到销毁档案库。网上鉴定的结果均可以电子目录的形式打印,并有交接电子表单和流程处理意见存档备查。

6. 数字档案的利用

6.1 档案员应利用数字档案室为本单位人员和外单位有关人员提供查档咨询服务,并进行查阅登记和利用效果登记与反馈。有关人员在数字档案室上查到个人档案后，如需出具证明，须经综合档案室人员验证，领导同意，并加盖单位公章，才有凭证作用。

6.2　档案员可应用数字档案室为各科室及下属单位提供自助式查档服务，通过设置部室—用户—密码，分配给各部门用户相应的访问权限，为本单位人员提供"查档到桌面"的服务。

6.3　档案员应根据各部门工作的需要，进行专题筛选，然后主动将档案库送到有关人员手中，发挥数字档案室应有的作用。

6.4　各部门借阅档案实体，可利用数字档案室的档案借阅登记功能。

6.5　档案员应于每年年初将登录日志、原文查看日志、档案利用登记日志和档案利用效果登记日志导出成 Excel 表格，进行统计分析，撰写年度档案利用报告。

6.6　档案员应积极开展数字档案编研工作和档案数据的发布工作，编研成果可上传至档案网站内，提供查阅利用。一般档案信息发布由各科室负责人审核，重要档案信息发布由分管领导审核。

7. 数字档案的安全、保密

7.1　各科室及下属单位访问数字档案室的权限由单位档案责任科室报主要领导审核、批准，档案员负责权限设置、分配和管理。

7.2　档案员须遵守有关档案保密的规定，不将数字档案随意提供给无关人员。

7.3　档案员具有管理数字档案室的全部功能，可删除、修改数字档案，因此，登录密码须妥善保存，不得泄密。密码应定期更改，密码长度在八位以上，并符合复杂性要求，如密码由数字、字母与符号等组成。每位有数字档案查询权限的人员应妥善保管好自己的用户名和密码，定期更改自己的密码。

7.4　定期备份。档案员要定期将数字档案室的电子目录和数字档案及各科室形成的重要电子业务数据备份到档案室的电脑，并脱机刻录到 DVD 光盘进行脱机备份。

8.数字档案的队伍建设

8.1 档案员要有数字档案资源意识,养成善于形成、善于归档、善于利用数字档案资源的环境氛围。如定期组织档案信息化建设方面的培训、讲座,在数字档案室上发布有关数字档案室的标准规范、管理制度、基础知识、操作手册和操作技巧。

8.2 档案员均需定期更新知识,不断了解档案信息化的基础知识、掌握数字档案室的基本操作技能,更好地收集、管理、利用好数字档案资源。

9.附则

9.1 本制度自××年××月××日起执行,并将在实践中不断修订完善。

9.2 本制度由单位办公室(档案室)负责解释。

(扫码下载文档)

附录五　各类档案数据库录入模板

1. 案卷库

全宗号	分类号	案卷号	档号	案卷题名	年度	保管期限	卷内份数	总页数	备注	起始日期	终止日期	立卷单位

2. 声像档案

全宗号	分类号	年度	保管期限	顺序号	档号	题名	责任者	摄制日期	摄制者	载体类型	备注	载体数量	载体容量	载体格式	载体长度

3. 实物档案

全宗号	分类号	年度	保管期限	顺序号	档号	题名	编制单位	编制日期	载体数量	载体类型

4. 文件库

档号	文号	题名	成文日期	页数	责任者	备注	全宗号	分类号	年度	保管期限	件号	案卷号

5. 照片案卷

全宗号	分类号	年度	保管期限	案卷号	照片号	档号	题名	摄影者	拍摄日期	总说明	备注	载体数量	载体类型

6.照片卷内

全宗号	分类号	年度	保管期限	件号	档号	摄影者	摄影日期	文字说明	载体数量	案卷号	备注

（扫码下载文档）

主要参考文献

[1] 冯惠玲,张辑哲.档案学概论[M].北京:中国人民大学出版社,2001.

[2] 何嘉荪.档案管理理论与实践[M].北京:高等教育出版社,1991.

[3] 包世同.学校档案管理基础[M].南京:南京大学出版社,1991.

[4] 陈兆祦,王信功,刘振淮.档案工作实务全书[M].北京:中国三峡出版社,2000.

[5] 韩秋黎.学校档案管理理论与实务[M].上海:上海交通大学出版社,2010.

[6] 杨冬权.让档案活起来、亮起来[M].北京:中国文史出版社,2018.

[7] 浙江省档案局.档案事业概论[M].北京:中国商业出版社,2020.

[8] 浙江省档案局.档案工作实务[M].北京:中国商业出版社,2020.

[9] 国家档案局.归档文件整理规则:DA/T 22—2015[S/OL].(2015-10-25)[2023-06-08].https://www.saac.gov.cn/daj/hybz/201806/b305d0d0-6b864f81bdad2bbc4672bc9d/files/9e059b683ad44ed992bc7680e1c26d2c.pdf.

[10] 国家档案局.档号编制规则:DA/T 13—2022[S/OL].(2022-04-07)[2023-05-30].https://www.saac.gov.cn/daj/hybz/202206/ef21b9ab-db1a4f6e956156d3b43de0d4.shtml.

[11] 李铭.档案化管理——前端控制和全程管理的核心[J].浙江档案,2005(11):7-8.

［12］强亚娟.学校档案文化在校园文化建设中的作用与途径［C］//韩李敏.
浙江省档案学会论文集:档案文化建设的理论与实践.北京:中国文联
出版社,2011:270.

［13］陈金冠.基层数字档案室规范化的五层管控模型研究［C］//中国档案学
会.档案事业科学发展:新环境　新理念　新技术——2008 年档案工
作者年会论文集(上册).北京:中国档案出版社,2008:197-204.

［14］庄黎丽.校史档案助力文化育人路径研究——以上海商学院校史馆建
设为例［J］.兰台内外,2021(13):43-45.

［15］雷旭东.让校友资源成为促进大学建设发展的重要源泉［J］.福建教育
学院学报,2010,11(2):24-26.

［16］国家档案局.数字档案室指南［S/OL］.(2019-04-28)［2023-06-20］.
https://saac.ankang.gov.cn/Content-178077.html.

后　记

改革开放以来,我国教育事业得到了极大的发展,作为发展教育事业的重要信息资源及学校管理工作之一的学校档案工作也取得了十分可喜的成绩。但是,基层中小学档案工作相对薄弱,学校档案工作在发展中面临的许多新情况、新问题亟须探讨和解决。

笔者在前人研究的基础上,根据长期实践工作经验,采取理论联系实际的方式,对学校档案工作进行了一些思考和探讨。探讨的过程也是一次很好的学习过程,档案工作和学术研究是深奥和无止境的。我们对学校档案工作的认识是一个不断实践、逐步发展和持续完善的过程。作为档案工作者,最大的心愿是让档案从库房"走出来",让它"活起来",以此将学习心得和体会的一孔之见就教于同人和专家,希望在学校档案工作的道路上共同探索、共同提高,以唤起更多的人关心档案,利用档案,重视档案的开发,盘活档案资源,搞活档案工作。同时,也期望这本实务书能给学校档案工作的从业人员及其他相关管理工作者提供一些有益的借鉴和参考。

在此,还要特别感谢萧山区卫健局研究馆员陈金官老师在百忙中抽空撰写本书第十一章。浙江省档案馆胡元潮副馆长、萧山区卫健局陈金官研究馆员、萧山区委办公室档案管理科赵伟科长、萧山区委办公室档案管理科黄全来主任科员、萧山区教育局鲁丹老师、萧山区特殊教育学校钱新华老师为我审稿,并给予无私的指导和热情的鼓励,使我有信心完成书稿并使其付梓。本书引用了许多学者、专家的研究成果,选用了萧山区内众多资深学校档案员,如萧山六中何红老师、萧山二职裘萧文老师、金惠初中郑赛超老师、南都小学丁华静老师、机关幼儿园谢子叉老师等的工作样例。浙江工商大学出版社的编辑何小玲老师、刘颖老师对本书的出版给予了热情的帮助。在此一并致以衷心的感谢。

由于笔者的学识水平及研究条件有限,对许多问题的探讨还十分肤浅,错误和疏漏之处敬请各位同人、读者批评指正。

2023 年 7 月